Stefan Schubert

GANGLAND DEUTSCHLAND

Stefan Schubert

GANGLAND DEUTSCHLAND

Wie kriminelle Banden unser Land bedrohen

riva

Bibliografische Information der Deutschen Nationalbibliothek
Die Deutsche Nationalbibliothek verzeichnet diese Publikation in der Deutschen Nationalbibliografie; detaillierte bibliografische Daten sind im Internet über http://d-nb.de abrufbar.

Für Fragen und Anregungen:
Gangland@rivaverlag.de

Originalausgabe
1. Auflage 2014

Nymphenburger Straße 86
D-80636 München
Tel.: 089 651285-0
Fax: 089 652096

Umschlagabbildung: Kristin Hoffmann unter Verwendung von Shutterstock-Abbildungen
Druck: GGP Media GmbH, Pößneck
Printed in Germany

ISBN Print 978-3-86883-326-3
ISBN E-Book (PDF) 978-3-86413-398-5
ISBN E-Book (EPUB, Mobi) 978-3-86413-399-2

Weitere Informationen zum Verlag finden Sie unter

www.rivaverlag.de

Beachten Sie auch unsere weiteren Verlage unter
www.muenchner-verlagsgruppe.de

INHALTSVERZEICHNIS

Vorwort 9

1. Kapitel
Black Jackets – »Wir sind eine Streetgang« 13
Ganggründung mithilfe von Steuergeldern 14
Die YouTube- und Facebook-Propaganda 22
South Central in Stuttgart 27
Black Jackets vs. La Fraternidad 30
Out in bad standing – Angst als Geschäftsmodell 36
Raub, Drogen & Anabolika 41
210, 25, CAVE CANEM 45
Die Expansion der Bulldogge 47

2. Kapitel
Black Jackets vs. United Tribuns 51
Krieg im Rotlicht 51
Molotowcocktails 53
Türsteherkrieg 61

3. Kapitel
Die Gesellschaft und die Straßenbanden 67
Die Gangs in den Medien 67
Das Verschweigen der Täternationalitäten – die Alibirichtlinie der Journalisten 68
Willkürliche Gewalt nach innen und außen 70
Sozialarbeiter beziehen Stellung 74
Praktiker gegen die Kuscheljustiz 76

4. Kapitel
Risiken und Nebenwirkungen 79
Black Jackets Ludwigsburg – der »Abzockerclub« 79
Die Zukunft gehört den Gangs 84
Kokain 86
Polizei vs. Black Jackets.............................. 90
Sufinal (Euer Ende) 93
210 – die Expansion................................... 97
Brandstiftung will gelernt sein 102
Bonn-Bad Godesberg – vom glamourösen
Diplomatenviertel zur No-go-Area 104

5. Kapitel
Outlaw Motorcycle Gangs vs. Streetgangs 113
Von den Black Jackets zum Black Warriors MC 113
Rockergangs vs. Black Jackets, Tribuns & Co. 117
Black Jackets vs. Hells Angels – Stellvertreterkrieg
der Kulturen? 121

6. Kapitel
Red Legion 129
Die Rache der PKK 130
Black Jackets vs. Red Legion – Justitia im Dealexzess 135
Blutrache – tödliche Weihnachten 139
Rotlichtkrieg – mit Pistolen und Dönermessern
in den Kampf...................................... 148
Der Facebook-Krieg...................................... 151
Der Innenminister entdeckt eine »kriminelle
rockerähnliche Gruppierung«........................ 156
»Trotz Verbot nicht tot« – Angriff auf die Hells Angels... 158

7. Kapitel
Gangland Deutschland.................................. 165
Gangs im Schatten der großen zwei 165
La Fraternidad 166
Big Brothers 167

Rockerbande statt Straßengang 170
Rock Machine Germany 171
Mongols 175
Median Empire 178
Satudarah 179

8. Kapitel
United Tribuns – Rotlicht im Schwarzwald 187
Polizei vs. United Tribuns 189
Ferrari Spider 360 190
Zuhältergang im Schwarzwald 191
Großrazzia im Sommer 192
Die Ware Frau 194
Der Zuhälterprozess von Konstanz 198
Leben wie Gott in Bosnien 202
Die »Muppet Show« vor Gericht 204
Jeder gegen jeden in Pforzheim 205
Ein höllisches Mordkomplott 211
GSG 9 vs. Tribuns 214
Sieg für die Streetgang 215
Schutzgelderpressung 217
Die Integrationsindustrie – Steuergelder zur
Ganggründung, Rekrutierung und Ausbildung 218
Drive-by-Shooting 220
Go West 221
Soziale Unruhen durch Gangs – die Rache
der Drogenbanden 226

Fazit 231

VORWORT

Hells Angels, Bandidos und andere Motorradgangs sind in den deutschen Medien allgegenwärtig. Sie sind das Thema ganzseitiger Reportagen in den meinungsbildenden Tageszeitungen, sie beherrschen die Fernsehberichterstattung und lösen eine nicht enden wollende Flut von Buchveröffentlichungen aus, die sich unermüdlich mit der Rockerkriminalität auseinandersetzt. Auch mein drittes Buch »Wie die Hells Angels Deutschlands Unterwelt eroberten« (riva Verlag, 2012) handelt von den Ursprüngen und Strukturen dieser Clubs und analysiert das Vorgehen der Hells Angels im gewaltsamen Kampf um das deutsche Rotlichtmilieu.

Nach dem Erscheinen meines Buches wurde von Mitgliedern und Sympathisanten der Szene diese Fokussierung auf die Rockerkriminalität in Onlinekommentaren, in sozialen Netzwerken und auch beim persönlichen Gespräch kritisiert. Dabei stritten die meisten Gesprächsteilnehmer weder eine tiefe Verstrickung einzelner Charter und Chapter mit der organisierten Kriminalität ab noch versuchten sie schwere Gewaltverbrechen zu bagatellisierten. Sie ärgerten sich viel mehr über die Häufung der negativen Berichterstattung im Verhältnis zur tatsächlichen Beteiligung an der viel zitierten organisierten Kriminalität. Der größte Akteur dieses Verbrechenszweiges seien doch Familienclans und ethnisch gruppierte Gangs, kriminelle Ausländer eben, aber das dürfe man in Deutschland eben nicht sagen – so die Argumentationsführung dieser Kritiker. Doch wie sehen die Zustände auf Deutschlands Straßen nun tatsächlich aus? Wer sind diese Gangs und Clans, von denen die Rede ist?

Geprägt wurde das Gangphänomen vor allem in Amerika und durch die entsprechenden Hollywoodfilme. Nachdem US-Polizeiexperten zuvor die Rockergangs bereits als »einzigen 100-prozentig amerikanischen Import der organisierten Kriminalität« bezeichnet hatten, hat sich besonders in den letzten vier Jahren auch der nächste amerikanische Gewalt- und Kriminalitätsimport explosionsartig in Deutschland verbreitet: die Straßengangs.

Viele Erkennungsmerkmale einer solchen Gang wurden in der Bundesrepublik von den amerikanischen Gangs übernommen: die Strukturen, das Territorialverhalten, die Tätowierungen, Zahlencodes und Akronyme. Spricht man mit einem Angehörigen der Gangszene in Deutschland, so wird selbst bei konkurrierenden Streetgangs immer wieder ein Hollywoodfilm als *die* Inspiration genannt: *Blood in, Blood out – Verschworen auf Leben und Tod.* Viele Gangmitglieder in Deutschland greifen zur Beschreibung ihres Lebensgefühls auf Zitate und Bilder aus diesem Film zurück.

Was passiert in *Blood in, Blood out*? Erzählt werden die Lebensgeschichten dreier junger Chicanos in East L.A. vor dem Hintergrund der realen Gangkriege von L.A. Ihre eigene Gang, die Vatos Locos, befindet sich zuerst in einem Territorialkonflikt mit einer anderen Chicano-Gang, den Tres Putos. Nach einer tödlichen Schießerei landet eine der Hauptfiguren in der berüchtigten kalifornischen Strafanstalt San Quentin, die durch die vielen inhaftierten Bandenmitglieder zu einem brutalen und gnadenlosen Kampfplatz der Gangs verkommen ist. Die Hautfarbe und die ethnische Herkunft entscheiden automatisch über die Zugehörigkeit zu einer Gang oder den Herrschaftsanspruch der Gang über den Gefangenen. Die Weißen sind in der Aryan Brotherhood organisiert (im Film »Aryan Vanguards«), die Schwarzen in der Black Guerrilla Family (»Black Guerrilla Army«) und die Chicanos in der Mexican Mafia (»La Onda«). Der Filmtitel bezieht sich auf den Umstand, dass man nur durch einen Mord in der Gang aufgenommen wird und nur mit dem eigenen Tod die Mitgliedschaft wieder beenden kann: »Blut rein, Blut raus.«

Der Kultfilm besticht durch seine Authentizität, seine starke Atmosphäre sowie durch den Verzicht auf vorschnelle Lösungsangebote oder ein Happy End. *Blood in, Blood out* ist ein einzigartiges Epos, weshalb nicht verwundert, dass viele Gangmitglieder in Deutschland Parallelen zu ihrem eigenem Leben zu entdecken glauben.

Die Taten, die diese jungen Männer begehen, sind jedoch real – kein Hollywoodregisseur wird sie je rückgängig machen. Die Opfer sind wirkliche Opfer und nicht der Fantasie eines Drehbuchautors entsprungen. Und Deutschlands Straßen sind nicht der Gefängnishof von San Quentin, auch wenn einige der Protagonisten auf den nächsten 230 Seiten dies wohl verwechselt haben.

1. Kapitel

BLACK JACKETS – »WIR SIND EINE STREETGANG«

Die Black Jackets sind nach eigenen Angaben nicht nur die »am schnellsten wachsende Gang in Deutschland«, sondern mit über 3000 Mitgliedern gleichzeitig die zahlenmäßig größte der Republik. Gerade in jüngster Zeit reiht sich ein Gewaltexzess an den nächsten, es sind Tote zu beklagen und die schweren Straftaten im Bereich des Rotlichtmilieus, der Türsteherszene und des Drogen- und Waffenhandels häufen sich. Die Gruppierung ist in vielerlei Hinsicht interessant, da diese Straßengang ihre Metamorphose von einem unbedeutenden Zusammenschluss junger Migranten zu einer bundesweit agierenden kriminellen Gang bereits abgeschlossen hat und für viele nachfolgende Gangs als Vorbild dient. Zudem haben die Black Jackets ihre Aktivitäten auf ein Dutzend weiterer Länder ausgeweitet – wobei die Mitglieder und Aktionen weiterhin aus Deutschland gesteuert und unterstützt werden.

Gerade auf die Einwandererkinder der zweiten und dritten Generation hat diese spezielle Gang einen erheblichen Einfluss. In den sozialen Brennpunkten der Städte wird nicht mehr eine Karriere à la Boris Becker oder Michael Schumacher angestrebt. Stattdessen hört man immer wieder die Aussage: »Ich will ein Black Jacket werden.«

Versucht man also die Strukturen der Gangs in Deutschland zu verstehen, muss man sich zunächst die Black Jackets genauer ansehen.

Ganggründung mithilfe von Steuergeldern

Die fast 50 000 Einwohner zählende Kreisstadt Heidenheim liegt im Osten Baden-Württembergs an der Grenze zu Bayern, 33 Kilometer nördlich von Ulm. Heidenheim an der Brenz ist von einem in der industriellen Produktion tätigen Mittelstand geprägt und vermittelt den Anschein eines perfekten Vorzeigestädtchens im Schwabenländle. 2013 lag der Anteil der Bürger mit Migrationshintergrund bei annähernd 40 Prozent, wobei in den Kindergärten der Anteil bereits über 60 Prozent betrug.

Ein halbes Dutzend Jugendhäuser kümmern sich um sozial und finanziell benachteiligte Familien, die oftmals aus Einwandererfamilien stammen. Die meisten Zugezogenen kommen aus osteuropäischen Ländern, vor allem aus Russland und dem ehemaligen Jugoslawien. Vonseiten der Politik wurde versucht, die gescheiterte Integration im Randbezirk der Stadt mit einem breit gefächerten Angebot aufzufangen und das Problem zumindest für die nächste Generation zu lösen. Für Teenager und Jugendliche wurden ein Theaterprojekt gegründet, Sportmöglichkeiten geschaffen, Hip-Hop-Workshops abgehalten und Selbstverteidigungskurse durchgeführt. Die Besucher der Jugendhäuser sollten kulturell gefördert und an das Gemeinwesen herangeführt werden, um sich nicht zuletzt dort mit ehrenamtlichem Engagement einzubringen. So weit der theoretische Plan der steuerfinanzierten Behörde.

Doch irgendetwas ging bei diesem Vorhaben gründlich schief: Bereits 1985 gründeten sich unter den Augen der Sozialarbeiter und Pädagogen im Jugendhaus Castell die Black Jackets. Zehn 18- bis 20-jährige Männer aus der Türkei, Deutschland, Italien und Jugoslawien schlossen sich zu einer Gruppe zusammen. Den Bund der Steuerzahler dürfte bei diesem Vorfall das blanke Entsetzen packen – eine durch Steuergelder ermöglichte Ganggründung, das gibt es wohl nur in Deutschland.

In der Außendarstellung wurde die Gründung der Black Jackets unter anderem mit dem fehlenden Schutz vor rassistisch motivierten Angriffen begründet, die sich in dieser Zeit republikweit unter dem Einfluss einer neu entstandenen Skinhead-Subkultur häuften. Führende LKA-Experten hielten diesen Gründungsmythos später jedoch für eine reine Selbstinszenierung, mit der von den immer schwerer wiegenden Straftaten abgelenkt werden soll.

Unter der Führung des Türken Sedat K. waren Erkennungszeichen und Name der Bande schnell gefunden: Man entschied sich für das Tragen von schwarzen Bomberjacken und nannte sich ab sofort »Black Jackets«. Die insbesondere von türkischen Einwanderern dominierte Bande betrieb ein eigenes Kampfsportstudio und machte sich schnell einen Namen in der örtlichen Türsteherszene. So gerieten die Black Jackets bereits Ende der 1980er-Jahre überwiegend durch Schlägereien in den Fokus der Polizei – die Aktenordner der Dienststellen füllten sich beständig.

Die meisten Gastarbeiterkinder, die sich in dieser Gang zusammenfanden, hatten ähnliche Erfahrungen gemacht, ähnliche Lebensläufe hinter sich. Es waren desillusionierte Nachkommen einer Generation, welche die Sprache ihres neuen Heimatlandes noch immer nicht beherrschten und in der Arbeitswelt als schwer vermittelbar galten. Ihre Eltern waren nie in Deutschland angekommen, und auch die jungen Männer fühlten sich ausgestoßen und diskriminiert von einer Bevölkerung, die nichts mit ihnen anzufangen wusste. Sie suchten nach einem Weg, um sich außerhalb von Schule und Beruf einen Platz in der Gesellschaft zu sichern, sie schufen sich eine Ersatzfamilie, zogen ihre Identität aus einer bis dahin in Deutschland noch neuen Subkultur: der Streetgang.

»Man konnte sich aufeinander verlassen«, so der Gründer Sedat K. Dies galt für Probleme jeglicher Art, egal, ob familiärer, beruflicher oder finanzieller Art. Der Männerbund löste alle Schwierigkeiten gemeinsam. Um den Zusammenhalt deutlich nach außen zu tragen, entschied sich die Gruppe, den Namen Black Jackets (BJ) auf die Bomberjacken zu nähen und durch den Zusatz »Forever Friends« (FF) zu ergänzen. Da diese und alle anderen Schriftzüge auf den Patches und Aufnähern in weißer Schrift auf schwarzem Grund gehalten sind, wird die Gang in Szenekreisen auch mit »Schwarz-Weiß« umschrieben. Die Mitglieder selbst bezeichnen die rasante Expansion der Gang und ihr kriminelles Geschäftsgebaren zudem als »Die schwarze Flut«.

Das Tragen der Gangkleidung symbolisierte den vollzogenen Schritt zum Vollmitglied. Mit der Jacke wurde aus einem einfachen Mitglied ein Bruder. Die jungen Männer empfanden sich jetzt offiziell als Familie. Es dauerte nicht lange, und die Bomberjacken zierte zusätzlich das neu gewählte Logo der Gruppe: der Kopf einer Bulldogge mit gefletschten Zähnen und Nietenhalsband. Es wurde noch das Gründungsjahr 1985 zugefügt, dann war das Logo, das in dieser Form bis heute Bestand hat, komplett. Die zähnefletschende, kämpferische Bulldogge solle nicht etwa rivalisierende Gangs abschrecken und die Öffentlichkeit verunsichern, sondern stehe für »Treue, Stärke und Entschlossenheit«, so die Auskunft der Gang. Und tatsächlich übte der neue Männerbund in dieser Uniform eine große Anziehungskraft gerade auf Gastarbeiterkinder und verschiedene Einwanderergruppen aus. Die Bande wirkte in diesem Milieu wie ein Magnet und wuchs beständig.

Der rasante Mitgliederzuwachs, die Entstehung von Dutzenden Ablegern in den benachbarten Städten und schließlich in ganz Baden Württemberg hatte mehrere Probleme zur Folge. Der Bevölkerung war ganz allgemein der Zusammenschluss von jungen, männlichen Ausländern suspekt. Die Polizei meldete ebenfalls Bedenken an und sprach immer öfter von einer »kriminellen Vereinigung«. Doch trotz oder vielleicht auch gerade wegen dieser Vorbehalte vergrößerte sich die Bande beständig.

Für die Gründungsmitglieder ergaben sich bald strukturelle Herausforderungen, da der personelle Zustrom integriert, verwaltet und geführt werden musste. Sedat K., der sieben Jahre lang in einer Herbrechtlinger Disco als Türsteher gearbeitet hatte, macht kein Geheimnis daraus, woher er den Aufbau der Black Jackets genommen hat: von den Hells Angels und Bandidos. »Wir haben uns die Strukturen von den Motorradgangs abgeschaut«, so der Gründer. Fortan hießen die neuen regionalen Niederlassungen »Chapter« und wurden von einem »President«, einem »Vice-President«, einem »Sergeant at Arms« (Sicherheitsbeauftragter), dem »Secretary« (Schriftführer) und dem »Treasurer« (Schatzmeister) geführt. Aus Mitgliedern wurden »Full Member« und aus Anwärtern »Prospects«.

Die schnelle Expansion wurde auch durch die relativ unkomplizierten Gründungsmodalitäten der Chapter ermöglicht. Obwohl die Black Jackets rein äußerlich die Organisationsstruktur einer Motorradgang angenommen hatten und in der Öffentlichkeit immer wieder mit diesen Clubs verwechselt wurden, unterwarfen sie sich nicht den weiteren Regularien einer Outlaw Motorcycle Gang (bei den Hells Angels etwa darf nur eine Mindestzahl von sechs Männern ein Charter gründen, die zudem noch ein Clubhaus besitzen und eine eigene Harley Davidson fahren müssen).

Um keine Missverständnisse aufkommen zu lassen, bezogen die Black Jackets ausgerechnet in einem Interview mit einer Bikerpostille dazu Stellung, wie sie selbst gesehen werden wollten: »Wir sind eine Streetgang.«

Das war eindeutig.

Die Trennlinie zu den Rockergangs war eindeutig gezogen, und trotzdem sprachen Medien, Polizeibehörden und Politiker in Bezug auf die Migrantengangs weiterhin von »rockerähnlichen Gruppierungen« oder gleich von einer »Rockergang«. Auch oder vor allem bei Berichten über schwere Straftaten der Gangs blieben sie diesen Formulierungen treu, was den sowieso schon schlechten Ruf der Rocker nicht gerade verbesserte.

Dass der vermeintlich familiäre und soziale Bund immer mehr von knallharten kriminellen Geschäften verdrängt wurde, war auch im

Gründungschapter Heidenheim zu beobachten. Fünf Mitglieder wurden im September 2013 von der Staatsanwaltschaft Ellwangen wegen schweren Raubes und gefährlicher Körperverletzung angeklagt. Der 30-jährige Haupttäter und zwei weitere Gangmitglieder verbrachten nach ihrer Festnahme die ersten Monate in Untersuchungshaft. Noch elf weiteren Mitgliedern der Black Jackets hatte die Staatsanwaltschaft vorgeworfen, an dem Überfall beteiligt gewesen zu sein, ihr Tatbeitrag war jedoch nicht zu beweisen.

Die fünf Täter hatten einen Geschäftspartner des 30-Jährigen unter einem Vorwand an einen verlassenen Ort bestellt und ihn dort überrumpelt. Um eine Tasche mit 10 000 Euro in ihren Besitz zu bringen, wurde dem Geschäftsmann eine Schusswaffe an den Kopf gehalten. Auf Kommando des Haupttäters wurde er mit Knüppeln und Baseballschlägern zusammengeschlagen und schwer verletzt, einige Schüsse aus einer Schreckschusspistole wurden abgegeben. Das Verfahren ist noch nicht abgeschlossen, reiht sich aber ein in eine nicht enden wollende Reihe von Gerichtsverfahren gegen die Gang, bei der sich vor allem eines abzeichnet: Die Vorwürfe gegen die Black Jackets werden immer gravierender, die Opfer erleiden immer schwerere, bisweilen lebensgefährliche Verletzungen.

Aus den einst jugendlichen Straßengaunern sind erwachsene Männer geworden, so wie ein 40-jähriger Serbe, der im September 2013 vom Amtsgericht Heidenheim in Untersuchungshaft gesteckt wurde. Das hochrangige Gangmitglied gehörte einem in Serbien gegründeten Ableger der Gang an und befand sich illegal in Deutschland. Nach dem Sturm seiner Wohnung durch ein Spezialeinsatzkommando stießen die Polizisten auf eine Maschinenpistole, zwei scharfe Schusswaffen, Munition und Bargeld. Bei weiteren vier Gangmitgliedern im Alter von 23 bis 44 Jahren stellten sie zudem Drogen und nicht weniger als 21 Schusswaffen sicher, über die jedoch überraschenderweise die erforderliche Erlaubnis vorgelegt werden konnte.

Im äußeren Erscheinungsbild eiferten die Black Jackets den Rockergangs immer mehr nach. Typisch ist hier die Gründungsgeschichte, die der spätere Präsident des Chapter Pfullendorf über seine Niederlassung erzählt. Er arbeitete als Türsteher in einem Club, kannte von den Black Jackets zu dieser Zeit noch nicht einmal den Namen – was sich im Jahr 2000 schlagartig änderte, als er in eine Auseinandersetzung mit einem Vollmitglied verwickelt wurde. Dieses Aufeinandertreffen hat augenscheinlich einen großen Eindruck bei dem zukünftigen Präsidenten hinterlassen, denn nach diesem Vorfall erkundigte er sich intensiv nach der expandierenden Gang. Was er in Erfahrung brachte, war ganz nach seinem Geschmack: Bruderschaft, Zusammenhalt, Respekt, Loyalität und gegenseitige Hilfsbereitschaft, so lauteten die propagierten Werte. Und auch dass sich in dieser Gemeinschaft unterschiedlichste Nationalitäten, Religionen und Hautfarben zu einer Einheit zusammenfanden, beeindruckte den Türsteher nachhaltig. Er stellte sich bei einigen Chapter-Präsidenten vor und schließlich beim Gründungsvater Sedat K. selbst. Dort bekundete er seinen Wunsch, ein eigenes Chapter in seiner Heimatstadt Pfullendorf zu gründen, rund 20 Kilometer nördlich des Bodensees. So geschah es dann auch im selben Jahr, und als der Mann drei Jahre später aus beruflichen Gründen nach Biberbach/Riss ins nördliche Oberschwaben umzog, wiederholte sich der Vorgang noch einmal. Obwohl der Türsteher keinerlei Bekannte in dem Ort hatte, konnte er über seine Tätigkeit nachts im Clubs schnell einen größeren Personenkreis ansprechen. Nachdem diese die Supporter- und Prospect-Phase durchlaufen hatten, wurden sie Vollmitglieder der Black Jackets Biberbach, die seit 2010 über ein eigenes Clubhaus und eine offizielle Support-Gruppe verfügen.

Trotz der personellen Unterschiede und des andersartigen Kulturkreises näherten sich die Black Jackets rein äußerlich und strukturell immer mehr der Rocker-Subkultur an. Die schwarzen Bomberjacken wichen nicht selten einer schwarzen Lederkutte, dem Statussymbol der Einprozenter-Motorradclubs. In Brusthöhe auf der Vorderseite nähten sie verschiedene Patches an, den Namen der Black Jackets, die Funktion des Trägers und den Herkunftsort. Auf der Rückseite der Weste finden sich der dreigegliederte Top-Rocker (Black Jackets), das Center-Patch (der Bulldogenkopf als Logo der Gang) und der Bottom-Rocker (Mannheim oder Germany). Es gibt zahlreiche Mitglieder und ganze Chapter, die auf dem Motorrad unterwegs sind und sich das kleine Patch eines Motorradclubs auf die Lederkutte nähen. In anderen Fällen hat ein solches Verhalten in der Motorradszene schon zu gewaltsamen Reaktionen geführt, nämlich dann, wenn die großen Clubs der Verwendung des dreiteiligen Patches in einem von ihnen beanspruchten Territorium nicht duldeten. Im Zusammenhang mit den Black Jackets blieb der Regelverstoß jedoch folgenlos. Anscheinend war die Gang schon so mächtig und einflussreich geworden, dass sie selbst internationalen Schwergewichten wie den Hells Angels und Bandidos Paroli bieten konnten.

Auch eine weitere Eigenart der Rockerkultur übernahmen die Jackets: Sie schufen Supporter- und Nachwuchsgruppen wie etwa die Black Army, Bandogs, Black Dog und das Kommando 210 International. Weiterhin etablierten die Jackets einen Zahlencode für ihre Patches und Tätowierungen. Was für die Hells Angels die 81 bedeutet, ist bei den Black Jackets die 210. Der zweite Buchstabe des Alphabets ist das B und der zehnte das J, somit ist 210 genauso wie »BJ« ein Akronym für die Black Jackets.

Trotz des rockerähnlichen Auftretens verstehen sich die Black Jackets weiterhin als Streetgang, was sich auch in ihrem Aufnahmeritual, der Prospect-Taufe, widerspiegelt, die direkt von den amerikanischen Gangs übernommen worden ist. Hierbei bilden die Mitglieder des Chapters, oftmals trainierte Kampfsportler und Bodybuilder, eine Gasse, durch die der Anwärter hindurchmuss. Jeder schlägt einmal zu, und bis auf das Gesicht ist der gesamte Körper als Trefferfläche erlaubt. Erst nach dieser Tortur erhält der Prospect sein Patch als Zeichen seiner vollwertigen Mitgliedschaft.

Die multikulturelle Zusammensetzung der Black Jackets spiegelt sich noch einmal in ihrer starken Expansion nicht nur in Baden-Württemberg, Bayern, Rheinland-Pfalz, Niedersachsen und Nordrhein-Westfalen, sondern auch im Ausland wider. So existieren mittlerweile Chapter in Bosnien, Serbien, Mazedonien, der Türkei, den Niederlanden, Tschechien, Ungarn, Slowakei, Österreich, Vietnam und Thailand.

Bis vor einiger Zeit gingen die Black Jackets mit ihren Neugründungen offen um, indem diese einfach auf der eigenen Homepage veröffentlicht wurden. Diese Transparenz endete, nachdem sich die negativen Pressemeldungen häuften und die Jackets als kriminelle Vereinigung in einem Atemzug mit den Hells Angels und Bandidos genannt wurden. Die Gangführung ließ die Liste der Chapter auf der eigenen Homepage löschen. In Zeiten von Vereinsverboten und Diskussionen über eine bundesweite Steuerung der Rockergangs schienen sich die Jackets so weit wie möglich aus der Öffentlichkeit zurückziehen und den Ermittlungsbehörden keinerlei Angriffspunkte bieten zu wollen.

Allerdings waren einzelne Chapter bereits derart in den Fokus der Medien und der Polizei geraten, dass sich ihre Existenz nicht mehr mit einer Überarbeitung der Homepage verheimlichen ließ. Chapter um Chapter wurde zudem neu gegründet. Die nachfolgende Aufzählung ist nicht komplett, sondern betrifft Standorte, die mir im Rahmen der Buchrecherche begegnet sind, wobei einige Chapter aus unterschiedlichen Gründen offiziell als aufgelöst bezeichnet werden: Heidenheim, Worms, Mannheim, Villingen-Schwenningen, South Central Stuttgart, Black City Crew Pforzheim, Ulm Westside, North End Delmenhorst, Biberbach/Riss, Pfullendorf, South Side, South West Ludwigsburg, Big House Crew Rosenheim, Ostalb, Riverside, The Other Side, Giengen, Bodensee, Heilbronn, Bretten, Germersheim, Augsburg, Singen, Aalen, Eastside Nomads Erfurt, Sigmaringen, Bad Saulgau sowie das Chapter Darkside, das sich aus den Städten Dornstadt, Göppingen, Langenau und Neu-Ulm zusammensetzt. Entscheidend für die aktuelle Expansion in den Westen der Republik waren die Niederlassungen Westend (Bonner Raum) und Cologne, zudem breitete sich die Gang schnell auf zahlreiche Städte Nordrhein-Westfalens aus, etwa auf Duisburg, Aachen, Hagen, Gelsenkirchen, Troisdorf und Datteln.

Über ihre aktuelle Mitgliederstärke ließ die Gang niemanden im Unklaren. Bereits im Januar 2012 verkündete sie die Aufnahme ihres 1500. Mitgliedes in Deutschland. Geht man von über 40 Chaptern aus, ergibt sich eine durchschnittliche Stärke von rund 40 Gangmitgliedern, wobei auch Großchapter mit über 100 Mitgliedern existieren, beispielsweise am Bodensee und in Ulm. In ihrem Stammland Baden-Württemberg verfügen die Black Jackets bereits über 1000 Mitglieder. Im Jahr 2014 muss man allein in Deutschland von über 2000 Gangmitgliedern ausgehen, während international nach eigenen Angaben innerhalb kürzester Zeit 2000 Mitglieder aufgenommen wurden. Auch wenn diese Zahl übertrieben erscheint, würden selbst 1000 internationale Mitglieder bedeuten, dass die Black Jackets mit Rockergangs wie den Hells Angels und Bandidos gleichgezogen sind, sie womöglich überflügelt haben, bundes- wie weltweit.

Das Bundeskriminalamt, das eigentliche Herzstück der nationalen Verbrechensbekämpfung, ist bei der Klärung in diesem Themenkomplex leider keine Hilfe. Die Antwort auf meine Anfrage vom 6. August 2013 gleicht einem Offenbarungseid der Behörde:

»Sehr geehrter Herr Schubert,
(…) Die Black Jackets werden als sogenannte ›rockerähnliche Gruppierung‹ eingestuft, da sie äußere Elemente der Motorradclubs übernehmen und ähnlich auftreten, nur eben ohne Motorrad zu fahren. Es gibt allerdings auch einige motorradfahrende ›MC-Abteilungen‹. Die aktuelle Chaptersituation ist hier unübersichtlich.«

Die Behördenleitung, die mehr als 5000 Mitarbeiter führt und auf einen Etat von über 425 Millionen Euro (2013) zurückgreift, scheint sich eigene Arbeitsschwerpunkte zu setzen und wirkt, wie schon im Zusammenhang mit der NSU-Mordserie, ineffizient und unangenehm schwerfällig.

Die YouTube- und Facebook-Propaganda

Wie keine andere Subkultur, ganz gleich, ob Rockergang, Streetgang oder politisch extreme Gruppierung, benutzen die Black Jackets YouTube und Facebook als perfekte PR-Maschinerie für ihre Absichten. Unzählige Seiten in dem sozialen Netzwerk transportieren das Selbstbild der Gang direkt auf die Smartphones und Tablet-Computer der Kids. Was hingegen komplett fehlt, ist eine einordnende Kommentierung von Pädagogen oder Journalisten oder gar einer Überprüfung durch die Polizei oder die Staatsanwaltschaft. Die Botschaften rasen roh und blutig durch das World Wide Web, die Posts, Kommentare und Bilder strotzen vor brutaler Gewalt, Sexismus und homophoben Botschaften und münden nicht selten in konkreten Aufforderungen zur Straftat oder gar zum Mord.

Bei YouTube sind mehr als zwei Dutzend selbst produzierte Videoclips online gestellt. Die meisten der Musikvideos werden gleichzeitig auf der gangeigenen Homepage und dem Facebook-Account veröffentlicht und beständig aktualisiert, was eine starke Anziehung gerade auf junge Nutzer ausübt. Die Videos wirken professionell, mit martialischen Bildern, die in amerikanischer Hip-Hop-Tradition das Gangleben auf der Straße schildern und heroisieren.

Die Gang missbraucht YouTube und Facebook gleich für mehrere Zwecke. Zum einen werden durch die Nennung bestimmter Regionen und Städte das eigene Territorium abgesteckt und der Machtanspruch der Black Jackets den rivalisierenden Gangs öffentlich angezeigt. Zudem transportieren die Clips und Posts das von der Gang gewünschte Image einer unerschütterlichen Gemeinschaft aus Hunderten von kriegerischen Männern, die, gestählt von Kampf- und Kraftsport, jeden Gegner in die Flucht zu schlagen vermag. Nicht zuletzt dienen diese Gangsta-Clips, die mit den entsprechenden Bildern der Gewalt- und Machokultur durchaus versiert zu spielen wissen, als unerschöpfliches Rekrutierungsmittel in der gewünschten Zielgruppe.

Und die Clips erzählen eine geradezu unglaubliche Erfolgsgeschichte. Der Star dieser überschaubaren Szene ist ohne Zweifel »Toni, der Assi«, ein führendes Mitglied der Black Jackets aus Mannheim, 33-jährig und serbischstämmig, dessen Clips millionenfach auf YouTube angeschaut werden. Von seinen Clips, die meist durchnummeriert mit »Halt die Fresse« betitelt sind, verzeichnen einzelne Videos fast fünf Millionen Zugriffe und über 11 000 Kommentare. Um zu beurteilen, dass sich dieser Erfolg nicht auf der schönen Gesangsstimme des Interpreten begründet, sondern einzig den aggressiven Texten und dem brutalen Gestus geschuldet ist, braucht man nicht Juror einer Castingshow zu sein.

Bevor der 33-jährige Gangbarde eine führende Funktion bei den Black Jackets besetzte, war er als Sprayer, Breaker und Rapper in der Hip-Hop-Szene unterwegs. Seine früher so wertgeschätzte Individualität tauschte er gegen die Konformität der Gang ein, um mit Leuten aus anderen Städten abzuhängen »wie ein Bruder«: Bei ihnen würde er jederzeit einen Schlafplatz bekommen und »abchillen« können. Das Gangmitglied verfügt über keinen Schulabschluss, dafür über eine umfangreiche Akte bei der Polizei und vor Gericht. Sein Video »Staatsfeind« brachte ihm eine Anzeige des grünen Bundestagsabgeordneten Volker Beck wegen Volksverhetzung ein, dort rappte der Gangster unter anderem: »schwule pädophile Kinderschänder – Freispruch im Namen des Volkes geht nicht, Kopfschuss Gaskammer fertig« und »Ich könnte jede Schwuchtel klatschen«. Es folgten mehrere Hausdurchsuchungen, eine Festnahme und der Weg durch alle Gerichtsinstanzen, der mit einer Verurteilung zu einer Geldstrafe von 8000 Euro endete.

Ein weiterer Song beginnt mit seiner Begrüßung als »Staatsfeind Nummer eins und Angela Merkels große Liebe« und Grüßen an »alle homo-dildo Redakteuren« mit der anschließenden Aufforderung: »Haltet die Fresse, ihr Stricher!« Danach folgt die Selbsteinschätzung: »Rapper trinken Actimel, ich trink' Tilidin.« Während die Kamera auf weitere Gangmitglieder schwenkt, die auf einer abgelegenen Straße neben der Mannheimer Autobahn posieren, rappt er weiter: »Wollen du Probleme, bei Yugo ist so, wenn ich will, dann ich nehme« und »ich nix Schlägerei. Bei uns macht es Klick-Klack«. Die Songstelle wird mit der Geste einer durchgeladenen Pistole unterlegt, einschließlich mehrerer Schussabgaben, die aus dem Off stimmlich nachgeahmt werden: »Ratatatäää.«

Im weiteren Verlauf des Videos gibt der Black-Jackets-Rapper praktische Tipps zum Kokainhandel und -schmuggel inklusive Verhaltensanleitungen beim Grenzübertritt. In einem weiteren Video, das mit »Die Schwarze Flut« betitelt ist, werden die propagierten

Gangwerte wie Brüderlichkeit und Respekt in den Vordergrund gestellt und mit dem kriminellen Hintergrund, in diesem Fall einer anhänglichen Mordanklage gegen Gangmitglieder, und ihrer multikulturellen Zusammensetzung kokettiert. Das Video kommt auf knapp 800 000 Nutzer und rund 1500 Kommentaren.

Innerhalb der Gang existiert die eigene Band »Terror Hurricane 210« aus Heidenheim. Deren Video, das aus dem Debütalbum »Kriegserklärung« stammt und anlässlich des 20-jährigen Bandenjubiläums gedreht wurde, brachte einem türkischen Gangmitglied eine Anzeige wegen des Verstoßes gegen das Kriegswaffenkontrollgesetz ein, da in dem martialischen Clip das Durchladen einer echt aussehenden Kalaschnikow gezeigt wurde. Es folgten Hausdurchsuchungen auch in einem Tonstudio, das jedoch lediglich als Dienstleister an der Produktion mitgewirkt hatte. Nach Auskunft der Black Jackets handelte es sich bei dem gezeigten russischen Sturmgewehr und weiteren Waffen entgegen den Anschuldigungen der Staatsanwaltschaft lediglich um täuschend echte Nachbildungen. Der Polizei gelang es nicht, die Kalaschnikow sicherzustellen.

Das Video, in dem die Gang verherrlicht und verklärt wird, kommt auf mehr als 1,5 Millionen Klicks und verzeichnet über 5500 Kommentare.

Auch in anderen Clips wird kein Blatt vor den Mund genommen. Der Rapper MC Amino etwa singt im Clip »Hood Life« von »Schwarz Weiß 210 ... Das ist eine andere Liga. Hier wirst du kaltgemacht!«, »Hast du Stress mit den Jungs!? Ich schwöre dir, es knallt!« und »Bist du ein Verräter, wirst du plattgemacht.« Immer wieder wird die Hand zu einer Pistole geformt, in so gut wie jedem Video wird der Zeigefinger gekrümmt, während der Daumen gestreckt bleibt, um eine Schussabgabe zu simulieren, und unaufhörlich fährt sich ein Gangmitglied mit dem Daumen messergleich über den eigenen Hals, um ein Halsdurchschneiden zu simulieren.

Die Videos dienen dann auch mehr als Drohkulisse denn als ein musikalischer Beitrag. Das Perfide an dieser YouTube-Propaganda der Black Jackets sind ihr durchschlagender Erfolg, die gewaltsame Atmosphäre, die sie schaffen, und die Wirkung gerade auf die Nutzer des Internetvideoportals. Dutzendfach posten junge User: »Ihr seid meine Vorbilder« und »Ihr seid die besten Brüder«.

Während Behörden, Ministerien und private Träger beispielsweise in die Beobachtung und Aufklärung von rechtsextremistischen Aktivitäten im Internet Millionen Euro an Steuergeldern investieren und ein regelrechter Wettlauf um die nächste Studie und den größten Anteil an den zu verteilenden Steuersubventionen zu herrschen scheint, setzt sich niemand mit den gewaltverherrlichenden Thesen der Gangs auseinander. Bei der Google-Suche »Rechtsextremismus Internet« liefert der Datenhändler 1 600 000 Ergebnisse, bei einer entsprechenden Suchanfrage zu den Black Jackets liefert er nicht einen einzigen inhaltlichen Treffer.

Die Internetaktivitäten der Gangs sind längst zu einem rechtsfreien Raum verkommen, zu virtuellen No-go-Areas des 21. Jahrhunderts. Auch die Kommentarfunktion der Videoplattform belegt die Atmosphäre der Verrohung und den gewaltverherrlichenden Ton, in dem hier verhandelt wird. Nicht nur werden von den Mitgliedern, die hier schreiben, die Stärke und der Zusammenhalt der 210er betont, gleichzeitig werden zudem rivalisierende Rocker- und Streetgangs beleidigt und deren Mitglieder mit dem Tode bedroht.

Allerdings nutzen auch die Rivalen der Black Jackets die Kommentarfunktion, um ihrerseits die Gang zu verunglimpfen oder ins Lächerliche zu ziehen. Viele der diffamierenden Posts erwecken den Anschein, dass sie offizielle Statements rivalisierender Gangs wie der United Tribuns, Red Legion, Hells Angels oder Bandidos sind. Dies führt dann zu wechselseitigen Beleidigungen, welche wiederum die Gefahr mit sich bringen, dass aus anonymen YouTube-Posts handfeste und folgenschwere Bandenkriege entstehen. In den sozialen Netzwerken und bei YouTube wird unerbittlich um die Vorherrschaft der Gangs gekämpft.

South Central in Stuttgart

Die Namensgebung des Chapters hätte schon alle Alarmglocken schrillen lassen müssen. South Central, der gefährlichste Bezirk von Los Angeles, gilt als Hort der Bandenkriminalität und Gründungsort der mörderischsten Gangs der Welt. Bloods, Crips, Mara Salvatrucha, 18th Street Gang und die Florencia 13 stammen alle aus diesen Straßenzügen. Ebenfalls aus diesem Milieu stammt der afroamerikanische Rapper und spätere Schauspieler Ice Cube, der in der Hip-Hop-Crew N.W.A. (»Niggaz Wit Attitudes«) seine Karriere startete und mit dem Song »Fuck tha Police« international bekannt wurde.

Eine Bedrohungsanalyse, die 2011 vom FBI durchgeführt wurde, bringt die 1,4 Millionen aktiven Mitglieder und insgesamt 33 000 Banden mit über 48 Prozent aller Gewaltverbrechen in Verbindung. In besonders betroffenen Gebieten steigt der Prozentsatz auf bis zu 90 Prozent. Gangs werden für die Städte und Kommunen als die bedeutendste kriminelle Bedrohung erkannt, die Mitgliederzahl ist in den beiden letzten Jahren infolge der gezielten Rekrutierungen unter Jugendlichen und Einwanderern um über 40 Prozent gestiegen. Während in Deutschland die Probleme meist bei den Polizisten vor Ort abgeladen werden und ein bundesweites Konzept oder gar eine Koordinierung zur Bekämpfung des sich rasant ausbreitenden Gewalt- und Verbrechenphänomens komplett fehlt, hat der amerikanische Kongress bereits 2005 beim FBI ein National Gang Intelligence Center gegründet. Es handelt sich hierbei um eine Analyse-, Informations- und Koordinierungsbehörde aller relevanten Strafverfolgungsbehörden: FBI, DEA, ATF, BOP, Usms, ICE, Dod und dem National Drug Intelligence Center NDIC. Unterstützt werden sollen selbstverständlich auch die Polizisten auf der Straße.

Das BKA, das sich selbst gern als deutsches Pendant zum FBI positionieren möchte, versagt in dieser Hinsicht leider komplett. Wieder einmal werden die Differenzen von Anspruch und Wirklichkeit deutlich.

Der berüchtigte Stadtteil in Los Angeles war das Epizentrum und der Namenspatron der gewalttätigen Unruhen von 1992, der »South Central Riots«. Ausgelöst wurden die Riots durch den Freispruch von vier Polizisten (drei Weißen, einem Latino), die der Misshandlung des Afroamerikaners Rodney King angeklagt waren. Mit Schlagstöcken hatten die Polizisten mehr als 50-mal auf King eingeprügelt, was ein Augenzeuge per Videokamera aus seiner Wohnung heraus filmte. Die Freisprüche der Polizisten hatten bürgerkriegsähnliche Zustände in der Millionenmetropole zur Folge, die 53 Todesopfer forderten. Der Sachschaden belief sich auf eine Milliarde Dollar. Erst nachdem US-Präsident George H. W. Busch 20 000 Sicherheitskräfte einschließlich der Army, den Marines und der Nationalgarde in Marsch gesetzt hatte, gelang es, nach sechs Tagen die Ordnung in der Stadt wieder halbwegs herzustellen und die nächtliche Ausgangssperre aufzuheben. An vorderster Front an den Krawallen, Morden, Plünderungen und Brandschatzungen beteiligt waren die Mitglieder der Streetgangs.

Sich also diesen Stadtteil Los Angeles als Namenspatron für sein Chapter in Deutschland zu wählen sprach schon für sich. Entsprechend fiel die über 80-köpfige Stuttgarter South-Central-Gruppe sofort nach ihrer Gründung als besonders gewalttätiges Problem-Chapter auf. Die Mitglieder waren jung, aggressiv und extrem gewaltbereit. Und sie schienen wirklich davon überzeugt zu sein, dass der Stuttgarter Raum mit einem Kriegsgebiet wie South Central gleichzusetzen sei.

Am 16. Januar 2009 patrouilliert ein jugoslawisches Bruderpaar mit einer Gruppe von bis zu 15 jungen Mitgliedern der Black Jackets durch den einwohnerstärksten Stuttgarter Stadtteil Bad Cannstatt, der für sein alljährliches Volksfest Cannstatter Wasen bekannt ist. Der 20-Jährige, trotz seiner Jugend einschlägig vorbestraft und unter Bewährung stehend, fungiert seit einigen Monaten als Chapter-Präsident, unterstützt von seinem 21-jährigen Bruder. An diesem Tag sind die Jackets unterwegs zu dem Jugendhaus Anna in der Gnesener Straße, vor dem sie auf zwei Russen treffen, 30- und 21-jährig, die in der städtischen Einrichtung eine Musikprobe besuchen wollen.

Da die Black Jackets dieses Gebiet als ihr Territorium ansehen, nehmen sie allein die Anwesenheit der zwei gangfremden Männern als Herausforderung wahr. Die Gangmitglieder pöbeln die Russen sofort an, wobei sich die Balkanbrüder als Wortführer betätigen: »Wir sind die Black Jackets, wir machen euch platt!« Die verbalen Einschüchterungen reichen den aufgeputschten Jungs nicht, das jugoslawische Gangsterpaar zieht seine Springmesser. Die nächste Drohung ist unmissverständlich: »Ich stech dich ab!«

Der 30-jährige Russe reagiert unerwartet und stellt sich der bewaffneten Übermacht in den Weg. »Stich doch«, fordert er. Die Brüder fürchten um ihr Ansehen in der Gruppe und handeln. Der Chapter-Präsident geht einen Schritt nach vorn und stößt den Russen vor die Brust. Dieser Schlag ist gleichzeitig der Startschuss für den Angriff der restlichen Bande. Sie zücken ihre Schlagstöcke, Baseballschläger und Teleskopschlagstöcke und prügeln auf die beiden Russen ein. Der 30-Jährige erleidet schwerste Prellungen am Kopf und am gesamten Körper, und auch der 21-Jährige wird ernstlich verletzt. Dann gelingt ihnen schwer verletzt die Flucht.

Nur wenige Tage nach der Gewalttat wird das Brüderpaar festgenommen und wandert für drei Monate in Untersuchungshaft, wo sich der 20-Jährige angeblich von den Black Jackets distanziert. Ob es sich bei diesem reumütigen Lippenbekenntnis nur um eine Prozessstrategie handelt mit dem Ziel, eine geringere Strafe zu erlangen, kann das Gericht nicht feststellen. Jedenfalls hat die Taktik hier und in späteren Verfahren Erfolg: Trotz diverser Vorstrafen und des Umstands, dass der Angeklagte sich zur Tatzeit bereits unter Bewährung befand, spricht der Richter des Amtsgerichts Bad Cannstatt eine erneute Bewährungsstrafe aus. Sie lautet auf zwei Jahre Haft, die zu drei Jahren auf Bewährung ausgesetzt werden. Die Bewährungsstrafe des Bruders beträgt nur elf Monate.

Black Jackets vs. La Fraternidad

Noch während der oben erwähnte Prozess lief, schlugen die Mitglieder der Stuttgarter Black Jackets erneut zu, und diesmal waren die Folgen für alle Beteiligten weitaus gravierender.

Die schwerwiegende Auseinandersetzung mit der überwiegend aus Kurden bestehenden Esslinger Gang La Fraternidad (LF) eskalierte in immer kürzeren Abständen. Vorausgegangen waren mehrere Schlägereien und gegenseitige Demütigungen, die gewalttätige Vergeltungsaktionen ausgelöst hatten. Doch die Mitglieder der La Fraternidad (spanisch »Die Bruderschaft«) waren nicht bereit, sich den Black Jackets zu beugen. Erstmalig war zu beobachten, dass die ethnischen Unterschiede und eine aus den Heimatländern herrührende Rivalität die Streitigkeiten noch zusätzlich verschärften – die türkischen und wenig kurdenfreundlichen Mitglieder stellten nach wie vor die größte Gruppe innerhalb der 210er.

Für den Freitagabend beriefen die Black Jackets eine Zusammenkunft im Fellbacher Clubhaus des Stuttgarter Chapters ein, um das weitere Vorgehen gegen die rivalisierende Gang zu besprechen. Sie entschlossen sich, ihre Vormachtstellung zu sichern. Die LF sollte einer ordentlichen Abreibung unterzogen, die konkurrierende Bande im wahrsten Sinne des Wortes zerschlagen werden. Ein folgenschwerer Entschluss.

Es ist die Samstagnacht des 27. Juni 2009. Der zunehmende Mond erleuchtet kurz vor Mitternacht das Gelände der Waisenhofschule. Unter einer Pergola suchen 15 Mitglieder der Fraternidad und eine Gruppe völlig unbeteiligter junger Leute Schutz vor dem Regen. Bis heute ist nicht abschließend geklärt, ob die Mitglieder der La Fraternidad zufällig anwesend sind oder sich zu einer »Aussprache« mit ihren Rivalen verabredet haben.

Durch einen unentdeckt bleibenden Späher wissen die Black Jackets von der Anwesenheit und Anzahl ihrer Feinde. Das Rollkommando bewaffnet sich mit Schlagstöcken, versorgt sich mit Sturmhauben und setzt sich in verschiedenen Autos in Marsch.

Die versammelte Gruppe, egal, ob Mitglieder der Fraternidad oder Unbeteiligte, wird an dem Versammlungsort von 22 Black Jackets angegriffen und schwer verletzt. Mit wildem Kampfgeschrei und Beleidigungen ausstoßend, stürzen sie heran und schlagen mit Eisenstangen, Baseballschlägern und Teleskopschlagstöcken auf ihre Gegner ein.

Dabei nehmen elf Black Jackets, so wird es das Gericht später entscheiden, auch den Tod der Rivalen in Kauf. Sechs La-Fraternidad-Mitglieder und unbeteiligte Jugendliche werden zum Teil lebensgefährlich verletzt. Selbst einige der am Boden liegenden Gegner werden weiter mit Schlägen eingedeckt. Einer der Malträtierten ist der 26-jährige Bayram A., der keiner der beiden Gangs angehören soll. Er erleidet eine offene Schädelzertrümmerung, liegt keuchend in seinem Blut. Hirnmasse tritt aus. Ein Sechstel seines Gehirnvolumens.

Eine Notoperation rettet vorerst sein Leben, doch ein Drittel seines Gehirns stirbt ab. Anschließend liegt er mehrere Wochen im Koma und ringt um sein Leben. Als er nach Wochen erwacht, bestätigen sich die schlimmsten Befürchtungen, er behält eine schwere irreversible Hirnschädigung zurück. Der ehemalige Bosch-Facharbeiter und Student einer Fachhochschule, ein vollkommen Unbeteiligter, wird den Rest seines Lebens ein Pflegefall bleiben.

Bei insgesamt drei Opfern löst die erlebte Todesangst zusätzlich eine schwere psychische Schädigung aus, sie müssen ihre posttraumatischen Belastungssyndrome von Psychologen behandeln lassen.

Die Vermummungen der Angreifer behielten nicht die gewünschten Wirkungen. Ein Zeuge hatte sich zwei Autokennzeichen merken können und gab der Polizei den entscheidenden Hinweis. Die ersten beiden Black Jackets wurden noch in der Tatnacht festgenommen. Alle 22 Angreifer wurden identifiziert und bei einer Großrazzia von 170 Polizisten festgenommen und in Untersuchungshaft gesteckt. Der Schlägertrupp setzte sich aus Türken, Serben, Kroaten, Kosovaren, Mazedoniern, Kasachen, Afghanen und Irakern zusammen. Da die Stuttgarter Polizei wegen der jüngsten Häufung der schweren Gewaltdelikte »die Black Jackets schon einige Zeit unter Beobachtung«

hatte, gelang es in diesem Fall, die Angreifer zuzuordnen. Sie gehörten zu dem 80-köpfigen Stuttgarter Chapter South Central, das auch in der Türsteherszene mitmischte.

Die Gerichtsverhandlungen zogen sich über mehrere Jahre bis zum 15. Oktober 2012 hin. Die Verhandlungen wurden aus Sicherheitsgründen in die JVA Stammheim verlegt, die durch die RAF-Prozesse und »die Todesnacht von Stammheim« mit den Selbstmorden von Andreas Baader, Gudrun Ensslin und Jan-Carl Raspe weltweit bekannt wurde. Eigens in der damals gebauten Mehrzweckhalle, die zur Verhinderung von Befreiungsversuchen aus der Luft auch mit Stahlnetzen überspannt ist, fand der Großprozess gegen die Stuttgarter Black Jackets statt. Die Staatsanwaltschaft brachte schwere Kaliber in Stellung, die Anklagen lauteten auf dreifachen versuchten Mord, schweren Landfriedensbruch und gefährliche Körperverletzung. Lediglich ein Beschuldigter wurde nur wegen Beihilfe zur gefährlichen Körperverletzung angeklagt und aus der U-Haft entlassen. Wegen der zu erwartenden geringen Strafe wurde sein Verfahren abgetrennt und einzeln verhandelt.

Der Prozess der 2. Großen Jugendkammer des Landgerichts Stuttgart (Az.: 2 KLs 50 Js 54399/09) begann am 3. März 2010 und fand unter verschärften Sicherheitsbedingungen statt, was zum einen die Medienvertreter betraf, die sich einem strengen Akkreditierungsverfahren fügen mussten, und zum anderen die Angeklagten, Zeugen und Zuschauer, denen es untersagt wurde, jegliches Emblem der verfeindeten Gangs bei sich zu tragen, sei es als Kleidungsstücke, als Schriftzug auf einem Laptop oder auf einem Flugblatt.

Die hohen Sicherheitsbestimmungen schienen die Angeklagten nicht weiter zu stören. Die Männer winkten und zwinkerten in die Zuschauerreihen, wo sich die Gangmitglieder verschiedenster Chapter einfanden, um sich mit den des Mordes Angeklagten zu solidarisieren. Auch zwischen den Beschuldigten und ihren Rechtsanwälten herrschte ein eher kumpelhaftes Klima, man klopfte sich auf die Schultern, lächelte sich zu.

Unter den Inhaftierten hingegen kam es im Laufe der fast 200 Verhandlungstage zu zahlreichen Spannungen, da zwei Angeklagte das

Gericht davon überzeugen wollten, dass sie nicht zu den Haupttätern gehörten. Einer der beiden stellte im Tausch gegen ein deutlich verringertes Strafmaß dem Gericht ein Geständnis in Aussicht. Dies kam in der Gang gar nicht gut an. Der Aussagewillige wurde in der Justizvollzugsanstalt Mannheim von mehreren inhaftierten Black Jackets attackiert und geschlagen. Der andere Angeklagte wurde auf dem Weg zum Sitzungssaal angegriffen und mit den massiven eisernen Handschellen, die alle Black Jackets zu tragen hatten, gegen den Kopf geschlagen. Nach diesen Angriffen verschwand die kurze Aussagebereitschaft der Angeklagten, beide schwiegen fortan wieder. Das plakativ verbreite Gangmotto »Friends Forever« endete spätestens vor Justitia.

Das Verhalten der beiden Gangs führte zu einem Mammutprozess, der sämtliche Rahmen sprengte und für den Steuerzahler eine deftige Rechnung hinterließ. Im Mehrzweckgebäude der JVA Stammheim waren 196 Hauptverhandlungstage nötig, an denen 76 Zeugen und acht Sachverständige vernommen wurden. Eingebunden waren drei Berufsrichter, zwei Schöffen sowie zur Verfahrenssicherung eine Ergänzungsrichterin und zwei Hilfsschöffen. Des Weiteren wurde zum Schutz der Verhandlung und der Inhaftierten an allen 196 Verhandlungstagen jeweils eine zweistellige Anzahl von Wachtmeistern eingesetzt. Die genaue Zahl hielt das Gericht geheim. Dabei sind zusätzliche Polizeikräfte noch nicht einmal berücksichtigt, die außerhalb des Gerichts bis zu 50 Black Jackets bei Solidaritätsaufmärschen im Zaum halten mussten.

Die 42 Verteidiger der 21 Angeklagten Black Jackets stellten über 100 eigene Beweisanträge und rund zwei Dutzend Befangenheitsanträge gegen die Kammer. Allein an entstandenen Anwaltskosten würde jedem Verurteilten eine hohe Summe drohen, die eher im sechsdenn im fünfstelligen Bereich anzusiedeln war. Doch dazu sollte es nicht kommen, das Gericht verschonte die Gangmitglieder von der Zahlung der von ihnen verschuldeten Kosten.

Die Urteile konnten erst 2,5 Jahre nach Prozessstart, am 15. Oktober 2012, gefällt werden. Da die Kammer die Mordmerkmale niedere Beweggründe und Heimtücke als nicht gegeben ansah, sprach sie keine Verurteilungen wegen Mordes aus. Im Gegensatz zur Staatsanwaltschaft, die nur einen der Black Jackets des versuchten Totschlags überführt sah, sprach die 2. Große Jugendkammer jedoch elf der Angeklagten wegen versuchten Totschlags in drei tateinheitlichen Fällen schuldig, zudem alle Angeklagten der schweren Körperverletzung in einem Fall und der gefährlichen Körperverletzung in sechs Fällen. Dem schwer verletzten 26-Jährigen sprach das Gericht im Adhäsionsverfahren 90 000 Euro Schmerzensgeld und eine Monatsrente in Höhe von 120 Euro zu. Zwei weiteren Opfern wurden je 9200 Euro zugestanden.

Die Mitglieder der Black Jackets und deren Supporter waren zwischen 17 und 24 Jahren alt, und die verhängten Freiheits- bzw. Jugendstrafen lagen zwischen 2 Jahren und 11 Monaten sowie den 7 Jahren und 9 Monaten, zu denen der 22-jährige Haupttäter Orcun Ö. verurteilt wurde.

Nach dem Richterspruch herrschte trotzdem eine eher ausgelassene Stimmung unter den Verurteilten. Neben Orcun Ö. verblieben nur zwei weitere Gangmitglieder in Haft. Auch ein weiterer 21-jähriger Haupttäter, der zu einer Jugendstrafe von fünf Jahren und neun Monaten verurteilt worden war, konnte damit rechnen, nicht einen einzigen weiteren Tag absitzen zu müssen. Gemäß Jugendstrafrecht werden Verurteilte nach sieben Zwölfteln der verbüßten Haftdauer in die Freiheit entlassen, und dies war mit der drei Jahre und zwei Monate dauernden U-Haft bereits erreicht. Dies war dem Erziehungs- und Resozialisierungsgedanken des deutschen Jugendstrafrechts geschuldet, dem offenbar alle anderen Überlegungen untergeordnet wurden.

Auch die übrigen Black Jackets saßen zumeist seit über drei Jahren in Untersuchungshaft und wurden direkt nach der Urteilsverkündung auf freien Fuß gesetzt. Noch im Gerichtssaal hörte man sie lachen, sie fielen sich in die Arme, klopften sich auf die Schultern und posierten bereits wieder in ihren Macho- und Gangposen. Nur vier der Gangmitglieder waren zur Tatzeit älter als 21 Jahre, was bedeutete, dass die verbliebenen 17 Täter nach dem Jugendrecht abgeurteilt wurden.

Die Vorsitzende Richterin Sina R. befreite, entgegen der Forderungen von Staatsanwaltschaft und Nebenklägern, die Black Jackets zusätzlich von den immensen Kosten der 196 Verhandlungstage: immerhin rund 1,5 Million Euro. Sie begründete dies mit einem »Blick nach vorn« – sie wollte die Motivation für ein späteres persönliches Vorankommen der Gangmitglieder nicht belasten.

Dem deutschen Steuerzahler bleibt diese Belastung nicht erspart, denn er wird die gesamten millionenschweren Kosten bezahlen müssen – einschließlich des Honorars der 42 Verteidiger. Wenn man sich zudem in Erinnerung ruft, dass in den öffentlichen Verhandlungstagen Dutzende Black Jackets sich über ihre Opfer und über das Gericht lustig machten und feixend die Anträge ihrer Anwälte begleiteten, die offensichtlich nichts anderes als eine Verschleppung des Prozesses im Sinn hatten, dann bleibt man ratlos bis wütend zurück. Der Rechtsstaat zeigte sich wenig wehrhaft gegen diese noch neue Art der Gewalt in Deutschland und ließ sich in diesem Verfahren vorführen. Das Ende des Prozessmarathons von Stammheim hinterließ einen mehr als bitteren Nachgeschmack.

Der Gewaltexzess und die vielen negativen Schlagzeilen besiegelten zumindest offiziell das Ende des so auffälligen Stuttgarter Chapters South Central. Trotz der zahlreichen Solidaritätsbekundungen – viele Black-Jackets-Mitglieder solidarisierten sich mit der Tat und den Tätern und besetzten über die volle Dauer des Mammutverfahrens die Zuschauerbänke im Gerichtssaal – erklärte die Gang später das gesamte Chapter für aufgelöst. Ihre Homepage verschwand aus dem Netz, ebenso die umstrittenen Videos bei YouTube und auf der gangeigenen Homepage. Ob nun aber offiziell aufgelöst oder nicht, der Großraum Stuttgart blieb die Machtbastion der Black Jackets, die bei weiteren Gewalttaten auffallen sollten, fast immer als Täter, gelegentlich auch als Opfer.

Und eines konnte am Tag des milden Urteilsspruches noch niemand ahnen: Die Fehde der Black Jackets gegen die La Fraternidad, der Kampf der Türken gegen die Kurden, war noch lange nicht vorbei. Im Gegenteil, er fing gerade erst an, und die Konsequenzen sollten tödlich sein.

Out in bad standing – Angst als Geschäftsmodell

In der schwarz-weißen Welt der Black Jackets weht ein rauer Wind – nicht nur für die Gegner und vermeintlichen Konkurrenten, sondern mitunter auch gegen die eigenen Brüder, insbesondere gegen diejenigen, die der Gang den Rücken kehren wollen.

Der Schauplatz der Ereignisse des November 2010 ist die Stadt Hechingen, gelegen in Baden-Württemberg, am Westrand der Schwäbischen Alb, rund 60 Kilometer südlich der Landeshauptstadt Stuttgart. Der 25-Jährige, der einige Zeit Vizepräsident des Singener Chapters war, stand noch unter Bewährung, als er zwei ausstiegswillige Gangmitglieder seines Chapters am 20. November 2010 in das Clubheim einbefahl. Die Bewährungsstrafe gegen den ehemaligen Vize wurde im Zusammenhang mit einem Vorfall in einer Balinger Diskothek verhängt, wo er als Türsteher tätig war und zusammen mit einem Arbeitskollegen zwei Gäste zusammengeschlagen hatte. Anschließend hatte er von den Opfern ohne weitere Begründung eine Geldzahlung eingefordert.

An dem Geschäftsmodell »Angst« hatte der Vizepräsident offenbar Gefallen gefunden. Mit der martialisch auftretenden Bande im Rücken lief sein Geschäft wie geschmiert, einfacher als mit der Erpressung schien sich kein Geld verdienen zu lassen. Der Richter hoffte auf einen einmaligen Ausrutscher des 25-Jährigen, weshalb er im Türsteherverfahren auf eine Haftstrafe verzichtete und die Strafe zur Bewährung aussetzte. Der Richter irrte. Die Erpressung war kein Einzelfall.

Als die beiden Gangaussteiger im November das Clubhaus betraten, erwartete der Exvize sie zusammen mit einem 30-jährigen Kumpanen, der seit sechs Jahren Führungsaufgaben im Bodensee-Chapter ausübte. Interessant ist die Anwesenheit des Mannes deshalb, weil es sich bei ihm um den Bruder des Nationalpräsidenten handelte. Das

Einschüchterungspotenzial in jenem Zimmer der Gangunterkunft war also enorm.

Die beiden Männer forderten von den Ausstiegswilligen nicht nur die Clubkutten, Embleme und Aufnäher ein, sondern zusätzlich eine Geldzahlung von jeweils 2000 Euro. Begründet wurde diese Strafgebühr mit einer angeblich vereinbarten Austrittszahlung, mit fehlenden Clubbeiträgen und anderen Verbindlichkeiten. Um ihrer Erpressung Nachdruck zu verleihen, drohten sie nicht nur den Aussteigern, sondern kündigten an, auch deren Familien zur Rechenschaft zu ziehen und den Kebabladen des Vaters zu stürmen und alles kurz und klein zu schlagen. Einer der Drangsalierten zahlte noch in derselben Nacht 1500 Euro, die umgehend in die Clubkasse wanderten.

Doch was dann? Die Drohungen nahmen kein Ende, und die Eingeschüchterten sahen keinen anderen Ausweg, als zur Polizei zu gehen und gegen ihre einstigen Brüder Strafanzeige zu erstatten. Auf der Wache bestritten die Erpressten, dass die geforderten 4000 Euro in irgendeiner Weise für Schulden oder offene Clubbeiträge ausstünden. Es handele sich stattdessen um eine willkürlich verhängte Geldforderung.

Bei dem späteren Gerichtsverfahren kam es immer wieder zu offensichtlich falschen oder abwiegelnden Zeugenaussagen. Obwohl die Führungsmitglieder der Black Jackets auf der Anklagebank saßen, verbreiteten sie mit ihrer Gang im Rücken unter den Prozessbeteiligten noch Angst und Schrecken.

Bemerkenswert etwa die Zeugenaussage eines Anwärters, der nach einem kurzen Intermezzo von drei Monaten die Gang wieder verlassen wollte. Erst auf mehrmaliges Nachfragen des Richters räumte er ein, dass er an seiner Arbeitsstelle unerwarteten »Besuch« von zwei Vollmitgliedern erhalten habe. Es sei eine Austrittsgebühr von 500 Euro von ihm gefordert worden. Auf gezieltes Nachfragen erzählte der Zeuge von einer weiteren Bedrohungssituation in einem Restaurant, wo im Rahmen einer Ansprache das Wort »Aufschlitzen« gefallen sei. Die Todesdrohung gegen ihn sei aber nicht weiter schlimm, beschwichtigte der junge Mann das Gericht.

Vor Gericht verfestigte sich der Eindruck, dass besonders in der Bodenseegruppe ein großes Kommen und Gehen herrschte, weshalb die Austrittszahlungen offenbar drastisch erhöht worden waren. Auch von weiteren Schlägen gegen zahlungsunwillige Aussteiger wurde berichtet.

Trotz der abgeschwächten Zeugenaussagen sah das Gericht den Vorwurf der räuberischen Erpressung bestätigt und kam zu einem Schuldspruch. Der 25-jährige Exvize erhielt eine zweijährige Haftstrafe, der 30-jährige Kollege ein Jahr und neun Monate. Da die verhängten Strafen die Schwelle von zwei Jahren nicht überschritten, setzte der Richter beide Urteile erneut zur Bewährung aus.

Da die Gangmitglieder sich ungeachtet der erneuten Bewährung vom Amtsgericht Hechingen im Juni 2011 zu hart bestraft fühlten, legten sie Berufung ein, die vor dem Landgericht Hechingen verhandelt wurde. Den zusätzlichen Gang vors Gericht hätten sie sich lieber sparen sollen. Der Richter in Hechingen nämlich schloss sich am 5. Februar 2012 dem Vortrag der Staatsanwaltschaft an, die das verhängte Strafmaß als zu niedrig monierte. Der 25-jährige Haupttäter erhielt nun eine erhöhte Strafe von zwei Jahren und neun Monaten, ein Strafmaß, das die Möglichkeit zur Bewährung ausschloss. Zudem musste er sich darauf einstellen, dass die Bewährung in seinem Türsteherverfahren widerrufen und sich seine Haftstrafe dementsprechend noch weiter erhöhen würde. Dumm gelaufen!

Die hohe Fluktuation im südlichen Oberschwaben löste mitunter drastische Maßnahmen der Streetgang aus. Ende Januar 2012 wurde in Ravensburg die weiße Mercedes-Limousine der E-Klasse eines ausgetretenen Black Jackets mit einer Autobombe in die Luft gejagt. Die ohrenbetäubende Explosion war morgens um 6 Uhr noch mehrere Hundert Meter entfernt zu spüren und riss die halbe Innenstadt aus dem Schlaf. Der Sprengsatz war unter dem Heck des Mercedes angebracht und zerstörte den Wagen vollständig. Selbst die Fenster der umliegenden Gebäude zersprangen. Der Halter des Fahrzeugs war 13 Jahre lang Mitglied des Black-Jackets-Chapters Biberbach gewesen und arbeitete ebenfalls als Türsteher. Fast genau zum Zeitpunkt der

Explosion saß er selbst auf der Anklagebank, da er beschuldigt wurde, gemeinschaftlich mit zwei anderen Mitgliedern einen Mann im Umfeld einer Diskothek zusammengeschlagen zu haben. »Mein Mandat wurde freigesprochen, ersten Grades«, äußerte sich sein Anwalt Süleyman Y. später, als er auf diesen Sachverhalt angesprochen wurde.

Hinsichtlich des Sprengstoffanschlags vermutete die Polizei eine Racheaktion gegen den in Ungnade gefallenen Exbruder, der im Verdacht stand, sich einer anderen Gang anschließen zu wollen. Da sich kein Zeuge meldete, endeten die breit angelegten Ermittlungen in einer Sackgasse, trotz der Hinzuziehung von Experten des Landeskriminalamtes Stuttgart. Ziemlich genau ein Jahr später wurde die Akte »Autobombe« offiziell geschlossen und zu den ungelösten Fällen ins Archiv gelegt.

Die Lage blieb explosiv, das Geschäftsmodell Angst hatte sich etabliert. Es gab Dutzende ähnlich gelagerter Fälle, etwa in Dornstadt nahe Ulm, das zu dem Chapter Darkside gehört und deren Mitglieder äußerst brutal in der Türsteherszene und dem Rotlichtmilieu agierten. Das Dornstädter Chapter gründete im Jahr 2010 der 31-jährige Mehmet T., der in der Türkei geboren wurde und in Deutschland sein Geld als Metallarbeiter verdient. Innerhalb kürzester Zeit schlossen sich dem Türken 20 weitere Männer an, darunter ein 42-jähriger hünenhafter Kroate, der zum Vize dieses Chapters ernannt wurde, sowie zwei anatolische Landsmänner aus der Nachbarschaft. Einer dieser Männer war Davut B., der andere war zuvor Mitglied beim Bandidos MC gewesen – man sollte also meinen, die beiden hätten gewusst, worauf sie sich bei ihrem Beitritt zu der Gang einließen. Trotzdem gaben die Männer später vor Gericht an, dass sie davon ausgegangen seien, dass die jeweils 50 Euro Monatsbeitrag ausschließlich für die Finanzierung von Partys vorgesehen wären.

Bei dieser Annahme hatten sie die Rechnung allerdings ohne Mehmet T. gemacht, der sich nicht nur die Aufnahmegebühr von 100 Euro, sondern auch die gesamten Monatsbeiträge – immerhin 750 Euro – in die eigene Tasche gesteckt haben soll. Ihre diversen Partys mussten die Mitglieder zusätzlich zahlen.

Die beiden Anatolier hatten sich nicht nur die Beitragsregelungen anders vorgestellt, sondern waren zudem genervt von dem hohen Zeitaufwand, den die Gang für sich einforderte. Die Mitglieder mussten allzeit per Handy erreichbar sein. Ständig traf man sich und war verpflichtet, im kompletten Rudel auf bestimmte Partys zu gehen oder in den Stadtteilen zu patrouillieren und »Präsenz zu zeigen«.

Auf einer der zahlreichen Feten im städtischen Jugendhaus informierten die Männer Mehmet T. von ihrem Entschluss, den Black Jackets den Rücken kehren zu wollen. Ab sofort betrachteten sie ihre Mitgliedschaft als gekündigt. Das kam beim Präsidenten gar nicht gut an, der umgehend eine Austrittsgebühr von 2700 und 500 Euro einforderte und die Ernsthaftigkeit der Geldforderungen mit den ersten Handgreiflichkeiten verdeutlichte. Da die beiden Abtrünnigen in der Folgezeit auch nach massiven Drohungen der Erpressung nicht nachkamen, wurde Davut B. am 18. Juli 2011 zu einem verlassenen Grillplatz beordert.

Mehmet brach dem Fahnenflüchtigen zwei Rippen. Erst der anwesende kroatische Vizepräsident riss ihn von seinem Opfer weg und brachte den Verletzten in Sicherheit. Die Drohungen setzten sich jedoch auch nach diesem Übergriff weiter fort. Als nächste Warnung und Einschüchterung demolierten vier Gangmitglieder Davut B.s Wagen, bevor eine SMS des Chapter-Vorsitzenden das sprichwörtliche Fass zum Überlaufen brachte. »Morgen ist dein letzter Tag«, lautete der Text. Die Anatolier empfanden Todesangst und entschlossen sich, zur Polizei zu gehen und Anzeige zu erstatten. Ein schwer bewaffnetes Spezialeinsatzkommando nahm daraufhin Mehmet T. und seinen kroatischen Vize im September 2011 fest. Im Wagen des Präsidenten entdeckten die Polizisten eine Schreckschusswaffe, ein Messer, ein Elektrokabel und einen Billardqueue.

Die Staatsanwaltschaft erhob Anklage wegen versuchter räuberischer Erpressung, gefährlicher Körperverletzung und eines Verstoßes gegen das Waffengesetz. Während Mehmet T. in Untersuchungshaft saß, ebbten die Bedrohungen draußen noch immer nicht ab – die Anzeige sollte nun zurückgezogen werden. Und die permanenten Einschüchterungen hinterließen ihre Spuren.

Der erste Stock des Ulmer Landgerichts glich einer Festung. Ausweise wurden kontrolliert, Personen abgetastet, Taschen durchsucht, jeder Prozessbeteiligte, inklusive der Besucher, wurde mit einem Sicherheitskontrollgerät auf Waffen durchleuchtet. An sämtlichen Eingangstüren des Justizgebäudes war die Willkommensbotschaft an die zu erwartenden Gangmitglieder zu lesen, wonach deren Bekleidung keinerlei Rückschlüsse auf die »Zugehörigkeit zu einem Motorradclub oder einer ähnlichen Vereinigung« zulassen dürfe.

Nur mühsam, stockend und mit auffallend großen Gedächtnislücken waren die beiden Opfer in der Lage, ihre Geschichte zu erzählen. Erst die als Zeugin vorgeladene Richterin, die seinerzeit die ersten richterlichen Vernehmungen geführt hatte, brachte Licht ins Dunkel und half entscheidend dabei, die bereits geschilderten Abläufe zu rekonstruieren.

Während die Staatsanwaltschaft eine mehrjährige Haftstrafe forderte, überraschte der Vorsitzende Richter alle Beobachter mit einem ausgesprochen milden Urteil. Erleichtert vernahm der Chapter-Präsident in einem rosafarbenen kurzärmligen Hemd und mit gestutzten Haaren und Bart, dass das Gericht gegen ihn lediglich eine Bewährungsstrafe von einem Jahr und neun Monaten aussprach. Begründet wurde das zurückhaltende Urteil unter anderem mit dem intakten sozialen Umfeld des Angeklagten. Justitias Augenbinde war an diesem Tag wohl regenbogenfarben eingefärbt, anders ist der romantische Optimismus des Richters nicht nachzuvollziehen.

Raub, Drogen & Anabolika

Das South-Central-Chapter in Stuttgart wurde nach den vielen brutalen Gewalttaten von der Gangführung offiziell für aufgelöst erklärt. Dessen Mitglieder blieben aber in der Gangszene aktiv, zudem existierte noch ein weiteres Chapter in der Landeshauptstadt, weshalb der Stuttgarter Raum als Bastion der Black Jackets bestehen blieb. Und wie in der Vergangenheit fiel die Gang vor allem durch Straftaten auf, etwa in Fellbach, einer Stadt an der nordöstlichen Stadtgrenze Stuttgarts. Am Abend des 13. November 2012 drangen mehrere Vermummte in die Wohnung eines 26-Jährigen ein und raubten dort einen Laptop und Bargeld. Nach ihrer Flucht vom Tatort wurden durch die ausgelöste Fahndung ein 20-jähriger Ludwigsburger und ein 24-jähriger Fellbacher festgenommen. Nach dem Haftprüfungstermin ordnete der Richter für beide Männer die Untersuchungshaft an. Nur einen Tag später verhaftete die Polizei drei weitere Stuttgarter im Alter von 20, 21 und 24 Jahren – die beiden älteren Beschuldigten wanderten ebenfalls in Untersuchungshaft. Nach Aussage der Polizei stand der Raubüberfall in Zusammenhang mit Rauschgiftkriminalität. Alle fünf Tatverdächtigen wurden von der Polizei den Black Jackets zugeordnet.

Am 28. September 2012 geriet Giengen an der Brenz ins Visier der Gang, welches etwa zehn Kilometer südöstlich von Heidenheim und 30 Kilometer nordöstlich von Ulm liegt. Zwar führt auch der Jakobspilgerweg zum Grab des Apostels Jakobus in Santiago de Compostela in Galicien (Spanien) durch Giengen, doch die christliche Nächstenliebe war nicht der Antrieb, als sich sieben Mitglieder der Black Jackets auf Befehl ihrer Chapter-Führung in Marsch setzten. Ein 29-Jähriger war wegen der Reparatur eines Pkws mit einem 22-Jährigen in Streit geraten. Als sich bei einem Treffen ein lautstarker Streit entwickelte, telefonierte das führende Gangmitglied mehrere ihm unterstellte Brüder herbei. Diese rasten mit ihren Fahrzeugen heran und blockierten den Wagen des 22-Jährigen. Der 29-Jährige wird beschuldigt, eine Geldtasche mit einigen Tausend Euro aus dem Auto geraubt und den Befehl erteilt zu haben, das Opfer zusammenzuschlagen. Diesen Befehl führten seine Gefolgsleute sofort aus. Sie bedrohten den jungen Mann mit einer Schusswaffe und schlugen mit Schlagwerkzeugen auf ihn ein. Dabei fügten sie ihm zahlreiche Prellungen und eine Verletzung im Innenohrbereich zu, die stationär in einem Krankenhaus behandelt werden musste.

Die Annahme, dass der 22-Jährige nun so eingeschüchtert wäre, dass er gegenüber der Polizei keine Aussage machen würde, erwies sich als ein Irrtum der Black Jackets. Ende Oktober überwältigte ein

Spezialeinsatzkommando alle sieben Tatverdächtigen im Alter zwischen 19 und 32 Jahren, bei den vier Haupttätern ordnete der Richter Untersuchungshaft an. Bei den gleichzeitig durchgeführten Wohnungsdurchsuchungen stellten die Polizisten Waffen, verschiedene Schlagwerkzeuge, Drogen und Anabolika sicher. Die Asservatenkammern der Dienststellen füllten sich stetig.

Die Region Stuttgart erlebte einen Gewaltexzess nach dem nächsten. Die anfänglich beiläufige Faszination für die Gewalt schien in der Gang längst einer selbstverständlichen Brutalität gewichen zu sein. Trotzdem übersahen die Gerichte und die Polizeidienststellen die landesweite gewalttätige Agenda der Black Jackets und arbeiteten jeden »Einzelfall« für sich isoliert ab. Genauso wie die Justiz, die sich nicht davon lossagte, selbst mehrfach vorbestraften Tätern, auch solchen, die noch während ihrer Bewährungsauflagen erneut straffällig wurden, mit einer erneuten Bewährungsstrafe noch eine dritte, vierte und fünfte Chance einzuräumen. So verwunderte es nicht, dass sich die rücksichtslosen Verhaltensweisen innerhalb der Gang verfestigten und immer brutaler und häufiger Anwendung fanden.

Diesmal lag der Tatort in Göppingen, einer knapp 60 000 Einwohner zählenden Kreisstadt 40 Kilometer östlich von Stuttgart. Das 24-jährige Black-Jackets-Mitglied des städtischen Chapters stand gleich wegen zwei Fällen vor dem Landgericht des 50 Kilometer entfernten Ulm. Die Anklage war in beiden Fällen identisch, sie lautete auf versuchten Totschlag in Tateinheit mit gefährlicher Körperverletzung. Auf dem zentralen Göppinger Schillerplatz war es mit der rivalisierenden Gang Big Brothers (dazu später mehr) aus der Nachbarstadt Geislingen zu einer Auseinandersetzung gekommen. Der Gegner des Angeklagten verdankte es nur dem beherzten Eingreifen seines Bruders, dass sein Rivale ihn nicht mit seinem Baseballschläger zu Tode schlug. Der Bruder konnte sich im letzten Moment zwischen die beiden verfeindeten Gangmitglieder stellen und so die volle Wucht der Schläge etwas abmildern. Diese führte das 24-jährige Mitglied der Black Jackets jedoch trotzdem noch mit derartiger Brutalität aus, dass Schädeldecke und Nasenbein des Opfers zertrümmert wurden. Mehrfach schlug das Gangmitglied mit dem hölzernen Schläger gezielt auf den Kopf seines Kontrahenten. Das Gericht sprach später davon, dass der Gangster »den möglichen Tod des Opfers billigend in Kauf genommen hatte«.

Im Oktober 2010 erfolgte die nächste aktenkundige Gewalttat des Angeklagten. Abermals war Eislingen Schauplatz der Gangaktivitäten. Und wieder tobte sich die Gang in der Türsteherszene aus. Betroffen war bei dieser Attacke ein Türsteher des »Oak Club« in der Stadt, der mit einem Messer attackiert wurde. Nur seiner Kampfsportausbildung verdankte es der Mann, dass es ihm überhaupt gelang, den Messerstichen auszuweichen. Der Türsteher war bei seiner Zeugenvernehmung vor Gericht noch deutlich geschockt: »Der wollte mich abstechen!«

Unbeteiligte Zeugen bestätigten diese Einschätzung, trotz der Behauptungen des Angeklagten, er habe dem Mann nur drohen wollen. Der Oberstaatsanwalt sprach in seinem Plädoyer Klartext: »Dieser junge Mann ist eine tickende Zeitbombe.« Gefordert wurde eine achtjährige Haftstrafe wegen zweifachen versuchten Totschlags. Das Gericht schloss sich dieser Sichtweise an, kürzte die geforderte Freiheitsstrafe lediglich um ein Jahr. Der Richter sprach in seiner Urteilsbegründung von der Schwere der Taten, die er juristisch »nahe am versuchten Mord« einordne. Nur der Rechtsanwalt des Gangmitglieds konnte mit diesem Urteil nichts anfangen und sprach von einer »frühen Täterfestlegung durch die Polizei«. Er sah seinen Mandanten nicht eindeutig als den Schläger mit dem Baseballschläger identifiziert und befürchtete, dass hier ein Exempel statuiert werde. Er kündigte nach dem Urteilsspruch im Juni 2011 Revision und einen Gang an den Bundesgerichtshof an. Über eine lokale Berichterstattung kam dieser Fall wie so oft nicht heraus, was angesichts der Schwere des Verbrechens doch verwundert. Dies blieb auch im Dezember 2011 so, als der Bundesgerichtshof in Karlsruhe die Revision als unbegründet zurückwies und das Urteil damit rechtskräftig wurde.

210, 25, CAVE CANEM

Aalen, eine Stadt zwischen Stuttgart und Nürnberg im östlichen Baden-Württemberg, war im Oktober 2009 Austragungsort der 25-Jahres-Feier der Black Jackets. Vom äußeren Anschein her hätte die Veranstaltung auch das Jubiläumsevent einer Rockergang sein können. Die Partylokalität in der Nähe des Bahnhofs war mit Bannern der einzelnen Chapter behangen. Fast jeder der knapp 1000 Besucher – Frauen waren, abgesehen von den unumgänglichen Gogo-Girls, so gut wie nicht anwesend – erschien uniformiert: entweder in Clubkutte mit Bulldoggen-Logo oder in offizieller Prospect- und Supporter-Kleidung. Wessen Jacke oder Kleiderschrank noch nicht vollständig der 210-Optik entsprach, hatte am Verkaufsstand die Möglichkeit, sein Outfit gegen harte Euro aufzupimpen. Die Supporter, Prospects und Mitglieder waren eine dankbare Kundschaft, die sich obendrein geehrt fühlte, die Ware überhaupt kaufen zu dürfen.

Die Angebotspalette ließ keine Wünsche offen, sie umfasste Schlüsselanhänger, Wollmützen, Kaffeetassen, T-Shirts, Feuerzeuge, Ringe mit Gangmotto und -emblem, unterschiedliche Aufkleber und Aufnäher für Mitglieder und Supporter. Sogar eine eigene Uhrenkollektion! Auf eines wurde allerdings penibel geachtet: Alles, worauf der Bulldoggenkopf prangte, war nur vollwertigen Mitgliedern vorbehalten. Reißenden Absatz fand ein Shirt mit dem neuen, wenig zielgruppengerechten lateinischen Motto »CAVE CANEM« (Hüte dich vor dem Hund). Abgerundet schließlich wurde die Warenpräsentation mit der CD der gangeigenen Hip-Hop-Band Terror Hurricane.

Wie wenig homogen die Black Jackets organisiert sind, belegt auch der Umstand, dass die Jubiläumsfeier Gefahr lief, zur Arena des in Deutschland wüteten Rockerkrieges zu werden. Während einige Chapter mit dem Outlaws MC sympathisierten und dessen Mitglieder eingeladen hatten, hegten andere Black Jackets freundschaftliche Beziehungen zu den rivalisierenden Hells Angels. Doch die Höllenengel erschienen nicht uneingeladen, und so verlief die 25-Jahr-Feier, bei der gleichzeitig der 46. Geburtstag des Weltpräsidenten Sedat K. bejubelt wurde, friedlich.

Doch eines fiel bei diesem Großevent deutlich ins Auge: Die Mitgliederstruktur der Black Jackets hatte sich deutlich verändert, viele Mitglieder aus den Anfangstagen waren nicht mehr dabei. Immer jüngere Gastarbeiterkinder der nächsten Generation traten der Gang bei, und mit ihnen kamen immer mehr Probleme, immer mehr Straftäter.

Was extrem verwundert, ist die Tatsache, dass trotz des großen Gewaltpotenzials auf der Jubiläumsparty keine Polizei anwesend war. Weder wurden Zufahrtskontrollen durchgeführt noch standen Einsatzhundertschaften bereit. Und das, obwohl immer mehr Mitglieder und Chapter in den Fokus des LKA geraten waren, sei es als Wirtschafter im Rotlichtmilieu, als Türsteher in den Diskotheken und Clubs oder im Inkassogeschäft, und es häuften sich die Verdächtigungen des Landeskriminalamts, welche die Gangmitglieder mit einem schwunghaften Rauschgift- und Menschenhandel in Verbindung brachten.

Erkenntnisse zur Struktur der Gang hätten auf der Feier einfach gewonnen werden können. Neu gegründete Chapter, die Identität der führenden Mitglieder, die personelle Zusammensetzung und Stärke einzelner, besonders kriminell auftretender Chapter – all diese Informationen hätten hier beweiskräftig gesichert werden können.

Die Polizei blieb jedoch zu Hause.

Und so überrascht es nicht, dass diese wertvollen Fakten später schmerzlich vermisst wurden, und zwar bei Mordverfahren vor Gericht. Die Richter konnten sich im Laufe verschiedener Verfahren nicht auf beweiskräftige Aussagen über die personelle Zusammensetzung der Gang oder über die aktive oder ruhende Mitgliedschaft der einzelnen Gangster berufen, da die Polizei schlicht nicht über die entsprechenden Informationen verfügte. Sie tut es bis heute nicht.

Die Beamten fokussierten, wie von den Innenministern aufgetragen, ihre ganze polizeiliche Arbeit auf die Hells Angels und andere Rockerbanden. Es blieb schlicht kein Budget mehr, um sich mit der rasant ausbreitenden Gangsubkultur zu beschäftigen, die zudem von den Medien und breiten Teilen der Öffentlichkeit nicht wahrgenommen oder gar totgeschwiegen wurde. Wenn die Verbrechen dieser Gangs es doch einmal in die überregionalen Nachrichten schafften, vermieden es die Journalisten oftmals, den Namen der Black Jackets in ihrem Artikel auch nur zu erwähnen. Zunehmend setzte sich im Sprachgebrauch die »rockerähnliche Vereinigung« durch, oder es war von einer »Gruppierung aus der Türsteherszene« die Rede. Auf die Zusammensetzung der Streetgang, die fast nur aus Migranten bestand, und zwar aus zum Teil erheblich und mehrfach vorbestraften Einwandererkids, ging so gut wie kein Nachrichtenträger ein. Auf diese vorauseilende Rücksichtnahme stößt man im Zusammenhang mit den Gangs immer wieder, und es soll dazu später im Buch noch ausführlich Stellung bezogen werden.

Die Expansion der Bulldogge

Die zähnefletschende Bulldogge mit dem stachelbewehrten Halsband expandierte und expandierte. Als Nächstes griff die schwarz-weiße Gang 2008 nach Pforzheim, der mit über 120 000 Einwohnern achtgrößten Stadt Baden-Württembergs. Dass in der Stadt schon seit 2008 das Hells-Angels-Charter Borderland, seit 1999 die Frontline Crew des Gremium MC und ein United-Tribuns-Chapter vertreten waren, die zudem sehr aktiv im Türsteher- und Rotlichtmilieu agierten, schreckte die Black Jackets nicht ab. Im Herbst 2010 vergrößerten sie ihren Machtbereich und expandierten vom Westteil der Stadt in das Problemviertel Au, südlich der Enz. In dem von hoher Arbeitslosigkeit und einem hohen Ausländeranteil geprägten Viertel existierte kein einziger Jugendtreff, kein einziges Angebot für die Jugendlichen. Es herrschte deprimierende Tristesse. Sozialarbeiter versuchten diese Trostlosigkeit zu durchbrechen und planten, in einem heruntergekommenen Mehrfamilienhaus den ebenerdigen Raum anzumieten. Der türkische Vermieter gab jedoch einem anderen Bewerber den Vorzug: dem Pforzheimer Black-City-Crew-Chapter der Black Jackets.

Mit dieser Expansion rückten die 210er immer weiter in den Osten der Stadt, das Territorium der Tribuns. Es schien eine Kleinigkeit zu genügen, um in der Stadt einen offenen Gangkrieg auszulösen. Offensichtlich richteten sich die Jackets auf eine Auseinandersetzung ein, alle Fenster des Ladenlokals verdunkelten sie mit Rollläden, auf der die zähnefletschende Bulldogge prangte. Darüber montierten sie Eisengitter, die Eingangstür klebten sie mit schwarzer Folie blickdicht ab und versahen sie mit ihrem Chapter-Namen und dem Motto der Gang: »Black Jackets – Black City Crew – Forever Friends«. Im Inneren befand sich kein Möbelstück, das nicht mit dem Ganglogo, dem Namen oder einem Zahlencode versehen war. Das identitätsstiftende Gangleben war längst gelebter Lifestyle und verdrängte alle anderen Interessen. Gangmitglied war man 24 Stunden am Tag, jeden Tag, 365 Tage im Jahr. Man war rund um die Uhr für seinen Boss über Handy erreichbar.

In Pforzheim kam es zu Zusammenrottungen und Aufmärschen von bis zu 200 Black Jackets in voller Kuttentracht aus der gesamten Region. Diese martialische Botschaft galt konkurrierenden Banden und Mitbewerbern im Türsteher- und Sicherheitsgewerbe in gleichen Maßen und wurde auch per YouTube und Facebook verbreitet. Zudem demonstrierte diese Heerschau die erhobenen territorialen Ansprüche auf die Städte und die ganze Region. Die bedrohlichen Paraden zogen junge Nachwuchsgangster geradezu magisch an und waren deshalb neben den Hip-Hop-Clips im Internet eines der wirksamsten Rekrutierungsmittel der Gang. Die selbst propagierte Gefährlichkeit und die Koketterie mit dem kriminellen Umfeld, in dem die Gang sich bewegte, funktionierte als ein zusätzliches Faszinosum.

Ein Teil der Pforzheimer Black Jackets war in der Black City Crew unter dem 28-jährigen Präsidenten Ümit Y. organisiert. Er gab die Mannstärke mit 20 Mitgliedern an, darunter fünf Vollmitglieder und 15 Prospects und Supporter. Die Herkunftsländer der Pforzheimer Mitglieder seien die Türkei, Albanien, Rumänien, Litauen und Italien, die Männer seien Arbeiter, Angestellte und Arbeitslose. Auf die vielen Straftaten und Gewaltdelikte seiner Mitglieder angesprochen, entgegnete der Präsident nur, dass dies deren »Privatsache« sei und er nicht für das Verhalten anderer Leute verantwortlich gemacht werden wolle.

Gerade die jungen Brüder, die in der Nachwuchsgruppe Supporter Black City Crew organisiert waren, sind bereits durch eine Vielzahl negativer Vorfälle aufgefallen. Zentrum des Geschehens ist oftmals die Brötzinger Schule im Westen von Pforzheim, die aus der Zusammenlegung einer Grund- und Hauptschule zu einer Ganztagsschule geformt wurde. Nicht weniger als 100 Lehrerinnen, Sozialarbeiter, Erzieher, Jugendbegleiter sowie ehrenamtliche Kräfte kümmern sich hier um rund 500 Schüler. Doch das Gangleben scheint die Nachwuchsgangster mehr zu beeindrucken als die pädagogisch wertvollen Angebote. Und so eifern sie ihren oftmals kriminellen Vorbildern nach.

»Hier geht keiner vorbei, wenn ein Black Jacket sagt, er soll nicht vorbei«, erklärten zwei Nachwuchssupporter ihren verdutzten Mitschülern und blockierten den Weg. Ein Jugendlicher hielt sich nicht an diese Ansage und wurde derart verprügelt, dass sein gesamter Körper mit blau-grünen Flecken übersät war. Das Opfer war durch die Gewalttat so verängstigt, dass es nicht zur Polizei ging.

Wenig zuvor war die Nachwuchsgang bereits wegen eines Überfalls auf das Arlinger Kinder- und Blumenfest in Verruf geraten, als eine ganze Horde das Festzelt stürmte und einen 17-Jährigen mit Tritten und Schlägen schwer verletzte.

In der örtlichen Bevölkerung lösten die Taten und das machohafte, einschüchternde Auftreten der Gang eine lebhafte Diskussion über die Parallelgesellschaft von integrationsunwilligen Türken, Arabern und Südeuropäern aus. Die engagierten Bürger regten sich zunehmend über eine sich wegduckende Lokalpresse und -politik auf, die aus Gründen der Political Correctness nicht, wie sonst üblich, die Straftäter zumindest mit ganzem Vor- und abgekürzten Nachnamen benannte oder auf deren Nationalität einging.

Doch die kritisierten Politiker und Journalisten schwiegen und saßen den Unmut ihrer Wähler und Leser aus. Lediglich der Black Jackets Kids Club wurde nach den Reaktionen aus der Bevölkerung von Ümit Y. für aufgelöst erklärt.

Man stelle sich die Pressereaktionen in Deutschland vor, wenn der Hells Angels MC damit beginnen würden, 16-jährige Jugendliche in einer Nachwuchsgang zu organisieren – und diese dann in der entsprechenden Rockeruniform eine Gewalttat nach der nächsten begingen. Es würde ein Aufschrei durchs Land gehen.

Es wird offensichtlich mit zweierlei Maß gemessen.

2. Kapitel

BLACK JACKETS VS. UNITED TRIBUNS

Krieg im Rotlicht

Rund um den Schwarzwald trafen die Machtblöcke mehrerer Gangs und Rockerclubs schließlich aufeinander. Die Gangstrukturen hatten sich so weit etabliert und durchgesetzt, dass ein hoher Polizeifunktionär sie als »Staat im Staat« bezeichnete. Der Kampf der Banden um Macht und Geld, um mehr Männlichkeit und territoriale Ansprüche eskalierte.

Umkämpft waren neben Pforzheim vor allem Villingen-Schwenningen – die Gründungsstadt und Machtbastion der United Tribuns – und das davon nur 20 Kilometer entfernte Rottweil. Die Kreisstadt, etwa 90 Kilometer nördlich von Stuttgart gelegen und 73 n. Chr. von den Römern gegründet, ist eigentlich eher beschaulich. Da die Gangmitglieder die Straßen jedoch zunehmend in ein Kolosseum mit Gladiatorenkämpfen verwandelten, änderte sich die Atmosphäre in der Schwarzwaldregion erheblich.

Die Bürger hatten Angst. Die Behörden, die ihren gesamten Fokus auf die Verfolgung der Rockerkriminalität gelegt hatten, standen der neuen Ganggewalt völlig hilf- und ahnungslos gegenüber. Die Polizeidienststellen waren nicht in der Lage, auf neue Chapter-Gründungen zu reagieren, da sie oftmals nichts davon mitbekamen und, wie sich in den späteren Gerichtsverhandlungen herausstellte, deren führende Köpfe nicht identifizieren konnten. Um präventiv zu arbeiten oder sich den Gangs gar abschreckend entgegenzustellen, fehlten der Polizei sowohl personell als auch fachspezifisch die Möglichkeiten. Während in Amerika und in Skandinavien landesweit und bis in die tiefste Provinz hinein Sondereinheiten aufgestellt und die Polizisten vor Ort zusätzlich geschult wurden, um beispielsweise die Zahlencodes, Symbole, Organigramme und Tätowierungen in ihrer Bedeutung richtig erkennen zu können, tappten ihre deutschen Kollegen weitestgehend im Dunkeln. Die Fokussierung der Polizeieinheiten auf die großen Rockerclubs hatte letztlich ein Machtvakuum in Teilen des Rotlichtmilieus zur Folge – und genau dort hinein stießen die Gangs.

Die Polizei konnte auf die Entwicklungen in der Stadt schließlich nur noch notdürftig reagieren. Im Dezember 2010 griffen in Pforzheim 20 Mitglieder der United Tribuns vier Gangmember der Black Jackets in einem Auto an. Während die Black Jackets von einem Türken gegründet wurden und entsprechend eine türkisch dominierte Gang sind, gehen die Tribuns auf die Tatkraft eines Bosniers zurück, der mehrheitlich Landsleute, kurdischstämmige Männer und ehemalige Bewohner der Balkanstaaten um sich scharrte. Diese ethnischen Rivalitäten heizten den Gangkrieg um die Vormachtstellung noch weiter an.

Die Attacke vom Dezember 2010 erfolgte auf dem zentralen Waisenhausplatz mitten in der Stadt. Die 210er stellten sich den Angreifern, machten sich gerade, wie es auf der Straße heißt, und alarmierten ihre Gang, die umgehend die Operation Gegenschlag organisierte. Die Black Jackets nutzten den Angriff ihrer Rivalen für eine Machtdemonstration, wie sie niemand für möglich gehalten hätte. Nicht weniger als 400 Kämpfer strömten aus allen Himmelsrichtungen zusammen, um Rache an den verhassten Feinden zu nehmen.

Dem hohen Organisationsgrad der Gang hatte die örtliche Polizei nichts entgegenzusetzen, es gelang in dieser Nacht lediglich, 100 zusammengewürfelte Beamte auf die Straße zu bringen. Dies reichte nur für Kontrollstellen und Gefährderansprachen. Die wenigen Führungspersonen der Gang, die der Polizei bekannt waren, wurden vor einer weiteren Eskalation und persönlichen Konsequenzen gewarnt. Dies hinterließ insofern Eindruck, als die Gangster sich aus ihrer Anonymität gerissen fühlten und eine Rund-SMS an ihre Soldaten verschickten, mit der Aufforderung, »die Füße still zu halten«.

Der Bandenkrieg wurde vertagt.

In der Folgezeit häuften sich die Hinweise, dass die Gangs sich im Untergrund immer größere Waffendepots angelegt hatten. Im August 2011 durchsuchten Spezialkräfte die Wohnung des ehemaligen Vizepräsidenten der Black Jackets Pforzheim. Ein 52-jähriger Mann, wie der Vizepräsident ebenfalls türkischstämmig, wanderte unter dem Verdacht in Untersuchungshaft, die Black Jackets mit Waffen beliefert zu haben. Die Polizei beschlagnahmte mehrere scharfe Schusswaffen und eine abgesägte Schrotflinte – eine Lupara (dt.: Wolfstöter), die ursprünglich von italienischen Hirten zur Abwehr von Wölfen eingesetzt, dann aber von der Mafia für blutige Mordanschläge verwendet wurde, da sie leicht zu transportieren und verbergen war. Ihr abgesägter Lauf hat eine verheerende Streuwirkung der Schrotladung zur Folge, die im Nahkampf absolut tödlich ist. Die Bewaffnung der Gangs nahm bedrohliche Züge an.

Molotowcocktails

Die sich selbst als eine Türstehervereinigung bezeichnenden multinationalen United Tribuns waren nicht bereit, die Ausdehnung der Black Jackets in die Schwarzwaldregion, auf ein von ihnen selbst beanspruchtes Territorium zu dulden. Die Gründung des Black-Jackets-Chapters in Rottweil sorgte von Anfang an für böses Blut. Wie noch in weiteren Städten sollte sich in Rottweil herausstellen, das eine friedliche Koexistenz von Black Jackets und United Tribuns in einer Stadt schlicht nicht möglich war. Zu groß waren die Machtansprüche der Gangs, der Glaube an die eigene Stärke und der Wille, jede Tätigkeit im Monopol zu betreiben. Dazu kam die Konkurrenzsituation bei der Rekrutierung von neuen Männern des gleichen Typs: Bodybuilder, Kampfsportler und Türsteher, vornehmlich mit Migrationshintergrund.

Besonders auf den 23-jährigen Vizepräsidenten des neuen Chapters hatten es die Tribunes abgesehen, da sie ihn als die führende Kraft der Rottweiler Jackets ansahen. Auf einem Supermarktparkplatz passten sie ihn zahlenmäßig überlegen ab und forderten ihn zu einem Kampf Mann gegen Mann. Gladiatorenehre hin oder her, der Herausgeforderte verweigerte sich mit dem Hinweis auf eine ältere Verletzung und wurde sogleich mit Hohn und Spott überschüttet und als Weichei verhöhnt. Dass diese Demütigungen via Handykamera ins World Wide Web gestellt wurden, machte die Blamage öffentlich und komplett. Denn das vorherrschende Macho- und Imponiergehabe, die totale Überinterpretation von Ehre und Respekt in diesen Männerbünden ließ sich mit seinem Verhalten nicht in Einklang bringen. Niemand verweigerte einen Kampf.

Der Gedemütigte sann auf Rache und hoffte auf Wiederherstellung seines Ansehens in der Gang. Auch auf Facebook eskalierte der Konflikt der Gangs. Nachdem man sich eine Weile gegenseitig beleidigt und einander gedroht hatte, posteten die Black Jackets schließlich eine eindeutige Kriegserklärung: ein Bild zweier Jackets, vermummt mit Sturmhauben, einer mit einer Schusswaffe bewaffnet, die er nach unten auf eine Art Firmenschild mit Logo der verfeindeten Gang hält. Das Foto kursiert bis heute auf Facebook und im Internet.

Die Lage spitzte sich zu. Offensichtlich verfügte jedoch das neu gegründete Rottweiler Chapter noch nicht über genügend Autorität innerhalb der Black Jackets, um die Entscheidung über Krieg oder Frieden allein fällen zu können. Die Rottweiler Führung entschloss sich deshalb, beim mächtigen und wegen zahlreicher Gewalttaten auffällig gewordenen Stuttgarter Chapter vorzusprechen, das auch die Expansion nach Rottweil vorangetrieben hatte. Die geplante Vergeltungsaktion barg die Gefahr, einen bundesweiten Gangkrieg auszulösen.

Um die genauen Abläufe im Stuttgarter Clubhaus zu rekonstruieren, benötigten unterschiedliche Gerichte mehr als ein Dutzend Verhandlungstage. Letztendlich wurde folgender Sachverhalt festgestellt: Der 23-jährige Stuttgarter Black-Jackets-Präsident, ein in Deutschland aufgewachsener Iraker, soll dem Vorschlag des Rottweiler Vizepräsidenten zugestimmt haben, einen Brandanschlag auf das United-Tribuns-Clubhaus in Deißlingen-Lauffen zu verüben. Allerdings stellte der Stuttgarter Präsident von vornherein klar, dass aus seiner Stadt keinerlei personelle Verstärkung zu erwarten sei, da sich nach dem Überfall auf die verfeindete Esslinger Gang La Fraternidad noch 21 Mitglieder seiner Gang in Untersuchungshaft befanden, darunter auch sein Bruder. Er regte jedoch an, dass für die geplanten Molotowcocktails am besten Bierflaschen mit langen Lunten herzustellen seien und dass für die Durchführung keine »echten« Black Jackets benutzt werden sollten, also keine Vollmitglieder, sondern junge Burschen aus Tuttlingen, die ganz unten in der hierarchischen Rangfolge der Gang standen.

Gerade bei den jungen Mitgliedern kommt oft ein fatales Gefühl der Verbundenheit zum Tragen, eine Gangehre, der zufolge niemals ein Befehl verweigert werden darf. Da zudem beim Nachwuchs eine extrem hohe Fluktuation herrscht, ist es oftmals nur Zufall, wer zum Zeitpunkt einer bestimmten Aktion gerade für wenige Wochen oder Monate in der Gang verweilt, und so entscheidet nicht selten die Fügung, ob ein junger Kerl die nächsten Jahre in Freiheit oder im Knast verbringt. Oder um es mit den Worten Goethes auszudrücken: »Das Schicksal ist ein mieser Verräter.«

Einer dieser Nachwuchssoldaten war ein 25-jähriger Deutschtürke, der als Prospect vor dem Stuttgarter Clubhaus warten musste, während im »Member-Raum« die Führung der Black Jackets die Entscheidung traf, die das Leben aller Beteiligten verändern sollte.

Acht junge Männer, darunter vier weitere Deutschtürken, besorgten sich schließlich falsche Alibis für die Tatzeit und taten dann, was ihnen aufgetragen worden war. Sie schleuderten am 5. Februar 2011 zwei Molotowcocktails auf das Clubhaus der United Tribuns in Lauffen. Bekannt war, dass in den Räumlichkeiten der Präsident der United Tribuns Rottweil, ein 33-jähriger Deutschtürke, mit seiner Freundin wohnte. Die Brandbomben hinterließen nur einen geringen Schaden am Gebäude, doch die Gutachten zweier Brandsachverständigen wiesen darauf hin, dass nur die glücklichen Begleitumstände eine wirkliche Katastrophe verhinderten.

Da sich in dem Gebäude zwei Personen aufhielten, lautete die Anklage der Staatsanwaltschaft gegen die jungen Täter zuerst auf versuchten Mord. Erst im Laufe der Verhandlungen wurde die Anklage auf versuchte schwere Brandstiftung abgemildert, da die Fenster des Clubheims abgedunkelt waren, somit keinerlei Licht nach draußen drang und außerdem vor dem ehemaligen Gasthof keinerlei Pkws parkten. Die gesamte Szenerie wirkte menschenleer und verlassen, weshalb die Kammer zugunsten der Angeklagten keine Tötungsabsicht mehr unterstellte.

Die örtlichen Medien berichteten derweil fälschlicherweise vom Rottweiler Rockerkrieg und brutalen Machtkampf im Rockermilieu. Die Polizei steuerte ihre Vermutungen über den wahren Grund der blutigen Streitigkeiten bei: Es gehe um die Vorherrschaft beim Drogen- und Waffenhandel und die Profite aus dem Prostitutionsgeschäft.

Ab dem 27. Januar 2012 wurden die juristischen Folgen des Brandanschlages verhandelt. Der Prozess fand unter starken Sicherheitsvorkehrungen statt, da Gerüchte kursierten, wonach zwei Mitglieder der Black Jackets Verrat an der Bruderschaft verübt und sich der Polizei offenbart hätten.

Die Verhandlung verlief chaotisch. Viele Zeugen litten unter Gedächtnisschwund, andere verweigerten die Aussagen gleich ganz. Auf dem Gerichtsflur und selbst im Gerichtssaal marschierten die Gangmitglieder in einschüchternden Posen auf, und als schließlich sechs Männer in den Gerichtsraum platzten, die an ihren Bomberjacken sogleich als Black Jackets zu erkennen waren, unterbrach das Gericht wegen eines gleichzeitig ausgelösten Feueralarms die Verhandlung, evakuierte das Gebäude und alarmierte weitere Polizisten. Die Kammer schloss fortan die Öffentlichkeit von der Vernehmung aus, um die Zeugen zu schützen. Zuvor war ein vor der Tür wartender Zeuge bedroht worden, außerdem erhielt das Gericht im Vorfeld dreier beschuldigter Deutschtürken einen anonymen Drohbrief, der den Zeugen mit Repressalien drohte. Da bei einem der hereinplatzenden Gangmitglieder das Wachpersonal ein Messer sicherstellte, wurden aus dem 80 Kilometer entfernten Lahr Spezialkräfte der Polizei alarmiert. Die 30 Beamten der Beweis- und Festnahme-Einheit (BFE) positionierten sich im Gerichtsgebäude, woraufhin die Verhandlung – weiterhin geprägt von zahlreichen Gedächtnislücken und Beschwichtigungsversuchen seitens der Zeugen – fortgesetzt werden konnte.

Die Begleitumstände trugen sicherlich dazu bei, dass das Gericht und die Staatsanwaltschaft froh waren, das Verfahren vorzeitig mit einem Deal beenden zu können. Zwei der acht jungen Gangmitglieder kamen mit einer Bewährungsstrafe davon. Vier Heranwachsende erhielten Freiheitsstrafen von zwei Jahren bis zu zwei Jahren und neun Monaten. Der Cousin des Rottweiler Vizepräsidenten legte als Erster ein umfassendes Geständnis ab und nahm die Kronzeugenregelung in Anspruch; damit reduzierte er seinen Strafrahmen so weit, dass sie zur Bewährung ausgesetzt werden konnte. Der Fahrer des Vergeltungskommandos erhielt eine Strafe von zwei Jahren und acht Monaten, der eigentliche Werfer der Brandbomben zwei Jahre und sechs Monate. Der Schatzmeister des Chapters, der sich weder an der Durchführung noch der Planung beteiligt hatte, erhielt eine Freiheitsstrafe, die zur Bewährung ausgesetzt wurde.

Als Hauptschuldigen und vermeintlichen Drahtzieher erkannte das Gericht den Vizepräsidenten des Rottweiler Chapters, der mit einer Strafe von drei Jahren und neun Monaten belegt wurde. Da dem Türken mit der Strafzumessung von über drei Jahren Haft die Ausweisung drohte, legte sein Verteidiger Revision vor dem Bundesgerichtshof (BGH) ein. Das Abrutschen seines Mandanten in die gewalttätige Welt der Black Jackets lasse sich mit seinen schwierigen Familienverhältnissen erklären, so sein Rechtsbeistand. Die Mutter sei von ihrem Mann verprügelt worden und letztendlich vor der Gewalt geflüchtet. Dies habe bei dem 22-Jährigen zum Abbruch seiner Ausbildung geführt und zum Gangeintritt. Die Entscheidung des BGH steht noch aus. Alle anderen nahmen ihre Urteile an, die damit rechtskräftig wurden.

Die acht Verurteilten zeigten sich weitestgehend schuldbewusst und beteuerten, die Black Jackets bereits verlassen zu haben. Sie fühlten sich benutzt und gaben an, nicht für »die da oben« den Kopf hinhalten zu wollen, was auch der Grund ihrer Aussagen gewesen sei. Genau diese Aussagen brachten im Januar 2013 den Stuttgarter Chapter-Präsidenten auf die Anklagebank. Der Iraker galt nun als der eigentliche Drahtzieher des Brandanschlages, die Anklage lautete auf versuchte schwere Brandstiftung. Symptomatisch saß der Mann zu diesem Zeitpunkt schon wegen diverser anderer Straftaten in Untersuchungshaft.

Vor Gericht bestritt der Mann, überhaupt Präsident der Stuttgarter Black Jackets zu sein. Vielmehr seien im Jahr 2009 der Stuttgarter Präsident und später auch sein Stellvertreter und mehrere Gangmitglieder verhaftet worden, und daraufhin sei er als 23-Jähriger einer der »Dienstälteren« gewesen und habe eine kulturell bedingte Respektposition eingenommen. Es habe zwar dieses Gespräch im Stuttgarter Clubhaus gegeben, ließ der Iraker durch seinen Anwalt einräumen, er habe aber dort vorgeschlagen, direkt gegen die United Tribuns vorzugehen, Mann gegen Mann. Als er später von dem Brandanschlag erfahren habe, habe er den Rottweiler Chef in die Landeshauptstadt bestellt, dieser sei jedoch abgetaucht und nicht erschienen. Daraufhin habe man in Stuttgart beschlossen, das Rottweiler Chapter aufzulösen.

Der Prozess gegen den Iraker nahm bald eine schon gewohnte Wendung. Am siebten von geplanten 17 Verhandlungstagen bat die 1.

Große Strafkammer des Landgerichts Rottweil die Staatsanwaltschaft und den Verteidiger zum Gespräch. Angekündigt waren Terminabsprachen für den weiteren Verlauf der Verhandlung, hinter geschlossenen Türen wurde jedoch um das Urteil gefeilscht. Geständnis gegen Strafnachlass – es wurde vereinbart, dem Iraker eine neuerliche Chance einzuräumen und es bei einer Bewährungsstrafe zu belassen. Und so geschah es am 19. Februar 2013: Der Angeklagte gestand, im Stuttgarter Clubhaus der Black Jackets zugegen gewesen zu sein, als der Brandanschlag auf die United Tribuns besprochen wurde. Er bestätigte, die Black-Jackets-Mitglieder aus Rottweil und Tuttlingen darin bekräftigt zu haben, den Molotowanschlag zu verüben. Jedoch bestritt er weiterhin, Präsident des Stuttgarter Chapters gewesen zu sein und die Vergeltungstat befohlen zu haben. Dem Gericht reichten, wie vorher besprochen, diese Einlassungen aus, um den Anklagepunkt der versuchten schweren Brandstiftung zu einer Beihilfe der versuchten schweren Brandstiftung herunterzustufen und eine Bewährungsstrafe von einem Jahr und neun Monaten auszusprechen. Wegen einer anderen Tat verblieb der Iraker zunächst im Gefängnis, wobei er jedoch über beste Chancen verfügt, demnächst wegen guter Führung frühzeitig entlassen zu werden, so die Justizsprecherin.

Der Gangkrieg im Schwarzwald wurde unterdessen durch den Brandanschlag weiter befeuert, es verging kaum eine Woche, in der es nicht zu einer Auseinandersetzung zwischen den Black Jackets und den United Tribuns kam. Das Innenministerium in Stuttgart sorgte sich zwar offen um die unaufhaltsame Expansion der Banden im Rotlichtmilieu, der Türsteherszene und auf dem Drogenmarkt, scheute sich jedoch noch immer davor, das Kind beim Namen zu nennen. Man sprach weiterhin von »rockerähnlichen Gruppierungen« und einem »Rockerkrieg«. Begriffe wie Streetgang oder gar Migrantengang kamen keinem Behördenvertreter über die Lippen.

Und erst jetzt, nachdem die Gewalttaten sich häuften, die Bevölkerung verängstigt war und die lokalen Medien eine kritische Berichterstattung begannen, bemühte sich die Polizeiführung darum, Handlungsstärke zu beweisen. Sie verkündete die vorübergehende

Aufstellung der siebenköpfigen Sonderkommission »Leder«, die mit nichts weniger beauftragt wurde, als alle Rockerclubs, Banden und Gangs in der Region zu identifizieren und zu überwachen. Die Maßnahme war jedoch nur ein Tropfen auf den heißen Stein, eine Beruhigungsmaßnahme für die Öffentlichkeit. Der Konflikt um die Vorherrschaft im Drogen-, Waffen- und Medikamentenhandel sowie im Rotlichtmilieu eskalierte.

Bereits am Ostermontag 2012 gegen 18:00 Uhr standen sich in einer Burger-King-Filiale erneut zwei verfeindete Gangmitglieder gegenüber. Das Black-Jackets-Mitglied ließ sich nicht lange bitten und schlug auf ein Führungsmitglied der Tribuns sogleich mit der Faust ein.

Auch dieses Mal beschränkte sich die Auseinandersetzung nicht auf die Kämpfer vor Ort. Die Schlägerei löste eine Alarmierung sämtlicher Gangmitglieder aus der Region aus. Ausschlaggebend für diesen Truppenaufmarsch war sicherlich nicht die eher geringe Verletzung des Tribuns, vielmehr sollte endgültig geklärt werden, wer nun die Nr. 1 war – Black Jackets oder United Tribuns!

Während zur Unterstützung der Rottweiler Brüder hauptsächlich Black Jackets aus der Bodenseeregion anreisten, wirkte die Mobilisierung der Tribuns bis nach Rheinland-Pfalz und Hessen sowie im gesamten Land Baden-Württemberg. Der Entscheidungskampf sollte noch in der gleichen Nacht ausgetragen werden.

Die Polizei der Schwarzwaldregion weilte unterdessen im Osterurlaub und bekam vom Aufmarsch der Gangtruppen nichts mit, da die Beamten der Szene keinerlei größere Aufmerksamkeit widmeten. Nur einem glücklichen Zufall war es zu verdanken, dass Kollegen aus Rheinland-Pfalz mitbekamen, dass sich dort eine größere Gruppe von United Tribunes mit der Marschrichtung Rottweil zusammenrottete. Da die Polizei in Rottweil weder personell noch einsatztechnisch in der Lage war, den drohenden Gangkrieg in der Stadt zu verhindern, alarmierte die Behördenleitung eine Sondereinheit der Bereitschaftspolizei. Das Glück blieb der Ordnungsmacht in dieser Nacht hold. Kommissar Zufall in Person einer Streife des Zolls fiel um 22:30 Uhr eine Wagenkolonne auf der Raststätte Eschachtal-West auf. Die Raststätte, unmittelbar vor Rottweil auf der Bundesautobahn 81 gelegen, diente den Tribuns als Sammelpunkt. Als einer ihrer Wagen vom Zoll kontrolliert wurde, gaben die Restlichen Gas und wichen auf den Parkplatz Weigenbach-West vor Villingen-Schwenningen aus. Doch jetzt war es zu spät, die Polizei zog 88 Beamte zusammen und sperrte den gesamten Parkplatzbereich ab. Sie durchsuchte 25 Fahrzeuge, stellte Messer, Schlagwerkzeuge und verbotene Gegenstände sicher und kontrollierte die Personalien von 72 Gangmitgliedern. Anschließend erhielten die Gangster die Auflage, sofort umzukehren und unter Polizeiüberwachung die Heimreise anzutreten.

In Schwenningen selbst stießen Polizisten auf den Sammelpunkt der Jackets, wo sich auf einem Messegelände fast 50 Männer versammelt hatten. Da bereits der Großteil aller verfügbaren Polizeikräfte bei den United Tribuns eingesetzt war, mussten Streifen und Polizisten aus der gesamten Region in Marsch gesetzt werden, um die Black Jackets und ihre Unterstützer im Zaum zu halten. Mit den eintreffenden Zusatzkräften gelang dies auch. Bei der nun einsetzenden Kontrolle von 20 Fahrzeugen und 50 Männern stellte man erstaunt fest, dass diese allesamt aus der rund 60 Kilometer entfernten Bodenseeregion stammten. Auch diese Truppe wurde unter Polizeikontrolle aus der Stadt begleitet.

Der Treffpunkt der einheimischen Black Jackets war der Polizei weiterhin unbekannt, was in dieser Nacht folgenlos blieb, da alle Rivalen der Tribuns in der Polizeikontrolle festhingen. Doch es bleibt festzustellen, dass an diesen Osterfeiertagen die Schwarzwaldregion nur durch Zufall vor einem sicherlich blutigen Aufeinandertreffen der verfeindeten Gangs verschont blieb.

Glückliche Umstände, die sich bestimmt nicht ewig wiederholen werden.

Türsteherkrieg

Im Herbst 2012 verlagerten sich die territorialen Streitigkeiten und Kämpfe um die Anteile im Türstehergeschäft nach Villingen-Schwenningen. Anfang September eskalierte die Situation im Eingangsbereich einer Schwenninger Diskothek, als bei einer Messerstecherei ein Türsteher verletzt wurde. Der Messerstecher, ebenfalls ein Türsteher aus der Stadt, erschien vor der Disco mit Verstärkung, die sich zuerst zurückhielt. Nicht so der Herausforderer, der sofort dazu überging, den arbeitenden Türsteher verbal zu attackieren. Nach einer kurzen Eskalation zog der Angreifer sein Messer und verletzte den Türsteher mit mehreren Stichen schwer. Einzig der zurückhaltenden Interpretation der Attacke durch die Staatsanwaltschaft verdankte es der Messerstecher, dass er nicht sofort in Untersuchungshaft wanderte.

Nur eine Woche später folgte der nächste Zwischenfall. Die Freitagnachtschicht der Türsteher war gerade zu Ende, als gegen 6 Uhr morgens 20 Männer auf einem Tankstellengelände aufeinander losgingen. In der Szene sprach man von einem geplanten Hinterhalt der Black Jackets, der sich gegen den Chef einer Sicherheitsfirma gerichtet haben soll. Auch seien Metallstöcke und ein Messer zum Einsatz gekommen. Die Polizei konnte dazu keine Angaben machen, bestätigte lediglich den Eingang einer Strafanzeige wegen Körperverletzung und rief mögliche Zeugen dazu auf, sich dringend bei der zuständigen Dienststelle zu melden, da man dort völlig im Dunkeln tappte.

2013 weitete sich die Konkurrenzsituation der Gangs in der Region auf den Bereich der Zuhälterei und Prostitution aus, was bis dahin eine Domäne der United Tribuns gewesen war. Besonders ein Mitglied der Black Jackets tat sich als skrupelloser Zuhälter hervor. Die Masche des 32-jährigen Albaners war so alt wie das Gewerbe selbst, aber sie funktionierte. Er machte den Romeo.

Der Gangster stöberte junge Frauen auf, heuchelte ihnen die große Liebe vor und malte ein rosarotes Bild ihrer gemeinsamen Zukunft. Nur eines müssten sie vorher noch in Ordnung bringen, die angeblichen Schulden des albanischen Don Juan. Als ultimativen Liebesbeweis forderte er von den Frauen, sich für ihn zu prostituieren. Misslang sein Schauspiel, ließ der Romeo seine Maske fallen und wechselte zu massiven Misshandlungen und Drohungen, auch mittels einer durchgeladenen Schusswaffe. Die so drangsalierten Frauen, mitunter sogar drei gleichzeitig, zwang er, fortan für ihn in Mietwohnungen anschaffen zu gehen. Die Freier besorgte der Albaner über Anzeigen auf einschlägigen Sexseiten im Internet.

Am 25. Mai 2013 beendete ein Spezialeinsatzkommando die Gewaltherrschaft des Gangmitgliedes, nahm ihn fest und beschlagnahmte seine scharfe Waffe. Der Albaner wanderte wegen des Vorwurfs des Menschenhandels, der Körperverletzung und der Zuhälterei in mehreren Fällen in Untersuchungshaft.

Die Revierkämpfe in der Schwarzwaldregion wurden blutiger und sie häuften sich. Die Polizei schaute dem Treiben der Gangs machtlos zu und reagierte hilflos. Man war personell und finanziell bestenfalls dazu in der Lage, die anfallende Kriminalität und Gewalt noch zu verwalten. Im August 2012 geriet die Polizei in Rottweil schließlich selbst ins Visier der Banden. Die folgenden Taten wirken wie eine Mutprobe, die Teil des Aufnahmerituals in eine Gang hätte sein können. Unbekannte warfen einen Brandsatz auf ein Zivilfahrzeug der Polizei, das unter einem Carport auf einem eingezäunten Polizeiareal geparkt stand. Nur eine Woche später versuchten ebenfalls unbekannte Täter, ein weiteres Zivilfahrzeug der Polizei auf dem gleichen abgesperrten Polizeigelände mit einem Wurfgegenstand zu beschädigen. Aufgrund des direkten Angriffes auf eine Polizeistation unternahm die Behörde immense kriminaltechnische Untersuchungen, auch mithilfe eines Personenspürhundes. Bei diesem »Mantrailing« (engl. Mensch verfolgen) werden besonders dafür geeignete Rassen wie Bloodhound, Schweißhunde oder Golden Retriever darauf trainiert, kleinste Duftmoleküle einer Zielperson zu verfolgen. Eine Duftspur von roten Blutkörpern ist für diese Hunde bis zu 120 Tage lang zu verfolgen. Auch wenn es für eine Anklageerhebung nicht reichte, erhärteten die Anstrengungen den bestehenden Verdacht: Die Spur führte direkt zu den Gangs.

Dass die Black Jackets und die United Tribuns zu Recht immer öfter mit dem Vorwurf des Drogenhandels konfrontiert wurden, belegt auch ein misslungener 5000-Euro-Deal. Die Kulisse für die Gangstreitigkeiten bildete am 26. Februar 2011 das Umland des nächtlichen Pforzheims. Der eigentliche Tatablauf ist etwas konfus, da bei dem vorgesehenen Marihuanahandel fast jeder jeden abziehen wollte.

Erwiesen ist, dass zwei 21- und 24-jährige Stuttgarter Tribuns-Mitglieder einen Anruf von einem 36-jährigen Mann aus Wiernsheim erhielten. Sie könnten am selben Abend noch »Geld machen«, da er in Pforzheim zwei Männer kenne, die auf der Suche nach Marihuana seien. Die beiden Tribuns sollten diese potenziellen Käufer »abziehen« und das erbeutete Geld mit dem Anrufer teilen. Verschärft wurde die Situation durch den Umstand, dass weder die fingierten Verkäufer – Tribuns – noch die Drogenkäufer – Black Jackets – wussten, dass ihre Gegenüber jeweils der verfeindeten Gang angehörten. Ein blutiges Ende schien vorprogrammiert.

Zur Geschäftsanbahnung bedienten sie sich eines vierten Mannes, eines 22-jährigen Pforzheimers, den sie mit einer Provision in Form von 50 Gramm Marihuana köderten, das sie selbst gar nicht besaßen. Das Treffen sollte in einem Kaff namens Straubenhardt, knapp 15 Kilometer von Pforzheim entfernt, auf einem um diese Zeit verlassenen Parkplatz über die Bühne gehen.

Dass bei dieser chaotischen Ausgangsposition alles schieflaufen würde, schien unausweichlich. Die beiden Tribuns fuhren mit dem Pforzheimer Provisionsritter zum Treffpunkt, wo sich eines der Black-Jackets-Mitglieder zu ihnen in den Wagen setzte. Doch der Plan der Tribuns, das Geld abzugreifen und mit aufheulendem Motor zu verschwinden, scheiterte. Die Aufforderung »Gib uns das Geld und hol dir den Stoff aus dem Kofferraum« fand keine Zustimmung bei dem 210er. Er verlangte, dass alle aus dem Wagen stiegen und die Übergabe draußen vollzogen. Und dort eskalierte dann die Situation. Während ein Tribuns im Kofferraum herumwühlte und vorgab, das nicht existierende Marihuana zu suchen, nahm der andere das Geld entgegen. In dieser Sekunde war klar, dass der Black Jacket betrogen werden sollte und für sein Geld keine Drogen bekommen würde.

Die Ereignisse überschlugen sich, und erst später vor Gericht sollte wieder Klarheit in den Ablauf kommen. Der selbst betrogene Pforzheimer Provisionsjäger gab an, dass einer der Tribuns dem betrogenen 210er sein Messer ohne jede Vorwarnung in den Bauch rammte, woraufhin es diesem noch gelang, sich mit Pfefferspray zur Wehr zu setzen – was ihm vermutlich das Leben rettete. Sein Freund konnte ihn noch rechtzeitig in das Krankenhaus Neuenbürg bringen, wo er sofort notoperiert werden musste.

Da die Staatsanwaltschaft dem Messerstecher unterstellte, den Tod seines Opfers in Kauf genommen zu haben, lautete die Anklage auf versuchten Mord und schweren Raub einhergehend mit einem Betäubungsmittelvergehen. Doch von dem Vorwurf des versuchten Mordes blieb im Laufe der Verhandlung nichts übrig. Der vorsitzende Richter des Schwurgerichts Karlsruhe gründete seinen Urteilsspruch auf die Aussagen des Haupttäters, der sein Messer erst gezogen haben will, nachdem er mit Pfefferspray attackiert wurde. So wurde der 21-jährige Tribun nicht wegen versuchten Mordes, sondern lediglich wegen gefährlicher Körperverletzung und Betruges zu einer sechsjährigen Haftstrafe verurteilt. Sein Mitstreiter erhielt eine Freiheitsstrafe von eineinhalb Jahren. Der 36-Jährige, der den Deal mit seinem Anruf einfädelte, erhielt eine Bewährungsstrafe von einem Jahr. Den Provisionsjäger verurteilte das Gericht zu einer eineinhalbjährigen Haftstrafe, wobei ihn der Beginn seines in Kürze geplanten Drogenentzugs vor der Vollstreckung der Strafe bewahren könnte.

Das Ergebnis des vorgetäuschten Marihuanadeals war der dilettantischen Vorgehensweise aller Beteiligten angemessen. Die zwei Tribuns fanden sich vor dem Schwurgericht Karlsruhe wieder, um dann die nächsten Jahre hinter Gittern zu verbringen. Der laienhafte Provisionsjäger landete ebenfalls auf der Anklagebank, genauso der 36-Jährige, der das Drama durch seinen Anruf überhaupt erst ausgelöst hatte. Das Mitglied der Black Jackets lag mit einer lebensgefährlichen und schmerzvollen Bauchverletzung im Krankenhaus – und die beiden Gangs standen sich unversöhnlicher gegenüber denn je.

3. Kapitel

DIE GESELLSCHAFT UND DIE STRASSENBANDEN

Die Gangs in den Medien

Der überwiegende Teil der Presse tut sich mit der Berichterstattung zu den Black Jackets, den United Tribuns oder zu anderen Streetgangs schwer. Eine überregionale Berichterstattung findet kaum statt. Nach schweren Gewaltexzessen schafft es die Tat gelegentlich auf die Titelseite, die Täter meistens nicht. Es ist schon erstaunlich zu beobachten, wie die Pressehäuser über die jeweilige Gang berichten, ohne sie beim Namen zu nennen. Allein deshalb ist meist von den »rockerähnlichen Gruppierungen« die Rede, denn – so ein offenes Geheimnis der Branche – »Rocker gehen immer« und stehen damit auf einer Stufe mit Tierbabys und Prominenten. Sobald das Wort »Rocker« in der Titelzeile platziert ist, schnellen die Verkaufszahlen sowie die Klicks der Onlineartikel nach oben. Durch die massive Berichterstattung der letzten Jahre hat selbst Opa Krause sofort ein Bild vor Augen, was er mit diesen Schlagzeilen assoziieren soll.

Die Fronten sind geklärt: Auf der einen Seite steht der Rechtsstaat, auf der anderen Seite die Rocker. Mit komplexen Erklärungen, worin im Detail der Unterschied zwischen einem Rockerclub und einer Streetgang besteht, möchten die wenigsten Journalisten ihre Leser vergraulen. Hells Angels und Konsorten sind ja bei dem Großteil der Bevölkerung eh als kriminelle, gewalttätige Mischpoke abgespeichert, da macht es doch nichts, wenn auch die Straftaten der Black Jackets oder der Tribuns den Rockerclubs per se angekreidet werden.

Da passt es auch gut ins Bild, wenn im letzten Absatz des Artikels zu einer Gang gleich noch eine Meldung zu einem aktuellen Vorfall der Motorradclubs verarbeitet wird. Und sei es nur eine harmlose Kontrollstelle vor dem Clubhaus anlässlich einer Bikerparty.

Das Verschweigen der Täternationalitäten – die Alibirichtlinie der Journalisten

Mit dem ständigen Rückbezug auf die Rocker und »rockerähnlichen Gruppierungen« werden der Leserschaft die wirklich unbequemen Begriffe vorenthalten. Wer liest schon gern von einer »gewalttätigen Streetgang« oder von einem »multikulturellen Türsteherkrieg«? Durch die Verfahrensweise der Journalisten muss das höchst sensible Thema des Migrationshintergrundes der meisten Täter gar nicht erst thematisiert werden.

Gern wird die ethnische Herkunft der Täter und Opfer gänzlich verschwiegen. Aus dem türkischen Gewalttäter Ali C. wird dann ganz schlicht ein »Bodybuilder«. Die Diskussionen, inwiefern die Nennung der Täternationalitäten zur Informationspflicht eines Journalisten gehört oder schon mit einer Diskriminierung gleichzusetzen sei, führt schnell auf vermintes Gelände. Gern wird sich dabei hinter den Richtlinien des Deutschen Presserates verschanzt, der unter Ziffer 12.1 aufführt:

»In der Berichterstattung über Straftaten wird die Zugehörigkeit der Verdächtigen zu religiösen, ethnischen oder anderen Minderheiten nur dann erwähnt, wenn für das Verständnis des berichteten Vorgangs ein begründeter Sachbezug besteht. Besonders ist zu beachten, dass die Erwähnung Vorurteile gegenüber Minderheiten schüren könnte.«

Es liegt also einzig an dem Journalisten und der politischen Ausrichtung seines Arbeitgebers, wann und wie ein »begründeter Sachbezug« gesehen wird oder gesehen werden will. Somit führt dieser Passus unweigerlich in einen emotionalen Diskurs, der geprägt ist von Political Correctness, Gutmenschentum und oftmals dem Verweis auf Deutschlands historische Schuld. In vielen Fällen entsteht der Eindruck, als sollten die »Richtlinien für die publizistische Arbeit nach Empfehlungen des Deutschen Presserates« zu einem reinen Verschleierungswerkzeug instrumentalisiert werden und zu einer Bevormundung des Lesers führen.

Bei den Straftaten von Rockern oder bei vermuteten rechtsradikalen Hintergründen findet diese vorauseilende Rücksichtnahme hingegen seltener statt. Ganz selbstverständlich werden hier der Vorname und abgekürzte Nachnahme abgedruckt, nicht selten mit Porträtfoto, manchmal verpixelt, manchmal nicht. Auch mit der Angabe zum Wohn- oder Herkunftsort ist man wenig zurückhaltend, und sollte der Beschuldigte gar aus Ostdeutschland oder einer für rechtsradikale Umtriebe bekannten Stadt wie Dortmund kommen, sind der Vorfall und die Motivlage ohnehin schon so gut wie aufgeklärt.

Man möge sich den Aufschrei der Tugendwächter vorstellen, wenn man einen Zusammenhang herstellen würde (dazu später mehr) zwischen der Häufung von schweren Gewalttaten in Pforzheim und dem Anwachsen des Migrantenanteils in den einzelnen Stadtteilen auf über 60 Prozent der Bevölkerung. Eine Zahl aus dem Jahr 2008 besagt, dass der Anteil der bis zu dreijährigen Kinder mit Migrationshintergrund in der Stadt bereits bei 71,1 Prozent liegt. Die Lokalzeitung titelte dazu lediglich »Pforzheims Zukunft gehört den Migranten«. Und den Gangs! – ist man versucht anzumerken.

Vielleicht ist der wahre Grund für die journalistische Verharmlosung der Migrantengangs ein ganz banaler. Aus dem Jahr 2005 stammt eine große Studie des Hamburger Institut für Journalistik, bei der 1500 Journalisten nach ihrer politischen Präferenz befragt wurden. Die Ergebnisse sind eindeutig. Die am stärksten vertretenen Parteien sind Die Grünen mit 35,5 Prozent, an zweiter Stelle folgte die SPD mit 26 Prozent, an dritter Stelle die CDU mit 8,7 Prozent, gefolgt von der FDP mit 6,3 Prozent.

61,5 Prozent für Rot-Grün, was traditionell eine dem Multikulti verbundene Parteienkombination ist. In einem von Journalisten gewählten Parlament würde Rot-Grün wahrscheinlich über eine Zweidrittelmehrheit verfügen und könnte sogar das Grundgesetz ändern.

Als von dieser Studie berichtet wurde, vermutete ein Teil der Zeitungsleser in ihren Kommentaren, dass ein beträchtlicher Teil der Journalisten sich wie auch die Politiker vom Alltagsleben der gewöhnlichen Menschen längst abgekoppelt habe. Während die Medienmenschen das multikulturelle Leben scheinbar vor allem mit Dolce Vita und einem mediterranen Lebensgefühl verbänden, müssten die städtische Mittel- und Unterschicht sich mit den Schattenseiten der Zuwanderung auseinandersetzen, die für sie aus türkischen Gewalttätern, albanischen Drogenhändlern, bosnischen Zuhältern und mazedonischen Schutzgelderpressern besteht.

Ich persönlich war erstaunt, als ich bei meiner Arbeit für das Buch mit der Recherche begann und sich herausstellte, dass die rasant entstehenden Gangs in der Bundesrepublik fast ausschließlich aus Migranten bestehen. Und ich habe mich bewusst entschieden, alle Informationen zu den Tätern zu veröffentlichen, einschließlich ihrer ethnischen Herkunft. Die Schlüsse daraus mag jeder für sich selbst ziehen. Eines ist jedoch sicher: Die Tatsache, dass es Täter mit Migrationshintergrund gibt, ist an sich nicht diskriminierend. Sie belegt einzig den Istzustand unserer Gesellschaft.

Willkürliche Gewalt nach innen und außen

Während sich die Gewalt der rivalisierenden Rockergangs fast ausschließlich gegen Angehörige ihrer eigenen Subkultur richtet, besteht bei den Black Jackets die weitaus größere Gefahr, dass auch Unbeteiligte zu Opfern ihrer Gewaltexzesse werden. Oftmals reicht schon ein Blick, eine Bemerkung oder die Aufnahme eines Fotos aus, um schwerste Verletzungen zugefügt zu bekommen. So am 1. November 2011 in Singen im Kreis Konstanz, als ein 65-jähriger Anwohner in der Umgebung des Clubhauses der ortsansässigen Black Jackets einige Bilder knipste. Als der ältere Mann den Bereich an einem Montagabend gegen 17:50 Uhr wieder verließ, verfolgten ihn mehrere Gangmitglieder und überwältigten ihn. Sie schlugen ihm ins Gesicht, traten auf ihn ein, bis ihr Opfer zu Boden ging.

Sofort bildete sich eine dichte Traube um den 65-Jährigen. Die Gangster traten wie von Sinnen auf ihn ein, auch gezielt ins Gesicht, wobei sie dem betagten Anwohner schwerste Gesichtsverletzungen zufügten und ihm »so gut wie alle Knochen im Gesicht« brachen, so ein Polizeisprecher. Auch als er längst bewusst- und wehrlos am Boden lag, traten die Jackets noch weiter zu. Dann raubten sie seine Kamera, um die gefertigten Bilder zu löschen. Die Ärzte der Spezialklinik, in welcher der 65-Jährige stationär behandelt werden musste, gehen davon aus, dass er dauerhafte Schäden im Gesicht davontragen wird.

Es folgte eine regional begrenzte Empörung der Bevölkerung, die in Angst und Schrecken versetzt war. Dies zwang die Polizei zum Handeln, weshalb sie als Antwort auf diesen Gewaltexzess eine eher hilflos wirkende Razzia in den Wohnungen und Lokalitäten der ihnen bekannten Gangmitglieder durchführte. Die Razzia brachte wenig neue Erkenntnisse, lediglich die schon obligatorischen Sicherstellungen von Schlagstöcken, Anabolika und Schreckschusswaffen.

Die Gang fühlte sich trotz des Gewaltexzesses zu Unrecht an den Pranger gestellt und lud einen örtlichen Pressevertreter in ihr Clubheim ein, wo der Präsident und sein Vize Muhamed P. sich an einem Kickertisch in Szene setzten und fotografieren ließen. Anschließend verkündeten sie ihre Interpretation des Vorfalls. Der ältere Mann sei betrunken gewesen und habe die späteren Täter damit provoziert, dass er sie fotografierte, als sie gerade das Clubheim verließen. Die Schläger seien zwar aus ihrem Ganglokal gekommen und hätten tatsächlich Gangkleidung und Embleme getragen, aber diese seien »frei verkäuflich«. Die Leute hätten selbstverständlich »nichts mit uns zu tun«, so die Gangbosse.

Die Staatsanwaltschaft Konstanz sah das anders und erhob gegen fünf Mitglieder der Black Jackets Anklage wegen schweren Raubes und gefährlicher Körperverletzung. Warum in diesem Fall nicht wie bei ähnlich gelagerten Taten Anklage wegen versuchten Totschlags oder gar versuchten Mordes erhoben wurde, bleibt das Geheimnis der Staatsanwaltschaft Konstanz.

Ein weiterer Fall willkürlicher Gewalt ereignete sich in der tiefsten Provinz der Schwäbischen Hall, wo drei 20- bis 21-jährige selbsternannte Nachwuchsgangster samstagsnachts um drei Uhr durch ein Kaff namens Oberrot kurvten. Trotz ihres provinziellen Umfeldes schienen sich die zwei Türken und ein Serbe eher in einem Kriegsgebiet wie East Los Angeles zu wähnen: Sie patrouillierten in einem BMW durch ihr Barrio, um nach Ärger und Eindringlingen Ausschau zu halten.

Wie es ein dummer und tragischer Zufall wollte, entdeckte die Gangstreife ein Gruppe junger Leute, die gerade dabei waren, sich in einer Hauseinfahrt voneinander zu verabschieden. Wie ein Rollkommando sprangen die drei Gangster aggressiv aufgeladen aus dem BMW und bauten sich bedrohlich vor den jungen Menschen auf.

Einem 23-jährigen hielt der Beifahrer eine täuschend echt wirkende Schreckschusspistole vor den Kopf, dann an seine Schläfe. Der Gangster drückte ab. Eine Hinrichtung. Ein metallisches Klicken durchbrach die Nacht. Der Schuss löste sich jedoch nicht. Er drückte erneut den Abzugshebel. Klack. Noch mal. Klack!

Der Fahrer des BMW griff sich die Waffe, versuchte die Ladehemmung zu beheben, und schließlich durchbrach eine ohrenbetäubende Explosion die nächtliche Stille. Der Schuss verletzte zum Glück niemanden. Der Beifahrer wandte sich dem ihm am nächsten stehenden jungen Mann zu und versetzte ihm ohne jeden Grund einen schweren Faustschlag aufs Auge.

Bevor sie in ihrem BMW wieder entschwanden, schrien sie den Überfallenen noch eine Drohung entgegen: »Wisst ihr eigentlich, wer wir sind?«

Der Polizei gelang es, die Täter noch in derselben Nacht festzunehmen. Sie fand in dem Wagen einen Schlagring, einen Teleskopschlagstock und eine schwarze Kutte der Black Jackets.

Die Scheinhinrichtung vom 31. Januar 2010 fand ihr juristisches Nachspiel ein Jahr später vor dem Haller Amtsgericht, wo sich der Fahrer und Beifahrer verantworten mussten. Lammfromm saßen sie auf der Anklagebank, herausgeputzt mit Wollwesten und Schalkragen, und spielten die Ahnungslosen. Black Jackets?! Nein, sie doch nicht. Die beschlagnahmte Kutte gehöre keinem von beiden.

Wieder einmal erschwerte die Unkenntnis der Polizei eine lückenlose Aufklärung der Gewalttat. Denn die Polizei konnte keine Aussagen darüber treffen, ob es sich bei den Angeklagten, wie vermutet wurde, tatsächlich um Gangmitglieder handelte. Der schauspielerische Höhepunkt war erreicht, als der Hauptangeklagte gönnerhaft im Gerichtssaal über seinen Verteidiger einen 500-Euro-Schein an sein Opfer überreichen ließ, das während der Scheinhinrichtung in Todesangst versetzt worden war.

Der Oberstaatsanwalt Peter B. sprach von einer »völlig ungeplanten, völlig zufälligen« Tat und einem »eiskalten Übergriff«. Er forderte in seinem Plädoyer eine Haftstrafe für den Haupttäter. Doch das Jugendschöffengericht folgte seiner Argumentation nicht.

Der Fahrer des BMW erhielt eine Bewährungsstrafe von lediglich sechs Monaten und der Beifahrer eine zweijährige Strafe, die das Gericht zur Bewährung aussetzte.

Dass ein aufgesetzter Schuss aus einer Schreckschusspistole infolge der immensen Druckwirkung der Waffe auch tödliche Verletzungen auslösen kann, ließen Gericht und Staatsanwaltschaft in dieser Verhandlung und bei der Strafzumessung völlig außer Acht.

Unter den Angehörigen der Opfer im Zuschauerraum lösten diese milden Ahndungen Frustrationen aus. Die Mutter des jungen Mannes, der die Scheinhinrichtung hatte durchleben musste, äußerte sich wie folgt über den Haupttäter: »Er weiß gar nicht, was er meinem Sohn angetan hat. Geld macht das nicht wieder gut.«

Sozialarbeiter beziehen Stellung

In vielen Städten im Südwesten Deutschlands beschäftigten die Kommunen zahllose hauptamtliche Sozialarbeiter, um Integrationsbemühungen zu unterstützen. Für die sich rasant ausbreitende Gang- und Gewaltkultur fühlten sie sich allerdings nicht zuständig. In einem ihrer Tätigkeitsberichte vor dem Stadtrat berichtete ein Jugendsozialarbeiter von der zunehmenden Konfrontation mit Drogen, Gewalt, Waffen und straffälligen Jugendlichen. Je nach Projekt lag der Migrantenanteil der bis zu 300 jugendlichen Teilnehmer zwischen 65 und 90 Prozent.

Auch die stetige Gefahr der Gangbildungen und deren Ausbreitung begegnen den Sozialarbeitern ständig. Die zahlreichen Jugendlichen in diesen Banden hatten sie bereits aufgegeben. »Es ist nicht unser Job, in solche Gangs zu gehen«, entgegnete eine Mitarbeiterin der mobilen Sozialarbeit Geislingen auf konkrete Nachfrage eines Stadtrates. Sie bekomme zwar mit, dass Gangs wie die Black Jackets und United Tribuns »ordentlich Leute rekrutieren«. Die Sozialarbeiter versuchen in ihrer Arbeit schwerpunktmäßig jedoch, ein Abdriften in gewalttätige Verhaltensmuster zu verhindern und bei ihren Jugendlichen auf eine natürliche Entfaltung der Sexualität hinzuwirken …

Sobald sie es einmal mit Gangmitgliedern zu tun bekommen, ergreifen die städtischen Sozialarbeiter klar Partei. »Die Kripo bekommt von uns keine Information«, heißt es dann. Das Vertrauensverhältnis zwischen den Mitarbeitern und der von ihnen betreuten Klientel stehe vor einer möglichen Informationsgewinnung oder gar der Aufklärung von Straftaten durch die Polizei. Der oberste Vertreter der Steuerzahler, der amtierende Oberbürgermeister, lobte die von ihm in Auftrag gegebene Arbeit der Sozialarbeiter und schloss seine Ausführungen mit einem optimistischen Fazit: »Wir sind gut aufgestellt und auf unzähligen Gebieten unterwegs.«

Na, dann kann ja nichts mehr schiefgehen ...

Die Lebensläufe gerade der jungen Gangmitglieder gleichen sich. Migrationshintergrund, keine Ausbildung, kein Job, Schulverweise, Gewalterfahrung in frühester Jugend und innerhalb der Familie, Alkohol- und Drogenprobleme. Da die meisten Gangmitglieder keinerlei Beschäftigung nachgehen, somit sich auf legalem Weg kein Geld erarbeiten, folgen die ersten Straftaten zur Finanzierung dieses Lebensstils: Einbrüche, Erpressung, Kleindealerei. Anstatt die Jugendlichen bei ihren ersten Gerichtsverhandlungen endlich zur Verantwortung zu ziehen und ihnen schmerzhafte Konsequenzen aufzuerlegen, stellt das deutsche Jugendstrafrecht fast ausschließlich erzieherische Gesichtspunkte in den Vordergrund und verschont sie von entsprechenden Sanktionen. Anstelle von Sühne und Abschreckung oder gar der Sicherung der Allgemeinheit hat das Gericht lediglich Erziehung, Sozialisation und Resozialisierung im Sinn. Die Sozialarbeiter und Rechtsanwälte schwadronieren über »gesellschaftliche Verhältnisse«, anstatt die kriminellen Gangmitglieder für ihre Taten zu bestrafen. Die Täter werden aus ihrer individuellen Schuld entlassen.

Wie bereits erwähnt, wiederholen sich die Abläufe vor Gericht erschreckend oft. Die bereits unter Bewährungsauflage stehenden Gangmitglieder werden erneut straffällig, nicht selten mit schweren Gewaltdelikten, und trotzdem räumt ihnen die Justiz eine zweite, dritte und vierte Chance ein. Unterstützt wird diese Vorgehensweise von einem ganzen Heer von Soziologen, Politologen, Integrationsbeauftragten und Rechtsanwälten, die allesamt von der Steuer bezahlt werden müssen, da die Gangster ja meist ohne offizielles Einkommen sind. Dazu gesellen sich die unterschiedlichsten Verbandsvertreter und weltfremde Politiker, die in einer Melange von Problemleugnung, Verharmlosung und politischer Korrektheit jegliche Diskussion zu dem Thema abwürgen – auch dadurch, dass sie ihre Kritiker gezielt in die rechte Ecke drängen. Oder wie es die deutsch-türkische Sozialwissenschaftlerin Necla Kelek trefflich umschrieb: »Sie propagieren ein Toleranzverständnis, das einer Selbstaufgabe gleichkommt.«

Vielleicht hat die Einstellung auch mit dem Umstand zu tun, dass die liberalen Eliten kaum in den betroffenen Stadtteilen wie Bonn-Bad Godesberg, Pforzheim, Duisburg-Marxloh oder Berlin-Neukölln leben. In den gepflegten Vorortvierteln und inmitten gut bestückter Bioläden werden die Menschen nur selten Opfer der Gangs und müssen ihre Kinder auch nicht auf eine von den Black Jackets kontrollierte Schule schicken.

Praktiker gegen die Kuscheljustiz

Fadi Saad war Mitglied in einer Gang, den Berliner »Araber Boys 21«. Nach den Schulverweisen hagelte es Strafanzeigen, insgesamt 25. Vorbestraft ist er wegen räuberischer Erpressung und Körperverletzung. Er stand fünfmal vor Gericht, erst dann erhielt er mit 15 Jahren ein Wochenende Jugendarrest. Und schon diese geringe, direkte Bestrafung wirkte abschreckend auf ihn. »Es war grauenvoll«, so der palästinensische Berliner – und allein dieser eine Wochenendarrest läutete das Ende seiner Gangkarriere ein. Er wechselte die Seiten und arbeitet jetzt als Streetworker und Quartiermanager in einem Berliner Problemkiez. Mit politischen Tabus kann er nichts anfangen, seine Meinung zum Jugendstrafrecht ist eindeutig: »Mit Kuschelpädagogik kommt man bei diesen abgebrühten Jungs nicht weit.« Ein gewalttätiger Zwölfjähriger müsse umgehend bestraft werden, nicht erst Monate oder gar ein Jahr später und dann nur zu ein bisschen sozialer Arbeit. »Der geht raus und schlägt den Nächsten zusammen«, so das ehemalige Gangmitglied.

Auch die in Berlin-Neukölln arbeitende Jugendrichterin Kirsten Heisig setzte sich – bis zu ihrem Suizid im Juni 2010 – für eine schnelle und konsequente Verfolgung von jugendlichen Straftätern ein und war entscheidend an der Entwicklung des »Neuköllner Modells« beteiligt. Doch schon nach einigen Monaten verfiel die Berliner Justiz in ihren alten Trott, und das vielversprechende Modell fand kaum noch Berücksichtigung. In ihrem Buch »Das Ende der Geduld« bezieht sie klar Stellung zu den entstandenen Parallelwelten und der Häufung von Gewalttaten gerade von Migranten. In schonungsloser Härte benennt sie Fehlentwicklungen und Ursachen: »Da kommt vieles zusammen: einerseits hohe Arbeitslosigkeit, Schuldistanz und allgemeine Verwahrlosung. Hinzu kommen kulturelle Faktoren: Der Männlichkeitswahn ist bei manchen Türken und Arabern besonders ausgeprägt. Ehre und Respekt sind so emotional entwickelt, dass es schnell zu Gewalt kommt. Prügeln ist in der Erziehung leider eine gängige Praxis. Wenn der Vater den Respekt nicht genießt, weil er arbeitslos ist, dann stellt er ihn durch Schläge her ... Es entwickeln sich geschlossene Gesellschaften mit eigenen Regeln. Darin sehe ich eine große Gefahr.«

Festzuhalten ist, dass die bisherige Kuscheljustiz innerhalb der Gangs und im Rahmen der dort vorherrschenden Machokultur lediglich als Schwäche des Staates ausgelegt wird. Die Gangmitglieder leben in einer Parallelwelt, in der sich grundsätzlich nur der Stärkere durchsetzt. Solange in der Justiz nicht ein grundlegendes Umdenken stattfindet, werden die Gangs weiter wachsen, weitere Straftaten begehen. Und es werden weitere Opfer zu beklagen sein.

4. Kapitel

RISIKEN UND NEBENWIRKUNGEN

Black Jackets Ludwigsburg – der »Abzockerclub«

Die Ludwigsburger Black Jackets nannten ihr Chapter South West und verfügten bereits kurz nach ihrer Gründung 2009 über eine Nachwuchsgang, die Black Dogs Nightwalker. Deren Logo ist eine besonders gewalttätig wirkende und zähnefletschende Bulldogge, die in ihren Händen einsatzbereit einen Baseballschläger schwenkt. Aus der Gründungsmeldung auf der eigenen Homepage vom 21. Januar 2009 geht hervor, dass die Gruppierung vom South-West-Präsidenten gemeinsam mit seinem Vize gegründet wurde, um aufstrebende Kampfsportler und Musiker zu unterstützen. Eine gewagte Mischung an zu fördernden Talenten: Hip-Hop und Gewalt. Vielleicht unterstreicht ja gerade diese Mixtur die hohe Akzeptanz der Gang unter jungen Männern, die ihren Platz in der Gesellschaft nicht gefunden haben oder den ihnen zugedachten Platz als unwürdig empfinden. Um an die identitätsstiftenden Statussymbole zu gelangen, die vom Hip-Hop und dem damit verbundenen Lifestyle vertreten werden, sind sie bereit, Gewalt einzusetzen: dickes Auto, dicke Uhr und dicke Arme.

So verwundert es nicht, dass in Ludwigsburg bereits im August 2009 die ersten schweren Straftaten aktenkundig wurden. Wieder einmal wurde der Kampf um die Vorherrschaft in der Türsteherszene mit Gewalt ausgetragen. Ein 19-jähriger Black Jacket griff mit drei weiteren Tätern zwei Türsteher einer Tübinger Diskothek an und verletzte diese mit Schlagstöcken und Fäusten. Beide Männer erlitten Prell- und Risswunden. Zusätzlich zu der Rivalität im Türstehergeschäft sollen sich die Attackierten abfällig über die Black Jackets geäußert haben.

Des Weiteren erpresste das 19-jährige Gangmitglied am 17. Mai 2011 als Wortführer einer Gruppe einen Geldbetrag von 600 Euro. Angeblich hatte der griechische Wirt laut von den »scheiß Black Jackets« gesprochen. Das bedrohliche Auftreten in der Gruppe wertete das Gericht in einer ersten Stellungnahme als strafverschärfend.

Bereits im selben Monat hatte der Beschuldigte von einem austrittswilligen Mitglied 500 Euro erpresst, wobei 250 Euro nachweislich gezahlt wurden. Die 19. Große Strafkammer fasste die Straftaten in einer Verhandlung (Az.: 19 KLs 211 Js 3592/12) zusammen und klagte das Black-Jackets-Mitglied unter anderem der räuberischen Erpressung und gemeinschaftlichen gefährlichen Körperverletzung an.

Bei den geschilderten Taten war jeweils auch ein 29-jähriger Libanese beteiligt, der insgesamt bereits zehn Jahre in deutschen Gefängnissen verbracht und sein Drogenproblem nicht hatte überwinden können – und dies trotz der Erziehungs- und Resozialisierungsbemühungen der deutschen Jugendstrafrichter.

Sein Anwalt stellte den Angeklagten als Opfer einer »unsinnigen Asylgesetzgebung« in Deutschland und des Bürgerkrieges im Libanon dar. Von dort sei er 1986 als Kind mit seiner Mutter und sieben Geschwistern in die Bundesrepublik eingereist, wo ihm jedoch der Status als anerkannter Asylbewerber verwehrt wurde und er 13 Jahre lang mit einer drohenden Abschiebung zu leben hatte. Ihm sei außerdem eine Arbeitsaufnahme verweigert worden, genauso wie eine mögliche Heirat, so der Rechtsanwalt. Er musste bei seiner Mutter wohnen und habe nur 180 Euro im Monat erhalten, dies habe zu Frustration, Drogensucht und Kriminalität geführt.

Das Gericht schien dieser Argumentation ein weiteres Mal zu folgen. Die 19. Große Strafkammer des Stuttgarter Landgerichts verhängte zwar im August 2012 eine Gesamtstrafe von sechs Jahren wegen räuberischer Erpressung und gefährlicher Körperverletzung. Allerdings besaß dieses Urteil eher formaljuristische Aussagekraft, da das Gericht anordnete, dass der vielfach vorbestrafte Gangster bereits nach einer Haft von 18 Monaten das Gefängnis verlassen dürfe, um in einer Entzugsanstalt seine Drogensucht therapieren zu lassen.

Und auch im November 2012 wurde mit dem Urteil der 4. Großen Strafkammer des Stuttgarter Landgerichts noch einmal belegt, dass Ludwigsburg eine Machtbastion der Black Jackets und ihres kriminellen Treibens war und ist. Wieder einmal wurde hochrangigen Mitgliedern der Black Jackets der Prozess gemacht. Die Anklagen lauteten auf Erpressung, Betrug und gefährliche Körperverletzung. Den sechs Angeklagten im Alter von 20 bis 32 Jahren wurde vorgeworfen, in der Region Ludwigsburg Spielautomaten in Casinos, Bars und Diskotheken aufgebohrt und manipuliert zu haben. Der Gewinn pro Automat habe bei mehreren Hundert Euro gelegen. Außerdem pressten sie mehreren ausstiegswilligen Mitgliedern eine hohe Austrittsgebühr ab – es wurden Geldbeträge von 800 und 1700 Euro genannt, die mit Drohungen wie »Ich finde dich, egal, in welchem Loch du dich versteckst« eingetrieben wurden.

Die ohnehin schon strengen Sicherheitsvorkehrungen wurden im Laufe des Prozesses vor der 4. Großen Strafkammer noch einmal verschärft, da sich die Hinweise verdichteten, dass einer der hochrangigen Gangster einen Ausbruchsversuch plane. Die Gangmitglieder wurden nicht nur in Fußfesseln zur Anklagebank geführt, sondern musste diese auch während der weiteren Verhandlungstage tragen.

Die Zeugenaussagen erinnerten an andere Verfahren gegen die Black Jackets. Die Zeugen litten unter Gedächtnislücken, kamen nur widerwillig ihrer Zeugnispflicht nach oder beschwichtigten die Vorkommnisse und alle Aussagen, die sie während der polizeilichen Vernehmungen zuvor schon getroffen hatten. Manche äußerten sich erst, nachdem die Richterin sie auf die Strafbarkeit einer Falschaussage hingewiesen hatte. Ehemalige Mitglieder sprachen von einer Monatsgebühr von 50 Euro und einer Austrittsgebühr von 500 Euro. Das Wort »Abzockerclub« fiel, den insbesondere der 32-jährige Vizepräsident betrieben habe. Der regionale polizeiliche Sachbearbeiter für das Rockermilieu, dem auch die Zuständigkeit für die Black Jackets zugeteilt worden war, sagte ebenfalls als Zeuge aus. Der Kriminalhauptkommissar sprach von Gehorsam und Hierarchie, Druck und Repressalien. Er berichtete von Machtdemonstrationen der Gang, die mit 60 Mann in schwarzen Kutten durch die Innenstadt marschiert und bei nachfolgenden polizeilichen Kontrollen »verbal sehr aggressiv aufgetreten« sei. Die Mitglieder der Black Jackets fielen immer wieder durch Protzverhalten auf und stellten etwa teure, gemietete Luxuswagen mitten in der Fußgängerzone und auf dem Marktplatz ab. »Nebenkriegsschauplätze wie illegale Hundekämpfe haben wir aus dem Verfahren erst einmal rausgelassen«, so der erfahrene Ermittler. Die Rechtsanwälte der Gegenseite warfen ihm eine oberflächliche und tendenzielle Ermittlungsarbeit vor. Auch seien die 500 Euro Austrittsgebühr keine Schutzgelderpressung gewesen, sondern eine vorher vereinbarte Aufwandsentschädigung, so die Interpretation der Anwälte.

Die Verhandlungstage zogen sich hin, und die Verteidiger schienen nicht schuldlos an diesem abermaligen Gerichtsmarathon zu sein. Man hatte wie in zahlreichen Verhandlungen zuvor den Eindruck, dass die Prozessstrategie der Rechtsanwälte zunehmend auf die Verschleppung und Behinderung eines ordentlichen Prozessablaufes ausgelegt war und das Gericht und die Staatsanwaltschaft mürbe geschossen werden sollten. Ziel dieser Strategie war ein Deal mit vorher festgelegter Strafobergrenze und kräftigem Strafnachlass.

Dieses Mal sollte es den Steuerzahler 34 Verhandlungstage kosten, bis die Angeklagten die geringsten und nicht mehr zu leugnenden Straftaten eingestanden hatten und dafür mit einem dicken Strafrabatt belohnt wurden. Den Anklagepunkt des Handels mit mehreren Kilo Kokain hielt das Gericht nicht aufrecht. Die Black Jackets gaben an, nur im Spaß von einem Deal mit fünf Kilo Kokain gesprochen zu haben, da sie schon längere Zeit davon ausgingen, dass ihre Handys von der Polizei abgehört wurden.

Zumindest der zweite Teil ihrer Aussage entsprach den Tatsachen: Die Polizisten hörten Gespräche ab und erstellten mithilfe von Geodaten, Abstrahlwinkeln und Funkverbindungen die Bewegungsprofile der führenden Ludwigsburger Black Jackets.

Wie schon oft zuvor erklärten die Angeklagten, dass man das kürzlich fusionierte Chapter Ludwigsburg/Stuttgart aufgelöst habe. Ob dies nur aus Alibigründen erklärt wurde, um das Gericht zu beruhigen und die eigene Aktivität herunterzuspielen, blieb ungeklärt. Die Polizei konnte wieder einmal keine gesicherten Erkenntnisse vorlegen.

Die Richterin sah den Haupttäter der Gelderpressungen in dem Vizepräsidenten des Ludwigsburger Black-Jackets-Chapters und verurteilte ihn zu vier Jahren Haft. Ein weiteres Gangmitglied wurde zu drei Jahren Gefängnis verurteilt. Drei 210er erhielten Bewährungsstrafen, darunter der Ludwigsburger Chapter-Präsident, der mit einer zweijährigen Bewährungsauflage davonkam. Strafmildernd sah das Gericht seinen angeblichen Rückzug aus der Gang zu der Zeit, als die Erpressungen sich häuften. Der sechste Beschuldigte wurde freigesprochen. In ihrer Urteilsbegründung bewertete die Richterin die Black Jackets weder als eine kriminelle Vereinigung noch als eine Bande im juristischen Sinne.

Nach dem Urteil verfolgte die Polizei den Vorwurf der illegalen Hundekämpfe weiter. Ins Visier ihrer Ermittlungen gerieten ein 37-jähriger türkischer Staatsangehöriger mit engen Verbindungen zu den Black Jackets sowie ein 44-jähriger Mann aus Bayreuth. Auf seinem gesicherten Anwesen stießen die Einsatzkräfte am 18. Februar 2013 auf sieben anatolische Herdenschutzhunde, sogenannte Kangals, sowie auf zahlreiche Videodateien von bereits veranstalteten Hundekämpfen. Es wird noch einige Zeit dauern, bis die umfangreichen Videoaufzeichnungen vollständig ausgewertet sind, es zeichnen sich jedoch bundesweite Strukturen ab.

Bereits im April führte eine Spur zu dem 37-Jährigen und seinem Kangalrüden Hektor. Der 70-Kilo-Hund soll von Black-Jackets-Mitgliedern missbraucht worden sein, um Personen einzuschüchtern und diesen Geld abzupressen. Außerdem steht fest, dass der Kangal im September 2011 im Leipziger Raum zu einem illegalen Hundekampf gebracht wurde. Dort trat er gegen einen Kangal des 44-jährigen Bayreuthers an.

Das Veterinäramt Bayreuth prüft derzeit, ob dem 37-jährigen Türken die Hundehaltung verboten werden kann. Die Ermittlungen dauern an.

Die Zukunft gehört den Gangs

Laut Zensus aus dem Jahr 2011 verfügten 15 Millionen der 80,2 Millionen Einwohner Deutschlands über einen Migrationshintergrund, dies entspricht einem Prozentsatz von 18,9 Prozent an der Gesamtbevölkerung. Die Anzahl wächst durch Zuzug und eine hohe Geburtenrate ständig, so verfügen bundesweit bereits 34,9 Prozent aller Kinder unter fünf Jahren über einen Migrationshintergrund.

Da der überwiegende Teil der Black Jackets und anderer hier zu analysierender Gangs aus Migranten besteht und auch weiterhin junge Männer vor allem aus der Türkei, dem ehemaligen Jugoslawien und dem Nahen Osten rekrutiert werden, ist ein Blick auf die Bevölkerungsstruktur der besonders gangauffälligen Städte interessant.

Esslingen beispielsweise, eine der am blutigsten umkämpften Städte, weist mit 36 Prozent einen überdurchschnittlich hohen Migrantenanteil auf, wobei einzelne Stadtteile bereits durch eine mehrheitlich ausländische Bevölkerungsstruktur geprägt sind.

Auch dass ausgerechnet Heidenheim die Gründungsstadt der Black Jackets gewesen ist, erstaunt bei einem Blick auf die Zahlen nicht. Im Juni 2012 wiesen dort 60 Prozent aller Kinder in den Kindergärten einen Migrationshintergrund auf, wobei angemerkt sei, dass in dieser Statistik nur jene Kinder berücksichtigt sind, die in einer Kita angemeldet waren.

Pforzheim als weiterer Schwerpunkt der Gangaktivitäten verzeichnet 46,6 Prozent Einwohner mit Migrationshintergrund, einzelne Stadtteile übertreffen diese Zahl: Oststadt 61,9 Prozent, Au 60,8, Innenstadt 59,2, Weststadt 59,6 und Buckenberg 56,7 Prozent. Bei den unter Dreijährigen liegt der Anteil der Kinder mit Migrationshintergrund in der gesamten Stadt bereits bei 71,1 Prozent. 71,1 Prozent.

Und Stuttgart, eine der größten Machtbastionen mehrerer verfeindeter Gangs, verfügte nach der neuesten Volkszählung über einen Anteil von knapp 39 Prozent von Menschen mit Migrationshintergrund, während er bei den unter 5-Jährigen bereits auf 64 Prozent angewachsen war.

Die Bundeszentrale für politische Bildung wartet mit weiteren Zahlen auf: 14,1 Prozent der Personen mit Migrationshintergrund verfügen über keinen allgemeinen Schulabschluss, 40,6 Prozent über keinen berufsqualifizierenden Abschluss. Bei der deutschen Vergleichsgruppe liegen die Werte bei 1,8 beziehungsweise 15,9 Prozent.

Soziologen beschreiben die Lebensumstände der Gangmitglieder als »prekäres Migrantenmilieu«. Es handelt sich also um Menschen, die als sozial und kulturell entwurzelt gelten. Man muss kein Untergangsprophet sein, um einen Zusammenhang zwischen einem wachsenden Migrantenanteil in den Städten und der rasanten Ausbreitung von Gangs wie den Black Jackets, United Tribuns und der Red Legion zu sehen.

Schaut man sich Studien zum demografischen Wandel in Deutschland an, beispielsweise die des Deutschen Olympischen Sportbundes, gehen die Experten von einem Migrantenanteil im Jahr 2050 von 30 Prozent der Gesamtbevölkerung aus. Mehr als die Hälfte aller unter 30-Jährigen werden nichtdeutscher Herkunftssprache sein. Über 50 Prozent! Das ist eine Zahl, die in diesem Zusammenhang durchaus besorgniserregend klingt.

Angstszenarien zu verbreiten ist nicht der Sinn dieses Buches, doch eines lässt sich anhand der Zahlen vorhersagen: Die Gangs werden ein großer Profiteur dieser Entwicklung sein. Sie werden ohne Probleme ihre rasante Expansion beibehalten können, ihr Wachstum sogar noch steigern. Bei zunehmender Gettoisierung, die inzwischen ganze Stadtteile betrifft, sowie der Verrohung immer größerer Teile der Gesellschaft wird sich ihr Rekrutierungspotenzial innerhalb der sozialen Brennpunkte niemals erschöpfen.

Wie auch immer die Bevölkerung und der Staat als Ganzes die Entwicklungen der nächsten Jahre und Jahrzehnte verkraften werden, ein explosives Nebenprodukt des demografischen Wandels steht bereits jetzt fest: Die Zukunft gehört den Gangs.

Kokain

Drogen, immer wieder Drogen. Ganz gleich, ob Kokain, Amphetamine, Marihuana oder Anabolika, die Liste der Drogenstraftaten seitens der Black-Jackets-Mitglieder verlängerte sich von Woche zu Woche. Speziell der Handel von Anabolika und Steroiden nahm immer größere Ausmaße an. Was nicht verwundert, da die Gewinnspanne, die beim Handel mit diesen Mitteln zu erzielen ist, die des Drogenhandels noch übertrifft, und dies bei deutlich geringeren Strafandrohungen.

Die Ermittlungen, um die es im Folgenden gehen soll, wurden im Mai 2011 durch die Aussage eines Geschäftsmannes ausgelöst. Ein 28-jähriger Libanese bedrohte den Mann und forderte Schutzgeld. Um seine Drohungen zu verstärken, wies der Libanese auf seine Gangzugehörigkeit und seine hohe Stellung innerhalb der Black Jackets hin.

Nach einer fingierten Geldübergabe wurde der Gangster von einem Spezialeinsatzkommando überwältigt und in Untersuchungshaft genommen, wo er die Erpressung sowie seine Zugehörigkeit zu den Black Jackets einräumte.

Erst durch die daraus resultierenden Ermittlungen zur Schutzgelderpressung gerieten 17 weitere Gangmitglieder im Stuttgarter und Ludwigsburger Raum in den Fokus der Staatsanwaltschaft. Am 25. Oktober 2011, einem frühen Dienstagmorgen, um 6 Uhr startete eine Großrazzia mit 450 Polizisten, darunter zahlreiche Spezialeinsatzkommandos, die in 22 Wohn- und Geschäftsräume und Clubheime in Stuttgart, Ludwigsburg, Remseck, Markgröningen, Schwieberdingen, Bönnigheim und Kirchheim eindrangen und diese anschließend durchsuchten. Der Schwerpunkt der Aktion richtete sich auf die zwölf Kilometer nördlich von Stuttgart liegende, knapp 90 000 Einwohner zählende Kreisstadt Ludwigsburg. Die Einsatzkräfte erschossen dabei einen aggressiven Staffordshire Bullterrier, beschlagnahmten drei weitere Kampfhunde, dazu 300 Gramm Kokain, das bereits in verkaufsüblichen Mundplomben portioniert war, Anabolika, 100 Gramm Amphetamine, Marihuana, mehrere Tausend Euro Bargeld, Baseballschläger, Knüppel, Schreckschusswaffen, 1200 Schuss scharfe Munition, schriftliche Unterlagen und mehrere Computer. Von den 17 Verhafteten steckte der Richter zehn Gangmitglieder wegen gewerbs- und bandenmäßigen Kokain- und Cannabishandels in zunächst 21 Fällen sowie wegen des Besitzes von scharfen Schusswaffen in Untersuchungshaft.

Die Haftbefehle gegen den 28-jährigen türkischen Chapter-Präsidenten des South West Ludwigsburg sowie gegen zwei weitere hochrangige Mitglieder, einen 32-jährigen Türken und einen 27-jährigen deutschen Staatsbürger türkischer Herkunft, bestätigte das Amtsgericht Stuttgart bereits am frühen Dienstagnachmittag. Die Führungscrew der Gang wurde sofort in unterschiedlichen Justizvollzugsanstalten untergebracht.

Bei einem anderen 24-jährigen Mitglied der Black Jackets stieß die Polizei unverhofft auf gestohlene Schmuckstücke, die der Gangster zusammen mit drei Mittätern bei verschiedenen Wohnungseinbrüchen im Kreis Ludwigsburg erbeutet hatte. Der Wert des Diebesgutes wurde mit 4000 Euro angegeben. Auch dieses Mitglied wanderte in Untersuchungshaft.

Die ersten Urteile in diesem Verfahren sprach das Stuttgarter Landgericht im Mai 2012 gegen zwei Gangmitglieder im Alter von 26 und 34 Jahren aus. Die Angeklagten gestanden, Kokain in den Niederlanden zum Grammpreis von 50 bis 60 Euro gekauft und mit einem Aufschlag von 10 Euro pro Gramm weiterverkauft zu haben. Infolge der Aussage gab sich das Gericht versöhnlich und verurteilte die beiden Rauschgifthändler lediglich zu Haftstrafen von eineinhalb und drei Jahren.

Bei dem kriminellen Treiben der Führungscrew verwundert es nicht, dass immer mehr junge Gangmitglieder diesen nacheiferten und einen schwunghaften Kokainhandel aufzuziehen begannen – etwa ein 20-jähriger Mann aus dem Chapter in Ludwigsburg. Das Jugendschöffengericht sah den Angeklagten zugehörig zu einem 18-köpfigen Händlerring, der zwischen August und Oktober 2011 beinahe täglich Kokaingeschäfte abgewickelt hatte. Nachgewiesen wurden dem 20-Jährigen drei Kokaindeals mit bis zu 20 Gramm Stoff. Das Vollmitglied dealte zusätzlich innerhalb der Bande mit Anabolika, welche er wie das Kokain auch selbst konsumierte.

Sein Verteidiger erklärte vor Gericht, dass die Aussicht auf einfachen und schnellen Profit seinen Mandanten erst in die Gang gezogen habe, wo er schnell dem Irrtum aufgesessen sei, mit dem Drogenhandel 10 000 Euro monatlich fürs Nichtstun verdienen zu können. Richtig Kasse machten jedoch lediglich die Black Jackets, die in der Ganghierarchie ganz oben stünden. Weiterhin bezeichnete der Rechtsanwalt die Struktur der Gang als »Unglücksmaschine«. Über das Motto »Friends Forever« könne man nur lachen.

Der Richter folgte weitestgehend dem Plädoyer des Anwaltes und stellte fest, dass der Hauptgrund für das Abrutschen des Lagerarbeiters in die Kriminalität in seiner Gangzugehörigkeit liege. Er verurteilte den 20-Jährigen wegen gewerbsmäßigen Kokainhandels zu einer Bewährungsstrafe von einem Jahr und vier Monaten und gab ihm mit auf den Weg, dass die Bewährung davon abhänge, ob er sich von der Gang distanziere oder nicht. Es wurde ein Kontaktverbot zu den Black Jackets ausgesprochen, das durch einen Bewährungshelfer überprüft werden sollte.

Am 17. Mai 2013 gelang der Reutlinger Polizei ein weiterer Schlag gegen die mit Drogen handelnden Gangmitglieder. Eine siebenköpfige Bande wurde von der Staatsanwaltschaft des gewerbsmäßigen Kokainhandels beschuldigt. Fünf der Beschuldigten steckte der Haftrichter in Untersuchungshaft. Maßgeblich an dem Kokainring beteiligt waren Black-Jackets-Mitglieder. Zwei der Inhaftierten werden zudem gewerbsmäßiger Taschendiebstahl und Hehlerei mit Zigaretten vorgeworfen. Die Polizei beschlagnahmte in acht Objekten 15 000 Euro Bargeld, diverse Betäubungsmittel, Schlag- und Stichwaffen sowie eine scharfe Schusswaffe samt Munition.

Man braucht sich keiner Illusionen hinzugeben: Wenn im Gangzusammenhang von Kokainkonsum oder -sucht die Rede ist, hat das nichts mit dem einst glamourösen Partystoff zu tun, den sich die Reichen und Schönen durch die Nase ziehen. Der Reinheitsgehalt des Kokains dürfte dort nach wie vor bei 50 bis 70 Prozent liegen. In der urbanen Unterschicht und dem prekären Migrantenmilieu, aus dem die Gangmitglieder rekrutiert werden, zirkuliert Stoff, der so oft verschnitten und gestreckt ist, dass er sonst wohl nur hinter den Gefängnismauern noch Abnehmer finden würde.

So wird der Rauschstoff mit Atropin vermischt, einem verschreibungspflichtigen Parasympatholytikum, das auch bei der Reanimation intravenös eingesetzt wird. Ein weiteres beliebtes Streckmittel ist Levamisol, ein Arzneistoff, der zur Entwurmung verwendet wird. Die amerikanische Drogenbekämpfungsbehörde DEA hat 2011 in über 80 Prozent aller Kokainproben Levamisol festgestellt. Meistens wird das mit hohen gesundheitlichen Risiken behaftete Mittel direkt bei der Herstellung auf den südamerikanischen Farmen beigemischt, wo es in großen Mengen verfügbar ist.

Neben Milchzucker, Mannit, Inosit und Glukose wurden etwas über zwei Dutzend pharmakologische Substanzen nachgewiesen, die einerseits als Streckmittel dienen und andererseits durch ihre spezielle Wirkung den Konsumenten über die schlechte Qualität des Kokains hinwegtäuschen sollen. Festgestellt wurden: Phenacetin, Koffein, Benzocain, Paracetamol, Diltiazem, Tetramisol, Amphetamin, Ibuprofen, Acetylsalicylsäure, Ascorbinsäure, Ephedrin, Hydroxyzin, MDMA, Methamphetamin, Pholedrin, Articain, Diacetylmorphin, Ketamin und Phenmetrazin.

Zusätzlich werden dem Kokain billige Lokalanästhetika wie Lidocain und Tetracain zugesetzt, die für die meisten der Kokaintoten verantwortlich sind. Durch die lokalanästhetischen Wirkungen dieser billigen Streckmittel wird beim Zungentest ein hoher Kokaingehalt vorgetäuscht, tatsächlich können diese Stoffe aber eine Lähmung des zentralen Nervensystems hervorrufen, die sich bis auf das Herz ausdehnt. Bei Konsumenten, die an einem eigentlich harmlosen Herzfehler leiden, kann der erste Kokainkonsum so schon der letzte sein. Bei Dutzenden Drogentoten ist dieser Zusammenhang rechtsmedizinisch belegt.

Das BKA hat 2003 in einem Lagebericht festgestellt, dass der durchschnittliche Anteil des Kokainwirkstoffes bei sichergestellten Mengen von unter einem Gramm der Droge nur noch bei rund 30 Prozent lag, Tendenz stark fallend. Je kleiner die gekaufte Menge, desto schlechter ist oftmals der Reinheitsgehalt der Droge. Jeder Zwischenhändler, jeder Dealer streckt den Stoff, um seinen eigenen Profit zu steigern. Es wurde schon »Kokain« beschlagnahmt, das nur noch 1 Prozent Kokainbase erhielt. Auf den Straßen der sozialen Brennpunkte dürfte ein Reinheitsgehalt von lediglich 10 bis 20 Prozent zirkulieren.

Die entstehenden Kokaindepressionen und die fehlende Wirkungskraft der Droge infolge der starken Verunreinigung werden häufig durch den Mischkonsum mit anderen Drogen wie Alkohol, Cannabis und Heroin zu kompensieren versucht. Dieser Mischkonsum birgt größte Gefahren für die Organe des menschlichen Körpers, speziell für die Leber und das Herz-Kreislauf-System.

Ein Teufelskreislauf.

Glamourös ist da nichts mehr.

Polizei vs. Black Jackets

Polizisten sind immer im Dienst, so heißt es im Volksmund über die Staatsbürger in Uniform. Und tatsächlich würden wohl die meisten Beamten einschreiten, wenn sie privat Zeuge einer gravierenden Straftat würden. Bei kleineren Vergehen reagieren Polizisten unterschiedlich und schauen auch schon mal in die andere Richtung, etwa wenn der Nachbar angetrunken Auto fährt, ein Verwirrter in der Fußgängerzone krakelt oder ein betrunkener 19-Jähriger vor einem Festzelt leere Bierflaschen durch die Gegend tritt.

Genau Letzteres war die Situation am 22. Juni 2012 am Rande einer Party auf dem revitalisierten Salamander-Areal in Kornwestheim. Kornwestheim ist eine Stadt mit mehr als 30 000 Einwohnern im Landkreises Ludwigsburg. Der 34-jährige Polizist, der sich selbst als couragiert bezeichnet, war außer Dienst und genoss mit seiner Frau zusammen den ersten »babyfreien« Abend seit Langem. Als er das Partygelände verließ, beobachtete er, wie der angetrunkene Jugendliche gegen die Glasflaschen trat. Er entschied sich jedoch, nicht wegzuschauen, sondern einzugreifen, und löste damit eine folgenschwere Reaktion aus. Der 19-Jährige war kein normaler Jugendlicher, er war hochgradig aggressiv, betrunken – und Mitglied der Black Jackets.

Zudem war er nicht allein. In seinem Gefolge fanden sich noch weitere Gangmitglieder, die als solche nicht auszumachen waren, da sie in dieser Nacht ihre schwarzen Jacken zu Hause gelassen hatten. Und noch etwas verschärfte die Situation: Einige der 210er hatten den Polizisten wiedererkannt, da dieser sie in der Vergangenheit des Öfteren kontrolliert hatte. Das Verhängnis nahm seinen Lauf.

»Was soll der Scheiß?«, habe der Polizist den Randalierer angesprochen, wie er später selbst aussagte. Er hatte gedacht, damit sei die Lage behoben, doch er irrte sich, die Situation kippte. Der Ludwigsburger Nachwuchsgangster reagierte aggressiv auf diese Aufforderung.

Wollte oder musste er sich vor seinen Gangfreunden beweisen?

»Sie wollten sich nicht zurechtweisen lassen« – der Jugendliche sei auf Streit aus gewesen, so formulierte es später die Richterin der 4. Großen Jugendstrafkammer des Stuttgarter Landgerichts.

Der 19-Jährige baute sich provozierend vor dem erwachsenen Mann auf, die Szenerie wurde mit einem Schlag bedrohlich. Der Polizist ging verbal in die Offensive und wählte nun deutliche Worte: »Verpiss dich!«

Da der Gangster sich nahe vor ihn gestellt, ihm regelrecht auf die Pelle gerückt war, schob er ihn mit der flachen Hand von sich weg.

Immer wieder ging der Jugendliche auf den Polizisten zu, bis er beim letzten Anrücken schließlich das Verhalten änderte und die Hände hinter seinem Rücken verbarg, bevor er sich dem Polizisten in herausfordernder Weise näherte.

Das Messer scheint sich bei den Black Jackets mittlerweile als Standardbewaffnung etabliert zu haben. Immer schneller und immer skrupelloser sind sie bereit, diese Waffe einzusetzen, und auch vor Polizisten schrecken sie nicht mehr zurück. Da es sich im Fall des 19-Jährigen um ein verbotenes Einhandmesser handelte (Kauf oder Gebrauch etwa zur Jagd sind erlaubt, das Mitführen jedoch nicht), konnte das Gangmitglied es hinter seinem Rücken mit nur einem Daumenschub öffnen.

Der junge Mann stach dem Polizisten ohne Vorwarnung in den Bauch und verletzte ihn schwer. Er fügte dem Kriminalbeamten eine acht Zentimeter tiefe Wunde unterhalb des linken Rippenbogens zu. Der Schnitt spaltete die Bauchdecke und verfehlte nur knapp die Hauptschlagader. Wäre die Bauchaorta durchtrennt worden, hätte akute Lebensgefahr bestanden, wobei infolge der geöffneten Bauchdecke tatsächlich die Gefahr einer möglichen Infektion bestand, so die spätere Aussage des behandelnden Arztes.

Trotz blutender Wunde verfolgte der Polizist den flüchtenden Messerstecher und alarmierte seine Kollegen und die Security vor Ort. In dem ausbrechenden Tumult wurden die Beamten und Mitarbeiter von weiteren Jugendlichen bedroht: »Weißt du überhaupt, wer ich bin? Ich bin ein gefährlicher Black Jacket!« Ein anderer 18-Jähriger bezeichnete sich gar als Präsident des örtlichen Chapters.

Vor Gericht freilich wollten die jungen Männer von diesen Äußerungen nichts mehr wissen und erlitten einen »kollektiven Gedächtnisschwund«, sobald es um das Thema Black Jackets ging.

Der Polizist benötigte drei Monate, um wieder voll dienstfähig zu werden. Er gab an, jeden Tag an diesen Vorfall zu denken. Seine 32-jährige Ehefrau berichtete davon, dass sie erst zwei Monate nach der Tat wieder in der Lage gewesen sei, das Haus am Abend zu verlassen.

Die Richterin sah es als erwiesen an, dass der Täter um die Gefährlichkeit seines Angriffes wusste, »aber es war ihm egal«. Zur Tatzeit ermittelte der Sachverständige eine Alkoholisierung von 1,98 Promille, der jedoch keine weitere Relevanz zugeschrieben wurde, da der Angeklagte jederzeit seine volle Steuerungsfähigkeit besessen habe. Der Streetgangster selbst berichtete von Geldproblemen und seinem überzogenen Konto, da er bereits als Jugendlicher Geld verspielt und Sportwetten betrieben habe. Sein Lehrlingsgehalt habe zudem nicht für seinen Alkohol- und Drogenkonsum ausgereicht, ganz davon abgesehen, dass er den monatlichen Mitgliedsbeitrag an die Black Jackets habe zahlen müssen.

Vor Gericht wurde vor allem um die eine Frage gestritten: Mord oder Totschlag? Da der Angeklagte das Messer zunächst verborgen hatte, sah der Staatsanwalt das Mordmerkmal der Heimtücke als erwiesen an. Der Verteidiger des Gangmitglieds war anderer Auffassung, gerade die auf dem Rücken verborgenen Hände hätten dem ausgebildeten Polizisten eine deutliche Warnung sein müssen. Dieser Auffassung schloss sich die Richterin weitestgehend an, sie bewertete den gefährlichen Messerangriff zwar als hinterlistig, jedoch nicht als heimtückisch. Auf die Gangzugehörigkeit des Ludwigsburgers und auf die weiteren anwesenden Black Jackets ging die Richterin in ihrem Urteilsspruch nicht näher ein. Unter tränenreicher Anteilnahme der gesamten Täterfamilie verurteilte sie den 19-Jährigen nach vier Verhandlungstagen am 21. Januar 2013 wegen versuchten Totschlags zu drei Jahren und sechs Monaten Haft. Der 19-jährige wurde daraufhin von der Untersuchungshaft in eine Justizvollzugsanstalt verlegt.

Trotz strafmildernder Deals im Dutzend und zigfach gewährter Bewährungschancen füllen sich die Gefängnisse weiter mit Gangmitgliedern …

Sufinal (Euer Ende)

Die Ausdehnung der Black Jackets hatte bereits die größten Teile ihres Stammlandes Baden-Württemberg erfasst. Nun stieß die Expansion jedoch an die nördliche Landesgrenze, bis an die Region Heilbronn. Schon kurz nach der Gründung des örtlichen Chapters im Jahr 2009 fielen die schwarz-weißen Gangster negativ auf: 2010 sah man sie auf dem städtischen Volksfest, im darauffolgenden Jahr veranstalteten sie einen martialischen Marsch durch die Stadt. »Sie verbreiteten Angst und Schrecken durch ihr Auftreten und ihre niedrige Gewalthemmschwelle«, so der Chef der Polizeidirektion Heilbronn.

In der mit 125 000 Einwohnern sechstgrößten Stadt im Südwesten der Republik wurden von Juli 2011 bis Mai 2012 nicht weniger als 27 Einzelstraftaten von den Gangstern verübt, davon 20 schwerwiegende. Registriert wurden Raubüberfälle, Rauschgifthandel, Erpressung, Wohnungseinbrüche, Freiheitsberaubung, Landfriedensbruch und Körperverletzung. Auslöser dieser Straftatenserie sollen der 37-jährige türkische Präsident und sein 21-jähriger iranischstämmiger Vize sein, die sich dazu entschlossen hatten, ihren Lebensunterhalt fortan einzig durch Straftaten zu finanzieren, so die Ermittlungsgruppe der Polizei.

Zum Ärger der Black Jackets gab die ermittelnde Sonderkommission (Soko) sich den spanischen Namen Sufinal (»Euer Ende«). Die Soko sammelte ihre Erkenntnisse fast vollständig in einem nur dreimonatigen Überwachungszeitraum. Die Black Jackets sprachen wegen der Namensgebung der Soko von einer Provokation des Staates gegen ihre Gang – eine Sichtweise, auf die man vor dem Hintergrund der eigenen Vergehen erst einmal kommen muss.

Vor dem Landgericht Heilbronn wurden im Zusammenhang mit der Kriminalitätswelle ab Februar 2013 sieben Black Jackets des Drogenhandels, der gefährlichen Körperverletzung, der Freiheitsberaubung und des schweren Bandendiebstahls angeklagt. Unter den Anklagepunkten fanden sich auch zwei Raubüberfälle auf Tankstellen, bei denen mehrere Tausend Euro erbeutet wurden. Bei beiden Überfällen wurden die Kassiererinnen mit Schusswaffen bedroht, eine Extremsituation, die bei beiden Frauen schwere Traumata hervorrief.

Ferner wertete die Staatsanwaltschaft die Gang als »bandenmäßig organisierte Vereinigung« mit streng hierarchischem Aufbau. Sie beschuldigte den Präsidenten und seinen Vize, die Auftraggeber fast aller aufgeführten Straftaten zu sein. Selbst in den Zeiträumen, welche die Beschuldigten in Haft oder einer stationären Therapie verbracht hatten, waren sie tätig geworden: Die Gangmitglieder verübten während der ihnen gewährten Hafturlaube gleich die nächsten Straftaten.

Neben den Haupttätern wurden der Sergeant at Arms des Chapters, zwei Prospects und zwei Supporter im Alter von 19 bis 37 Jahren angeklagt, die alle angaben, arbeitslos zu sein. Das Gericht plante vorerst (Az. 2 KLs 64 Js 3780/12 Hw) mit 17 Verhandlungstagen und 62 Zeugen, darunter auch einem Kronzeugen aus den Reihen der Black Jackets.

Das Landgericht Heilbronn ordnete während des gesamten Verfahrens umfangreiche Sicherheitsvorkehrungen an, es gab Metallschleusen und intensive Körper- und Taschenkontrollen der Besucher. Im Gerichtssaal wurden bewaffnete Polizisten stationiert. Während sich einige Angeklagte in Hemd und Pullover zwängten, trat der bullige türkische Präsident in einem schwarz glänzenden Adidas-Jogginganzug in Lederoptik und goldenen Streifen vor die Richterbank. Das Outfit wird in Onlineshops als »absoluter Blickfang« beworben.

Zunächst machten zwei Fußsoldaten Angaben zu ihren Lebensläufen, die jedem Integrationsbeauftragten und Sozialarbeiter die Verzweiflungstränen in die Augen getrieben hätten.

Der Erste, bereits in der Schule auffällig wegen seines aggressiven Verhaltens, flog aus mehreren Bildungsstätten. Seine Drogenkarriere begann mit 14 Jahren, Marihuana, Speed, Ecstasy. Einer regulären Tätigkeit war der inzwischen 19-Jährige noch nicht nachgegangen. Ob er seine Exfreundin geschwängert hat, wird aktuell in einem Vaterschaftstest geklärt.

Ein weiterer Angeklagter war ebenfalls mehrfach von der Schule geflogen, sein Kokainkonsum soll durch die Trennung der Eltern ausgelöst worden sein. Seinen Lebensinhalt umschreibt er mit »feiern«, wofür er eigens einen Kredit aufgenommen habe.

Erst am 25. November 2013, nach 30 Sitzungstagen, endete dieser Prozess, jedoch nicht, bevor es eine Absprache über den Strafrahmen gegeben hatte. Die Zermürbungsstrategie der Verteidiger wurde wieder einmal mit einem Deal belohnt: Geständnisse im Tausch gegen einen deutlichen Strafrabatt. Die höchste Strafe erhielt ein 23-jähriges Gangmitglied der mittleren Ebene wegen zweier bewaffneter Raubüberfälle auf Tankstellen und diverser Körperverletzungen: sieben Jahre und drei Monate Haft. Gegen einen Drogenhändler der Gang war bereits zuvor eine sechsjährige Haftstrafe ausgesprochen worden. Die anderen Angeklagten wurden wegen schweren Raubes, Drogenhandels und Körperverletzung ebenfalls zu Gefängnisstrafen verurteilt, die drei Jahre nicht unterschritten. Unverständlicherweise befand das Gericht jedoch, dass der Gruppe eine »Bandenstruktur« nicht nachweisbar sei.

Aufgrund der nicht enden wollenden juristischen Anschuldigen sah sich die Gangführung schließlich zum Handeln gezwungen. Der »Worldpräsident« Sedat K. und der »General Manager« Ralf H. beriefen im Juni 2012 ein bundesweites Krisentreffen der Black Jackets ein und verpflichteten sämtliche Chapter-Präsidenten Deutschlands zur Teilnahme.

Der Sommer 2012 war geprägt von der schlagzeilenträchtigen Berichterstattung über den Rockerkrieg zwischen den Hells Angels und dem Bandidos MC. Die Öffentlichkeit war geschockt von deren Brutalität auf deutschen Straßen und forderte von der Politik entschiedene Maßnahmen gegen die Gewalt. Die Innenminister diskutierten über die bundesweiten Strukturen der Rockergangs und reagierten mit einem halben Dutzend Charter- und Chapter-Verboten. Unmittelbar vor dem eilig einberufenen Präsidententreffen der 210er wurden Rockerclubs in Köln, Aachen und Berlin verboten, die Vereinskutten und -vermögen eingezogen und die Clubs zwangsaufgelöst.

In der Folge dieser Ereignisse schien es, als wollten die Black Jackets sich nicht nur bei den Strukturen der Rockerclubs bedienen, sondern auch deren Taktik der Selbstauflösungen übernehmen. Der General Manager verkündete umgehend das Ergebnis des Gangführungstreffens, das vor allem in der Auflösung des Heilbronner Chapters sowie des Wormser Chapter bestand, das sich eine Schießerei auf offener Straße mit einer kosovarisch-albanischen Türsteherbande geliefert hatte (dazu später mehr). Auch den 33-jährigen türkischen Präsidenten des Chapters Mannheim, der kurz zuvor zu einer fünfjährigen Haftstrafe verurteilt worden war, schloss man aus der Bruderschaft aus. Offiziell begründet wurden die Rausschmisse damit, dass man die kriminellen Machenschaften dieser Mitglieder nicht tolerieren könne.

Eine Antwort darauf, warum, dieser Argumentation folgend, nicht noch 200 oder 300 weitere straffällig gewordene Gangmitglieder ausgeschlossen wurden, blieb die Führungsriege jedoch schuldig.

210 – die Expansion

Es war nur eine Frage der Zeit, bis sich das Gangunwesen nach der epidemieartigen Ausbreitung im Süden Deutschlands und dem Überspringen auf ein knappes Dutzend weiterer Länder (Türkei, Serbien, Mazedonien, Niederlande, Tschechien, Slowenien, Schweiz, Thailand und Vietnam) auf den Rest der Republik ausbreiten würde. Nach der Gründung des Münchner Chapters im Jahr 2013, bei dem mühelos sofort über 40 Männer rekrutiert werden konnten, schwappte die nächste Gründungswelle der 210er den Rhein hinauf bis nach Bonn, von dort über die Kölner Bucht bis in die Domstadt und schließlich in eines der größten Ballungsgebiete Europas: in das Ruhrgebiet mit seinen rund fünf Millionen Einwohnern. Entsprechend fand das deutsche Präsidententreffen der Gang am 1. Dezember 2013 in NRW und dort in Neunkirchen-Seelscheid statt, einer kleinen Gemeinde rund 20 Kilometer nordöstlich von Bonn und 35 Kilometer südöstlich von Köln gelegen. Doch anstatt die über einhundert führenden Gangmitglieder zu überprüfen und aus der Anonymität zu holen, war lediglich eine Kölner Einsatzhundertschaft abgestellt worden.

Angesichts des zögerlichen staatlichen Vorgehens verwundert es dann auch nicht, dass sich unter der Last der schwarz-weißen Walze in Hagen, Gelsenkirchen, Aachen, Troisdorf und Datteln nun schwere Gewalttaten häuften. Es waren zahlreiche Verletzte zu beklagen und ein weiterer Toter.

Seit Anfang 2013 fiel in Köln-Bergheim eine Gruppe Black Jackets immer öfter negativ auf. Sie lungerten herum, tranken Alkohol. In ihrem Umfeld häuften sich Vandalismus und Einbruchsdelikte. Oft stand die Gruppe vor einem Telecafé und Kiosk in Bergheim-Quadrath-Ichendorf herum. Der Laden wurde vom 45-jährigen Nezed G. und seinem 19-jährigen Sohn im Erdgeschoss eines Hochhauses vis-à-vis des Bahnhof betrieben. Das elfstöckige Gebäude galt seit Langem als sozialer Brennpunkt.

Der Kioskbetreiber hatte im Laufe der Zeit über 20 Anzeigen bei der Polizei gestellt: Schutzgelderpressung, Einbruch, Diebstahl und Hausfriedensbruch. Doch die Polizei war nicht in der Lage, ihn und sein Geschäft vor den Black Jackets zu schützen.

Auch in der Nacht des 16. Februar 2013 gegen 02:00 Uhr hängen sechs Gangmitglieder vor dem bereits geschlossenen Lokal herum. Teil der Gruppe ist ein Landsmann des Kioskbetreibers, der 30-jährige Türke Selim D. Die Clique ist angetrunken und aggressiv. Da es in der vergangenen Zeit vermehrt zu Fällen von Sachbeschädigungen und diversen Einbruchsversuchen gekommen ist, schaut der Betreibersohn auch nächtens nach der Existenzgrundlage der gesamten Familie. In dieser Nacht trifft er dabei auf die Gangmitglieder. Bis auf Weiteres ist der Ablauf von der Polizei bereits rekonstruiert worden: Der 19-Jährige weigert sich, den Angetrunkenen Alkohol aus dem bereits geschlossenen Kiosk zu verkaufen. Deswegen wird er bedroht, beleidigt und schließlich von der Gruppe verprügelt und verletzt. Auch die Schaufensterscheibe des Ladens wird eingeschlagen. Der Verletzte ruft seinen Vater an, der sofort mit zwei weiteren Männern zum Kiosk rast. In seiner Hand hält er eine scharfe Schusswaffe, die er sich vor einiger Zeit illegal beschafft hat. Als er vor seinem Kiosk auf die Black Jackets trifft, kommt es zu einem Handgemenge. Nezed hebt die Waffe, zielt und schießt. Die erste Kugel verfehlt den türkischen Gangster noch, die zweite bleibt in seinem Oberschenkel stecken, die dritte durchbohrt seinen Oberarm und bleibt im Lungenlappen stecken. Die vierte Kugel durchschlägt seine Bauchdecke und bohrt sich tief in seinen Körper. Es ist ein schmerzvoller und lebensbedrohlicher Treffer. Da der Gangster nach dem Oberschenkeltreffer zu flüchten versucht und sich hinter einem Auto verschanzt, wirft die Staatsanwaltschaft der 5. Großen Strafkammer des Kölner Landgerichts dem Kioskbesitzer vor, »in Tötungsabsicht geschossen zu haben«.

Anstatt zu versuchen, die Blutungen des Getroffenen im Oberkörper- und Bauchbereich zu stoppen, ziehen ihn seine Kumpane in einen Hochhauseingang um die Ecke. Die von Anwohnern alarmierten Notärzte und Rettungssanitäter finden den 30-Jährigen erst 20 Minuten später. Zu spät. Seine letzten Worte röchelt der Sterbende seinen Gangbrüdern zu: »Mir ist kalt.« Noch auf dem Weg ins Krankenhaus verstirbt er.

Am Tatort stellt sich der Kioskbesitzer Nezed G. der Polizei und legt ein Geständnis ab, allerdings erst nachdem er sich seiner Tatwaffe entledigt hat. Trotz intensiver Suche der Polizei bleibt die Waffe unauffindbar. Der 45-Jährige wird vom Haftrichter wegen Totschlags in Untersuchungshaft gesteckt. Das Gericht geht von zehn Verhandlungstagen aus. Da in der Kölner Haftanstalt bereits mehrere Black Jackets einsitzen, muss der Mann aus Sicherheitsgründen in eine andere Haftanstalt verlegt werden.

Am folgenden Sonntagabend versammeln sich bis zu 75 Black-Jackets-Mitglieder am Tatort. Diese Machtdemonstration lässt sich einerseits als Trauerarbeit interpretieren, dient gleichzeitig aber der Einschüchterung der Gegenseite. Denn die Gerüchte überschlagen sich: Während der Tote dem Chapter Westend zugerechnet wurde, soll die Täterfamilie in Beziehung zu einer konkurrierenden Bande stehen. Da Racheakte der Gang gegen die Familie des Kioskbetreibers befürchtet werden, ordnet die Behörde einen umfangreichen Polizeischutz an.

Ein besonderer Umstand belegt einmal mehr, dass die Behörden nicht das Geringste über die sich schnell ausbreitende Gangsubkultur weiß: Die Polizei wurde komplett von der Zusammenrottung überrascht, ein Polizeisprecher gab später kleinlaut zu, dass die Polizei bis dato nicht einmal gewusst habe, dass sich ein Black-Jackets-Chapter vor Ort gegründet hatte. Hastig muss die Behördenführung Polizeikräfte aus Nachbarkreisen und der Stadt Köln zusammenziehen und darauf hoffen, dass sich die Streetgangster so lange friedlich verhalten, bis die 200 alarmierten Polizeikräfte am Brennpunkt eintreffen. In dieser Sonntagnacht bleibt es dann tatsächlich friedlich. In dieser Nacht …

Die Bevölkerung reagierte verängstigt und wütend zugleich. Eine berüchtigte Gang lief mit ihrem Colour durch die Stadt und steckte für alle sichtbar ihren Claim ab, die Straftaten häuften sich, und die Polizei blieb untätig. Ein Ladeninhaber ballerte in einem Akt der Selbstjustiz auf offener Straße ein Gangmitglied zu Tode, und was unternahm die Staatsanwaltschaft? Sie hechelte den Ereignissen hinterher und versuchte der Öffentlichkeit mit fadenscheinigen Argumentationen ein Gefühl von Sicherheit zu suggerieren, das schon lange nicht mehr existierte: »Die Zugehörigkeit des Opfers zu der Gruppierung spielte keine Rolle beim Tatgeschehen.«

Mit dieser Ansicht dürfte die Staatsanwaltschaft wohl ziemlich allein dastehen.

Das Black-Jackets-Chapter Westend verfügte über ein großes Einzugsgebiet, das sich über den Kölner Raum bis nach Bonn und dort insbesondere in den Stadtbezirk Bad Godesberg ausgebreitet hatte. Durch den regen Zulauf dauerte es nicht lange, bis sich auch in Köln ein eigenständiges Black-Jackets-Chapter gründete, auf dessen Facebook-Seite Selim kondoliert wurde. Bereits im November 2012 wurden zwei Lokale in der Nähe der Kölner Ringe, die der Rocker- und Gangszene zugeordnet wurden, Ziel einer Polizeikontrolle. Die rund 40 angetroffenen Personen gehörten größtenteils den Black Jackets und einem kurdisch dominierten Motorradclub an, dem Median Empire. Ende Mai 2013 folgte eine weitere Razzia in einem Kölner Lokal, in dem die Polizei den Sitz der Black Jackets Cologne vermutete. Auf den Kutten der rund 20 angetroffenen Gangster registrierte die Polizei neuartige Patches, die zuvor nur bei Rockergangs verwendet worden waren. Diese sollten den Gangmitgliedern untereinander helfen, ihren Bruder sofort einzuordnen und klären zu können, ob man sich im gleichen Geschäftsbereich bewegte. Die Patches lauteten Redlight District und Freefighter.

Ein Polizeisprecher begründete die Razzia damit, dass man künftigen Gewalttaten der 100 Gangmitglieder im Kölner Raum habe vorbeugen wollen und dass bekannt sei, »dass die Black Jackets sich über Straftaten finanzieren und definieren«.

Die schwarze Flut überschwemmte als Nächstes Hagen, »das Tor zum Sauerland«, eine knapp 200 000 Einwohner zählende Stadt im südöstlichen Teil des Ruhrgebiets. Ein 38-jähriger Anwohner schien einer fast schon vergessenen Auffassung von Zivilcourage anzuhängen, denn als er eine Sachbeschädigung des 31-jährigen türkischstämmigen Black-Jackets-Präsidenten beobachtete, schaute er nicht weg, sondern ging zur Polizei, erstattete Anzeige und stellte sich als Zeuge zur Verfügung. Die folgende Reaktion hätte er wohl in seinen schlimmsten Albträumen nicht für möglich gehalten: Wochen später wurde er unter einem Vorwand in das Clubhaus der Gang gelockt, wo ihm der bullige Präsident und sein 29-jähriger Sergeant at Arms, ebenfalls ein Türke, eine Falle gestellt hatten.

Sofort stürzten sich die beiden Gangster auf den Mann und knüppelten ihn mit verschiedenen Schlagwerkzeugen so brutal zusammen, dass er schwere Verletzungen erlitt. Zudem forderten sie ein »Strafgeld« in Höhe von 5000 Euro ein. Und damit nicht genug: Das Opfer war mit seinem Hund Gassi gegangen, als er in die Falle der Gangster tappte. Der Vierbeiner wurde nun mit einem Elektro-Taser beschossen. Als dessen Widerhaken sich im Körper des Hundes verkeilt hatten, jagten sie dem Tier 50 000 Volt starke Stromstöße durch den Leib.

Trotz aller Einschüchterungsversuche brachte der 38-Jährige auch diese Gewalttaten zur Anzeige. Im August 2013 beantragte die Staatsanwaltschaft Hagen Haftbefehl gegen die Gangbosse wegen versuchter räuberischer Erpressung, gefährlicher Körperverletzung, Nötigung und Bedrohung. Bei den Wohnungsdurchsuchungen beschlagnahmten die Beamten die Kutten der Black Jackets, diverse Schlagwerkzeuge, Anabolika und den Elektro-Taser.

Der Polizeisprecher sprach zwar von der »massiven Gewalt« der Gang, behauptete aber noch immer, die Menschen bräuchten sich keinerlei Sorgen zu machen, von einer Straßenbande terrorisiert zu werden.

Es ist nur noch eine Frage von Monaten, bis ganz Deutschland flächendeckend von den Black Jackets besetzt ist. Die Auswirkungen dieser Entwicklungen werden besonders in den Großstädten verheerend sein. Man braucht wenig Phantasie, um sich auszumalen, was passiert, wenn beispielsweise 200 Gangmitglieder aus den sozialen Brennpunkten Hamburgs ihren Machtbereich auf die Reeperbahn auszuweiten versuchen …

Brandstiftung will gelernt sein

Bei den Black Jackets war eine Professionalisierung der kriminellen Aktivitäten zu beobachten, die man sonst nur von mafiösen Netzwerken kennt. Genau genommen war allerdings nur die Planung der nächsten Tat gut durchdacht, die Durchführung hingegen dilettantisch.

Drei Mitglieder der Black Jackets reisten über 600 Kilometer aus dem Ruhrgebiet ins schwäbische Bad Wörishofen, wobei die Anreise über drei Ländergrenzen hinweg (Bayern, Hessen, Nordrhein-Westfalen) ihrer Enttarnung vorbeugen und die Ermittler vor immensen bürokratischen Aufwand stellen sollte. Ihr Angriffsziel im Juni 2013 war ein Wohn- und Praxisgebäude in der Nähe von Bad Wörishofen. Die Betreiberin der Praxis war als Heilerin tätig und bereits seit 2011 wiederholt schriftlich bedroht worden. Die Gangster im Alter von 22, 36 und 38 Jahren beabsichtigten nun, das gesamte Gebäude abzufackeln – vermutlich um ihren Erpressungen Nachdruck zu verleihen. Doch die Verwendung von Brandbeschleunigern in geschlossenen Räumen ist nicht so einfach und gefahrlos, wie es zu vermuten wäre. Die Black Jackets lösten beim Feuerlegen eine enorme Verpuffung und Explosion aus, von dessen Flammenball der 22- und der 36-Jährige schwere Brandverletzungen erlitten. Das halbe Haus wurde in die Luft gesprengt. In Panik verfrachtete der 38-Jährige die beiden Gangbrüder in seinen Wagen und raste los. Doch wie sollte er seinen Brüdern die dringend benötigte ärztliche Hilfe zukommen lassen, ohne selbst sofort verhaftet zu werden?

Er fuhr nicht zum nächsten Notfallkrankenhaus, sondern setzte die Schwerverletzten ganz einfach am Autohof Türkheim aus. So dauerte es einige Zeit, bis sie notärztlich versorgt werden und in eine Klinik gebracht werden konnten. Doch auch dort war ihr Gesundheitszustand noch so problematisch, dass der Arzt ihnen Vernehmungsunfähigkeit attestierte. Die Polizei war trotzdem in der Lage, sie sofort zu identifizieren. Der 22-Jährige stammte aus Bochum, der 36-Jährige aus dem Großraum Recklinghausen, beide ordneten die Behörden den Black Jackets zu.

Natürlich verfügt der Autohof Türkheim über ein Dutzend Überwachungskameras, die jeden Winkel des Geländes abdecken. Und natürlich war auf diesen Aufnahmen der 38-Jährige mit seinem Wagen und seinen beiden Gangbrüdern zu sehen. Und natürlich waren die Kennzeichen an dem Wagen nicht abgeklebt. Folglich wurde der Fahrer kurze Zeit später in NRW festgenommen und sein Wagen zur Beweismittelsicherung beschlagnahmt.

Dumm gelaufen!

Es dauerte über einen Monat, bis die Polizei das ärztliche Okay bekam und die schwer verletzten Gangmitglieder vernehmen durfte. Bei dieser Gelegenheit wurden ihnen sogleich die Haftbefehle wegen des Verdachts der schweren Brandstiftung verlesen. Einer der Black Jackets wurde sodann in die Krankenabteilung einer Justizvollzugsanstalt überführt. Der Zustand des zweiten Feuerteufels ließ dies weiterhin nicht zu, er bedurfte noch stationärer Behandlung.

Im August 2013 erhielt der Fall eine spektakuläre Wendung. Die Mieterin und Heilerin des Wohn- und Praxisgebäude, ihr Ehemann und ihr 20-jähriger Sohn wurden nun von der Polizei beschuldigt, die Gangmitglieder gezielt angeheuert und zur Brandstiftung angestiftet zu haben. Ob das Motiv des Brandanschlages, bei dem ein Schaden von knapp 200 000 Euro entstanden ist, ein Versicherungsbetrug ist oder der Angelegenheit vielleicht Mietstreitigkeiten zugrunde liegen, ist noch nicht abschließend geklärt. Es zeigt sich jedoch wieder einmal, dass die Gangmitglieder gegen entsprechende Bezahlung vor keiner Straftat zurückschrecken.

Bonn-Bad Godesberg – vom glamourösen Diplomatenviertel zur No-go-Area

Dass im Westen der Republik die Subkultur der Gangs auf fruchtbaren Boden stieß, dürfte nicht wirklich überraschen. Man war vom Rheingebiet bis hoch zum Pott mit der Gewalt und den Problemen der verschiedenen Machokulturen bereits bestens vertraut. Ob mit adrenalinberauschten Hooligantruppen, autonomen Nationalisten, die gewaltsam ihre politischen Ziele an den Mann brachten, oder den Rockergangs, die im Krieg um Macht und Profit im Rotlichtmilieu buchstäblich über Leichen gingen – man hatte schon genug Ärger gehabt. Nur für die Gastarbeiterkinder der zweiten und dritten Generation schien sich noch kein geeignetes Betätigungsfeld gefunden zu haben, was sich nun änderte – mit der Ausbreitung von Gangs wie den Black Jackets und United Tribuns.

Dass das Charter Westend ein besonders aggressiver Ableger der 210er war, deutete sich schon unmittelbar nach der Gründung an. Im Mai 2012 weilten mehrere Gangmitglieder in der Shisha-Bar »Dubai-Lounge« in Bonn-Bad Godesberg, um sich bei orientalischer Musik und Aprikosentabak vom anstrengenden Gangalltag zu entspannen. Gegen Mitternacht betraten zwei Cousins die Bar und begrüßten einen der ihnen bekannten 210er mit der angeblich kumpelhaft gemeinten Begrüßung: »Na, du Pisser!«

Die Atmosphäre schlug sofort um. Besonders ein 21-jähriges Gangmitglied, das die Polizei dem harten Kern des Westend-Chapters zurechnete, tat sich mit Aggressivität hervor. Ohne große Vorrede nahm er einen schweren Glasaschenbecher vom Tisch und schlug damit seinem Gegenüber fünf Vorderzähne aus. In der Shisha-Bar entstand sofort eine Massenschlägerei mit 20 Beteiligten. Bierflaschen wurden auf Köpfe geschlagen, es hagelte Tritte und Schläge, Stühle und Tische flogen umher.

Der Hauptgeschädigte musste stationär im Krankenhaus behandelt werden, bisher ist erst ein Zahn wiederhergestellt, für teure Implantate fehle ihm das Geld, so der Verunstaltete. In der Zeugenvernehmung berichtete er davon, dass die Black Jackets die Gewalt nutzen, um ihren gefährlichen Ruf auszubauen und sich bei ihren Erpressungsopfern leichter durchsetzen zu können. Zum 21-jährigen Haupttäter diktierte er dem Vernehmungsbeamten eine explizite Einschätzung in die Ermittlungsakte: »Der hält sich für den King von Godesberg. Der verbreitet Angst und Schrecken.«

Nur eine Woche nach der Massenschlägerei wurde dem Gangster außerdem vorgeworfen, gemeinsam mit einem Mittäter einen 27-Jährigen auf offener Straße angegriffen und zusammengeschlagen zu haben. Bis zum Prozessbeginn am 14. März 2013 wurde der Gangster in Untersuchungshaft gesteckt.

Vor Gericht war sich das Opfer der Aschenbecherattacke nur noch zu 70 Prozent sicher, dass es wirklich der Angeklagte war, der ihm in der ausbrechenden Massenschlägerei fünf Zähne ausgeschlagen hatte. Verurteilt werden konnte das Mitglied der Black Jackets deswegen nur für den Schlag mit einer halb vollen Bierflasche auf den Kopf eines Gegners. Gleich mitverhandelt wurde der Angriff auf den 27-Jährigen auf offener Strafe. Das Gericht formte aus beiden Taten eine Einheitsjugendstrafe von lediglich anderthalb Jahren auf Bewährung – ein Entgegenkommen der Justiz, das dem Bonner Stadtbezirk Bad Godesberg keine große Hilfe war.

Der harte Kern des Chapters Westend bestand im Sommer 2012 aus rund 30 Männern im Alter von 19 bis 24 Jahren. Nur ein Jahr später sollte sich ihre Mannstärke in Bad Godesberg, wo über 50 Prozent der Bewohner über einen Migrationshintergrund verfügen, nahezu verdoppelt haben, und das trotz Razzien, schwerwiegender Anschuldigungen und eines halben Dutzends Nachwuchsgangster, die in U-Haft gewandert waren. Auch im tiefsten Westen schien sich die Eigenaussage zu bewahrheiten, nach der die Black Jackets »die am schnellsten wachsende Gang Deutschlands« seien.

In dem vormals betulichen Bonner Diplomatenviertel verübten die Gangmitglieder nun eine Straftat nach der nächsten und versetzten die Anwohner in Angst und Schrecken. Vandalismus, Pkw-Aufbrüche, Diebstähle, Einbruchserien in Wohnungen und Geschäfte, Tankstellen- und Banküberfälle gehörten inzwischen zum Alltag. Die Straftaten verübten die Gangster zunehmend außerhalb ihrer Subkultur, sie richteten sich gegen Otto Normalbürger und verursachten damit Angst, Resignation und eine feindliche Atmosphäre.

Gymnasiasten des Viertels berichteten von Schlägereien, Angriffen mit Schlagringen und Baseballschlägern. Einige Schüler wurden gezielt als Opfer ausgewählt und ihrer Handys, Jacken und iPods beraubt. »Die Kanaken warten nur darauf, einen abzuziehen«, so ein 17-jähriger Schüler, der einen großen Bogen um den Stadtteil Bad Godesberg macht. Bisher hatten dort Migrantengangs wie die Brüser Berg Asis »BBA« oder die »MV« geherrscht, was für Medinghover Viertel steht. Eine Gang stellte jedoch alles Bisherige in den Schatten: die Black Jackets.

Am 16. Juni 2012 wurde ein Taxiunternehmer vor seiner Wohnung von drei Gangmitgliedern niedergeschlagen und seiner Einnahmen im Wert von 15 000 Euro beraubt. Der Geschäftsmann war durch einen Tippgeber in das Visier der Gangster geraten, der sich diesen Hinweis mit 5000 Euro bezahlen ließ. Wie später rekonstruiert werden konnte, war es ein ehemaliger Angestellter des Taxiunternehmens, der die brutalen Gangster mit Informationen über die Höhe und den ungesicherten Transport der Einnahmen unterrichtete. Das 61-jährige Opfer war bei seiner späteren Zeugenaussage vor Gericht noch deutlich von dem Raubüberfall gezeichnet. Er stockte im Satz, wirkte fahrig, nervös und verunsichert. Er berichtete von anhaltenden Schlafstörungen und Angstzuständen. »Ich habe immer Angst, wenn ich alleine bin – besonders wenn es dunkel ist.«

Nur wenig später, am 6. September, lagen fünf bewaffnete Jackets nachts in ihrem Wagen auf Lauer. Sie beobachteten die Wohnungsfenster eines Autohändlers. Als gegen zwei Uhr nachts das Licht gelöscht wurde, setzten sie sich lautlos in Bewegung. Mit Gewalt brachen sie die Wohnungstür auf und stürmten ins Schlafzimmer. Obwohl der Händler im Bett neben seiner Frau lag, bedrohten sie ihn mit einem Teleskopschlagstock und drückten ihm obendrein eine Waffe an den Kopf. Zeugen des Überfalles waren außerdem die Kinder des Paares. Auch das hielt die Straßengangster nicht zurück: Obwohl es ihnen gelang, 8000 Euro zu erpressen, schlugen sie den Mann vor den Augen seiner Familie bewusstlos.

Im Herbst 2012 gingen die Black Jackets noch einen Schritt weiter in Richtung der schweren Bandenkriminalität. Dass in der Vergangenheit massiv Zeugen eingeschüchtert worden waren und die meisten vor Gericht daraufhin einen umfassenden Gedächtnisschwund erlitten, ist zur Genüge protokolliert. Nun jedoch legten die Nachwuchsgangster Verhaltensweisen der italienischen Mafia an den Tag und gingen dazu über, gezielt auch Polizisten einzuschüchtern und zu bedrohen. Zunächst passten einige Gangmitglieder einen Polizisten vor seiner privaten Wohnungstür ab und schüchterten ihn ein. Dann folgte ein Vorfall im November des gleichen Jahres, als eine Diensthundeführerin mitten in der Bonner Innenstadt mit einem Messer bedroht wurde. Der Gangster drohte damit, dem Polizeihund den Hals »durchzuschlitzen«. Noch im Streifenwagen zum Polizeipräsidium bedrohte er die Beamten: »Ich gehe erst, wenn ich euch alle mit ins Grab genommen habe.« Der Streetgangster trug bei diesem Vorfall eine schusssichere Weste. »Das zeigt, dass damit gerechnet wurde, in einen Schusswechsel zu geraten. Das sagt einiges aus«, so ein Polizeisprecher später.

Die Black Jackets Westend schienen also nicht nur eine Schreckensherrschaft über Teile der Bevölkerung errichten zu wollen, sondern gegen Staatsorgane direkt vorzugehen. Die Polizei schlug mit tatkräftiger Unterstützung mehrerer Spezialeinsatzkommandos, 21 Diensthundeführern und insgesamt 290 Beamten mit einer Großrazzia am 23. Januar 2013 zurück. Die Polizeikräfte durchsuchten 33 Wohnungen und vollstreckten sechs Haftbefehle wegen schweren Raubes, gefährlicher Körperverletzung und bandenmäßigen Drogenhandels mit Kokain und Marihuana. Einen der neu ausgestellten Haftbefehle konnten die Beamten in einer Zelle der Justizvollzugsanstalt verlesen, da der dort bereits inhaftierte 21-jährige Shisha-Schläger abermals der Hauptbeschuldigte war.

Sichergestellt wurden eine scharfe Schusswaffe, Messer, Macheten, Samuraischwerter, Baseballschläger, Schreckschusspistolen, mehrere Hundert Gramm Marihuana, einige Tausend Euro Bargeld und diverse Black-Jackets-Kutten. Weiterhin richtete sich die Polizei mit einem Aufruf direkt an die Bevölkerung: »Personen, die Opfer einer Straftat dieser Gruppe geworden sind, aber aus Angst bislang keine Strafanzeige erstattet haben, sollten sich bei der Polizei melden.«

Auch das mutmaßliche Ziel der Black Jackets Westend nannte die Polizei bei einer Pressekonferenz. Es ging um nicht weniger als die »Beherrschung des Stadtteiles Bad Godesberg«.

Erst später gab die Staatsanwaltschaft bekannt, dass einige der Festgenommenen wegen zum Teil erheblicher Gewaltdelikte vorbestraft und nur unter Bewährungsauflagen auf freiem Fuß gewesen waren. Der Kern der Bande gehörte zu einer Godesberger Großfamilie, Brüder und Cousins, insgesamt bis zu zehn Männer, die Drogenkuriere und Fußsoldaten befehligten. Viele der Beschuldigten bewegten sich in der Türsteherszene und hatten bereits »einen Fuß in der Tür zum Rotlichtmilieu«. Weiterhin wurde festgestellt, dass keiner der Gangster einer Arbeit nachging, sondern der Lebensunterhalt vor allem durch den Drogenhandel finanziert wurde. Ein anscheinend sehr lukratives Geschäft: Die jungen Herren posierten im Internet vor einem Mercedes CLS sowie vor diversen Cabrios und BMW-Limousinen. Um dem Klischee Genüge zu tun, fehlten am Handgelenk auch die protzigen Uhren nicht.

Doch trotz aller schwerwiegenden Vorwürfe verschwieg die Presse wieder einmal die Nationalität der Täter und ging mit keinem Wort auf die multikulturelle Zusammensetzung der Gang ein.

Ein Kuriosum am Rande: Überrascht wurden die gut vorbereiteten Spezialeinsatzkommandos bei der Stürmung der Wohnungen dann doch – die Gangster lebten größtenteils noch bei Mami und Papi.

Im April 2013 schließlich begann eine regelrechte Prozessserie. Die Staatsanwaltschaft Bonn klagte ein heute 22-jähriges Mitglied der Black Jackets wegen räuberischer Erpressung an. Er wurde beschuldigt, eine in einem Schreib- und Lottoladen integrierte Filiale der Deutschen Post mit einer Schusswaffe überfallen zu haben. Bei dem Raubüberfall hatte er gemeinsam mit einem zweiten maskierten Täter die Betreiberinnen des Postshops mit einer Schusswaffe bedroht und gezwungen, den Safe zu öffnen. Sie erbeuteten 40 000 Euro in zwei Geldkassetten, Briefmarken im Wert von 4518 Euro, Lottogeld in Höhe von 1593 Euro und 360 Euro Wechselgeld.

Weiterhin berichteten beide Opfer, dass sie bis zum Prozessauftakt »komische« Anrufe erhalten hätten, die als Einschüchterungsversuche gewertet wurden. Durch den Überfall wurde eine der Frauen so schwer traumatisiert, dass sie den Postshop aufgeben mussten.

Völlig unverständlich war das Verhalten der Deutschen Post, die sich weigerte, für den entstandenen Schaden zu haften. Die traumatisierten Frauen waren deswegen gezwungen, einen Kredit über 25 000 Euro aufzunehmen.

Das Black-Jackets-Mitglied bestritt, der Anführer des Raubkommandos gewesen zu sein, bestätigte jedoch, das Fluchtfahrzeug gesteuert zu haben. Die Beute hätten sie durch vier geteilt, sodass er 10 000 Bargeld und Briefmarken für sich behielt. Namen von Mittätern nannte er nicht.

Nur eine Woche später stand der Gangster wieder vor Gericht, diesmal wurde er beschuldigt, an einem gewerbsmäßigen Handel mit gestohlenen Reifenfelgen beteiligt zu sein. Die Bonner Jugendstrafkammer formte eine Einheitsjugendstrafe aus beiden Verfahren von insgesamt drei Jahren und drei Monaten. Trotz aller juristischer Nachsicht und Milde (die Haftstrafe musste nicht sofort angetreten werden) stand der inzwischen 22-Jährige im September ein drittes Mal innerhalb eines Jahres vor Gericht. Und mit dem Erreichen des 22. Lebensjahres gab es für das Gericht keinerlei Möglichkeit mehr, das Jugendstrafrecht anzuwenden. Es musste unter dem Erwachsenenstrafrecht geurteilt werden, unter Einbeziehung der beiden vorher abgeurteilten Fälle. Diesmal hatte der Bodybuilder und Türsteher sich für den nächtlichen Raubüberfall auf den oben bereits erwähnten Autohändler in dessen Wohnung zu verantworten und sah sich zusätzlich dem Vorwurf des Drogenhandels ausgesetzt, da bei ihm 370 Gramm Marihuana beschlagnahmt worden waren. Seit der Razzia gegen die Bad Godesberger Jackets wartete er in der Untersuchungshaft auf seine Verurteilung und verpasste dadurch die Geburt seines Kindes.

Das Gericht stellte fest, dass »er seit 2008 von Straftaten lebte«, rechnete ihm jedoch sein abgelegtes Geständnis beim Strafrahmen des Urteils an. Weiterhin wertete das Gericht zwei Jahre und neun Monate in Form eines »Härteausgleich« als bereits abgebrummt. So entkam der Mehrfachtäter einer zweistelligen Gefängnisstrafe und sieht nun einer Haftstrafe von sieben Jahren und drei Monaten entgegen. Zuerst jedoch wurde er gegen Auflagen aus der Untersuchungshaft entlassen, um dann Ende November erneut vor Gericht zu stehen. Seine abermalige Beteiligung an einem Raubüberfall, Drogenhandel sowie eine gefährliche Körperverletzung brachten ihm zwei Bewährungswiderrufe und eine zusätzliche sechsjährige Haftstrafe ein, was zu einer Gesamtstrafe von zehn Jahren führte. Noch im Gerichtssaal wurde er diesmal verhaftet, wo er auch erfuhr, dass weitere Ermittlungsverfahren wegen zweier Überfälle auf einen Supermarkt und eine Klinik gegen ihn laufen. »So was hab ich auch noch nicht gehabt«, lautete der ungläubige Kommentar des Richters.

In einer Prozessankündigung vom Juli 2013 wurden weitere Taten bekannt. Dabei wird deutlich, dass sich die Straftaten und die Gewalt der Black Jackets immer mehr gegen ganz normale Bürger richtet. So trafen nachts drei Black Jackets, darunter ein Profiboxer, an einer Bushaltestelle auf einen Mann, der einen Cheeseburger aß und einen zweiten Burger in einer Tüte bei sich trug. Diesen forderten die Streetgangster nun ein. Doch der Mann wollte seinen zweiten Cheeseburger verständlicherweise nicht einfach den fremden Männern überlassen. Die drei Black Jackets schlugen und traten ihn daraufhin brutal zusammen, sodass er auf einem Ohr teilweise ertaubte.

Wie unsicher es mittlerweile in Bad Godesberg selbst in der eigenen Wohnung geworden war, belegt hingegen folgender Raubüberfall: Die Streetgangster überfielen ein Paar in ihrem Haus. Nachdem sie die Stromzufuhr abgeklemmt hatten, brachen sie die Haustür auf und drangen maskiert in die Wohnung ein. Dort drohten sie, die Wade der Frau aufzuschlitzen, und zwangen das Pärchen, ihnen ihr iPhone und 220 Euro auszuhändigen. Obwohl die beiden der Erpressung sofort nachkamen, wurden auch sie zusammengeschlagen.

Zum Prozessauftakt machten die Gangster dann allerdings auf »liebe Jungs«: gebügelte Hemden, gestutzte Bärte, ordentliche Friseuren. Zuerst wurden die Personalien und die sattsam bekannten Lebensläufe abgefragt. Ein 24-Jähriger wohnte noch zu Hause, Hauptschule, abgebrochene Kfz-Lehre. Die Gang und das Training im Fitnessstudio waren sein einziger Lebensinhalt gewesen. Dem Jüngsten, einem Marokkaner, drohte nach dem Urteilsspruch die Ausweisung in sein Heimatland. Ein weiterer Gangster, mit einer abgebrochenen Ausbildung in einem Möbelladen, sah die gescheiterte Ehe und zwei geheime Abtreibungen seiner Frau als Grund für sein kriminelles Abrutschen an. Bildungsdefizite, Arbeitslosigkeit, Frust und eine ungehemmte Gewaltbereitschaft bildeten den Hintergrund der Streetgangster. Ihr kriminelles Treiben hatte einen ganzen Stadtteil zu ihrer Geisel gemacht – der Gangboss wurde vom Richter aus den Akten wie folgt zitiert: »Godesberg gehört uns.«

Trotz dieser Brutalitäten verkündete der Richter in seinem Urteil vom 13. Dezember 2013, dass sich die Gangster durch ihre umfassenden Geständnisse einen Strafrabatt von mehreren Jahren verdient hätten. Der brutalste Schläger, ein 20-Jähriger, der an den meisten Taten beteiligt war, erhielt lediglich eine Jugendstrafe von fünf Jahren. Die beiden anderen Haupttäter im Alter von 24 und 25 Jahren wurden zwar zu vier- und fünfeinhalb Jahren Gefängnis verurteilt. Der 25-Jährige blieb jedoch gegen Auflagen (Spielhallen- und Casinoverbot) vorerst von der Haft verschont. So vernahmen die Black Jackets dann auch im Gerichtssaal das Urteil grinsend und zwinkerten ihren Freunden und Familienmitgliedern zu. Mit so viel Milde hatten sie offensichtlich nicht gerechnet.

Die Bevölkerung appellierte unterdessen verzweifelt mit Leserbriefen in den Lokalzeitungen und in Onlinekommentaren an die Politiker, dass sie mit dieser Verbrechenswelle nicht allein gelassen würde. Anstatt zur Wahlkampfzeit in gepanzerten Limousinen anzurollen und nach ein paar Shakehands und gestellten Fotos wieder zu verschwinden, sollten die Politiker »mal nach Einbruch der Dunkelheit mit Bus und Bahn fahren oder mit einem Fahrrad abseits der beleuchteten Hauptverkehrsstraßen«.

Der tiefe Sturz vom einstigen Diplomatenviertel zu einem sozialen Brennpunkt mit No-go-Areas hat die Menschen tief getroffen. Mehr als die üblichen Floskeln hatten die Bürger von ihren Volksvertretern jedoch nicht zu erwarten.

5. Kapitel

OUTLAW MOTORCYCLE GANGS VS. STREETGANGS

Von den Black Jackets zum Black Warriors MC

Die von den Rockerclubs übernommene Taktik der Selbstauflösung ihrer Chapter macht aus dreierlei Gründen Sinn.

Zum einen waren ausschließlich Standorte wie Heilbronn, Villingen, Pforzheim und die Bodenseeregion betroffen, wo eine Vielzahl von Gangmitgliedern schwerer Delikte angeklagt war und langjährige Haftstrafen drohten. Die Gangster verschafften sich über die Auflösungen vor Gericht eine günstigere Ausgangsposition, indem sie sich als geläuterte und gereifte, der Selbstreflexion fähige Mitmenschen ausgaben. Es schien überhaupt nicht notwendig, zur Abschreckung noch ein hartes Urteil zu fällen.

Zum anderen hätten die verhandelten Straftaten und Auseinandersetzungen die Gang als Ganzes in den Fokus von Polizei, Presse und Politik gerückt, was unweigerlich eine Diskussion über ein härteres Vorgehen gegen die Bande insgesamt und Maßnahmen gegen das betreffende Chapter, womöglich sogar die Forderung nach einem bundesweiten Verbot zur Folge gehabt hätte. Doch solange die »drei

Ps« den Black Jackets und ihren vorsorglichen Selbstauflösungen auf den Leim gingen, herrschte an diesen Fronten Ruhe.

Und drittens nahm die Gang der Polizei einen einfachen Ermittlungsansatz. Niemand lief mehr in den Kutten herum, man traf sich nicht mehr offen als Streetgang, sondern tauchte ab. Da den meisten Polizeidienststellen die Mitglieder nicht persönlich bekannt waren, tappte die Staatsmacht fortan völlig im Dunkeln.

Eines verschwand allerdings mit den taktischen Selbstauflösungen ganz bestimmt nicht: die kriminelle Energie der betreffenden Gangmitglieder. Sicherlich nutzten einige Wankelmütige die strukturellen Änderungen zu einem relativ problemlosen Gangausstieg. Die Hardliner blieben jedoch zusammen und begingen Straftat um Straftat.

Sie schienen trotz ihrer juristischen Taktierereien Gefallen an ihrem Gangleben gefunden zu haben und gründeten kurzerhand eine Ausweichgang: die Black Warriors.

Im Januar 2013 beendete ein Spezialeinsatzkommando in Villingen-Schwenningen vorerst die Umtriebe des 32-jährigen Präsidenten der Black Warriors und seines 31-jährigen Vizepräsidenten. Die Anklagepunkte, die den beiden arbeitsteilig vorgehenden Gangstern Untersuchungshaft einbrachten, lauteten auf Zuhälterei, ausbeuterischen Menschenhandel, Förderung der Prostitution und Drogenhandel. Der Black-Warriors-Präsident war für die Abteilung Prostitution zuständig: Er hatte gleich mehrere Internetbekanntschaften im Alter von 19 bis 28 Jahren auf den Strich geschickt.

Der Vizepräsident deckte, so der Vorwurf der Staatsanwaltschaft, die Abteilung Drogen ab. Dort bediente er sich eines »gut funktionierenden Netzwerks aus Kurieren und Straßenhändlern«. Auch ein 24-jähriger Drogentransporteur wurde beim Grenzübertritt aus Holland mit 1,1 Kilogramm Marihuana festgenommen. Das Gras hatte bei einem Straßenverkaufswert von um die 10 Euro pro Gramm (je nach Ort und Nachfrage) einen Wert von rund 11 000 Euro. Der Einkaufspreis für Großabnehmer dürfte in Holland bei 3000 bis 4000 Euro liegen. Zusätzlich beschlagnahmten die Einsatzkräfte bei der Razzia noch 100 Gramm Kokain, weitere zwei Kilogramm Marihuana und 500 Gramm Haschisch.

Und noch etwas fiel der Polizei in die Hände: eine Black-Jackets-Kutte, weitere Gangbekleidung und das neue Abzeichen der Black Warriors. Zu sehen sind darauf der Schädel eines Samuraikriegers sowie ein Katanschwert, wobei das Abzeichen wie bei den Black Jackets in Schwarz-Weiß gehalten ist. Als Akronym wird der Zahlencode 223 verwendet, für den 2. und 23. Buchstaben des Alphabets: BW.

Ein weiterer Fall ist in der Bodenseeregion aktenkundig. Vor Gericht stehende Gangmitglieder aus Friedrichshafen informierten die Richter über die Auflösung ihres Chapters. Die vier ehemaligen Jackets standen wegen gefährlicher Körperverletzung und Nötigung vor dem Amtsgericht Tettnang. Drei der Männer saßen dort nur, weil sie berufen worden waren, die Gangehre zu wahren: Die Freundin eines Mitglieds war auf einer Party von ihrem Ex beleidigt worden und hatte mit einem Anruf bei ihrem aktuellen Gangsterfreund die derbe Abreibung ihres Verflossenen ausgelöst, die ihn zusammenschlugen und -traten.

Auf die Frage des Richters reagierte einer der Gangster, ein 20-jähriger Mann, erschreckend offen: »Wenn ich nicht mitgemacht hätte, hätte ich auch Schwierigkeiten bekommen.« Es sei die Pflicht eines jeden Gangmitgliedes, einem Bruder bei Stress beizustehen. Kam man dem nicht nach, drohten Sanktionen vonseiten der Gang. Entweder es wurde eine Geldzahlung verhängt, oder es drohte einem selbst eine Tracht Prügel. Auch in Friedrichshafen, der nach Konstanz zweitgrößten Stadt am Bodensee, war das Thema Gangkriminalität nach der angeblichen Selbstauflösung der Black Jackets noch lange nicht vom Tisch. Die Männer verübten ihre Straftaten jetzt unter der Flagge der Black Warriors, wobei sie sich bald als Motorradclub bezeichneten und sich fortan Black Warriors MC Germany nannten.

Fünf der Warriors starteten in der Region eine wahre Überfall- und Einbruchserie. Die Männer im Alter zwischen 18 und 25 Jahren brachen in eine TÜV-Prüfstelle und einen REWE-Markt ein. In einem örtlichen Hotel fiel ihnen eine Beute von 24 500 Euro in die Hände.

Den brutalsten Überfall verübten zwei der Gangmitglieder auf eine bft-Tankstelle in Friedrichshafen: Gegen 22 Uhr stürmten sie in den Verkaufsraum zu einer 22-jährigen Angestellten. Um deren Widerstand zu brechen, verpassten die Gangster ihrem anwesenden Freund zwei Stromschläge mit einem Elektroschockgerät. Trotz dieser Brutalität betrug die Beute nur wenige Hundert Euro.

Bald gab es für die Gangster kein Halten mehr. Die Polizei beschuldigt die Warriors, allein im Zeitraum zwischen Sommer 2012 und Mai 2013 insgesamt 53 Straftaten begangen und 170 000 Euro Schaden verursacht zu haben. Bei zwei Großrazzien im April und am 28. Mai 2013 wurden Wohnungen von 21 Gangmitglieder durchsucht, von denen sieben direkt in Untersuchungshaft wanderten.

Als offizielles Gründungsdatum des Black Warriors MC Germany wird der 28. Juni 2012 angegeben. Natürlich werden abermals Werte wie Ehre, Treue, Loyalität, Ehrlichkeit und Respekt hochgehalten. Verweise auf die gemeinschaftlich begangenen Straftaten wie Zuhälterei, ausbeuterischen Menschenhandel, Drogenhandel, Einbruch und Raubüberfall sucht man hingegen vergebens …

Neben dem Mutterchapter in Waldshut werden sechs weitere Gründungschapter genannt: Friedrichshafen, Singen, Pfullendorf, Lindau, Sigmaringen und Dornbirn (Österreich). Dazu stießen bald Niederlassungen in Villingen, Konstanz, Feldkirch-Westside, Bad Säckingen und Wangen. Auch in Österreich wurden Clubs gegründet. Die ehemalige Nachwuchsstreetgang der Jackets, die Black Army, übernahmen die selbst ernannten Biker gleich mit.

Viele der Black-Jackets-Mitglieder verschwanden also nach der offiziellen Auflösung des Bodensee-Chapters nicht einfach von der Bildfläche, sondern tauschten lediglich ihre Kutten aus. Hinter der Fassade eines Motorradclubs verursachten die Gangster nun eine wahre Expansions- und Kriminalitätswelle. Andere ehemalige Mitglieder des Bodensee-Chapters, das über 100 Mitglieder umfasst hatte, legten ihre Black-Jackets-Kutten nicht ab, sondern verlagerten ihre Aktivitäten in das nicht einmal 70 Kilometer entfernte Zürich. Im Sommer 2013 beschworen sie damit einen Konflikt herauf, der auch auf Deutschlands Straßen für jede Menge böses Blut sorgen sollte.

Die Black Jackets trafen auf die Hells Angels.

Rockergangs vs. Black Jackets, Tribuns & Co.

Es ist ein klarer Wandel festzustellen im Verhältnis zwischen den Migrantengangs und Rockern. Während in der Vergangenheit die Rockergangs die 210er, United Tribuns und vergleichbare Banden nicht ernst nahmen, geradezu stoisch versuchten, ihnen keine Aufmerksamkeit zukommen zu lassen, um ihnen in der Szene dadurch nicht erst Anerkennung zu verschaffen, werden sie heutzutage ganz offen als Rivalen angesehen und entsprechend behandelt. In den ersten Städten ist diese Rivalität ab dem Jahr 2013 in offene Feindschaft umgeschlagen. Die Liste der betroffenen Großstädte und Regionen vergrößert sich beständig, und der Konflikt scheint nur noch einen Funken von einer bundesweiten Explosion entfernt. Dass diese Auseinandersetzung gleichzeitig mit den bereits tobenden Rockerkriegen auf Deutschlands Straßen ausgetragen wird, scheint unumgänglich. Die Republik wird zahlreiche, parallel wütende komplexe Konflikte ertragen müssen.

Dass die Streetgangs inzwischen als Konkurrenz empfunden werden, liegt zum einen an ihrer ungebremsten Expansion auch in Regionen und Städten, die schon von den Rockerclubs okkupiert und als ihr Territorium betrachtet werden. Zum anderen rekrutierten die Rockergangs seit Jahren Männer ohne größeren Bikerhintergrund, um im tobenden Rockerkrieg eine schlagkräftige Truppe einsetzen zu können. Die Männer entsprechen alle dem gleichen Typus: jung, gewalterfahren und -affin, muskelbepackt, häufig mit Steroiden gedopt, kampfsporttrainiert, mit einer Vergangenheit als Rausschmeißer, Wirtschafter oder Schuldeneintreiber im Türsteher-, Inkasso- oder Rotlichtmilieu. Hinzu kam, dass in den letzten Jahren viele der Einberufenen einen Migrationshintergrund aufwiesen.

Damit konkurrierten die Rockerclubs und die schnell wachsenden Migrantengangs im Grunde um die gleiche Art von Mitgliedern. Ruft man sich dann vor Augen, dass die Black Jackets im Jahr 2014 allein in Deutschland über fast 2000 Mitglieder verfügen, während die Hells Angels auf eine Mannstärke von 1200 und die Bandidos nur auf 1000 Mitglieder kommen – so eine Schätzung des Bundeskriminalamtes –, dann wird deutlich, welches Ausmaß die Expansionswelle der schwarzen Flut in der jüngsten Vergangenheit angenommen hat.

Die MCs und die Gangs befinden sich zudem im Rotlichtmilieu und an den Türen der Amüsier- und Gastronomieviertel im harten Wettbewerb miteinander. Und dieser Erwerbskampf wird mittlerweile mit scharfen Schusswaffen, Sprengstoff, Macheten, Äxten und Eisenknüppeln ausgetragen.

Die Rivalität spitzte sich immer weiter zu. Es häuften sich die Machtdemonstrationen der Black Jackets, die mit bis zu 200 Gangmitgliedern in voller Gangmontur inklusive Kampfhunden und aggressiv Parolen grölend durch die Innenstädte marschierten – und zwar durch diverse Städte, welche die Rockergangs als ihr Territorium bezeichneten und in denen sie in der Vergangenheit auch bewiesen hatten, dass sie ihre Monopolstellung mit aller Gewalt zu verteidigen bereit waren.

Die Streetgangs schienen bewusst auf Provokation und Konfrontation zu setzen. So tauchten völlig unerwartet 80 Black Jackets auf der Messe »Motorradwelt Bodensee« auf, obwohl bekannt war, dass dort eine größere Abordnung der Hells Angels anwesend sein würde. Die angespannte Atmosphäre sorgte dafür, dass viele wirkliche Motorradfreunde die Messe vorzeitig verließen und die Situation nur mit einem eilig aufgestockten Polizeiaufgebot unter Kontrolle gehalten werden konnte. Auch während der »Seepark Biker Days« wiederholte sich der irritierende Aufmarsch der Streetgang, die dort sogar mit 150 Mann erschien.

Brutal wurde diese neue Rivalität in Oberbayern ausgetragen. Die Stadt Waldkraiburg ist eine von fünf bayerischen Vertriebenenstädten und durch die Flüchtlingsströme nach dem Zweiten Weltkrieg entstanden. Für die Rockergangs und Streetgangs war die Stadt gleichsam von strategischer Bedeutung: Sie liegt zwischen München und Passau und nur knapp 50 Kilometer von der Grenze zu Österreich entfernt, wo die Black Jackets ihre Expansion voranzutreiben beabsichtigten. Bis jetzt hatten in Südostbayern weder die Hells Angels noch die Bandidos eine offizielle Niederlassung gehabt, Letztere waren bereits mit einem X-Team in der Stadt aktiv und rekrutierten insbesondere türkischstämmige Migranten. Das Rollkommando der Rockergang ging ausgesprochen brutal vor, es bedrohte missliebige Konkurrenten und sprach »Stadtverbote« aus.

Doch trotz dieses feindlichen Klimas forcierten die Black Jackets, deren nächstes Chapter Big House Crew nur 50 Kilometer entfernt in Rosenheim agierte, ihre Ausbreitung in der Stadt. Mit einer 20 köpfigen Zusammenkunft in einem Dönerladen machten die Streetgangster ihren Anspruch auf die Stadt offiziell.

Da die Bandidos-Supporter auffällig viele junge Türken für ihre Bande gewinnen konnten, war es nur eine Frage der Zeit, bis sich beide Vereinigungen in die Quere kommen würden. Schmerzhaft wurde dieser Konkurrenzkampf in diesem Fall für die ersten Black-Jackets-Mitglieder in der Stadt. Sieben Männer des X-Teams zwangen zwei türkische 210er in ein Auto, dort brachen sie einem der Gangster einen Arm und zwangen ihn, ein 32-jähriges Mitglied der Streetgang telefonisch in einen Hinterhalt zu locken. Der Ahnungslose erschien wie vereinbart auf einem verlassenen Supermarktparkplatz und wurde von dem X-Team-Trupp auf übelste Weise zusammengeschlagen und bewusstlos liegen gelassen. Passanten fanden den schwer Verletzten später zufällig und alarmierten den Notarzt, der das Gangmitglied ins Krankenhaus einliefern ließ.

Eine Woche später stürmte ein Spezialeinsatzkommando die Wohnungen der Täter, nahm die X-Team-Mitglieder wegen versuchter Tötung fest und stellte Waffen und Drogen sicher.

Die Black Jackets gaben den Kampf um die Stadt so schnell nicht verloren. Am folgenden Sonntag reisten über 100 Gangmitglieder an, um Flagge zu zeigen. Nur durch ein massives Polizeiaufgebot und entsprechende behördliche Auflagen konnte verhindert werden, dass die Gangster in die Innenstadt gelangten. Die Black Jackets wichen an jenem Sonntag zum Zwecke ihrer Machtdemonstration lediglich auf eine der Nachbargemeinden aus. Der Kampf um die Vormachtstellung in Oberbayern bleibt offen und kann jederzeit eskalieren …

Wie sehr sich die Rocker und die Streetgangs mit ihrem kriminellen Verhalten immer weiter anglichen, belegen auch die Vorkommnisse im österreichischen Vorarlberg. Die Vorgehensweisen, mit denen man es dort zu tun bekam, kannte man bisher nur von den Hells Angels und Bandidos, in diesem Fall waren es jedoch die Black Jackets, die nach der österreichischen Stadt griffen. Kurz nach ihrem Auftreten im Westen des Landes häuften sich in ihrem Umfeld Schlägereien, Körperverletzungsdelikte und gezielte Bedrohungen von Türstehern. Die Inhaber von Gastronomielokalen und Diskotheken wurden zunehmend nervös, stockten ihr Sicherheitspersonal auf und erweiterten die Kameraüberwachung.

Während die örtlichen Polizeiführer die Situation herunterspielten und vorgaben, die Szene im Griff zu haben, sprach ein betroffener Türsteher Klartext: »Diese Black Jackets nehmen es mit allen und jedem auf! Die Mitglieder sind bewaffnet, stehen zum Teil unter Drogen, haben die kriminelle Laufbahn eingeschlagen und fühlen sich in dieser Gruppe wohl und bestätigt. Sie versuchen in Vorarlberg Fuß zu fassen und stehen vor einer Clubgründung im Land. Die nötige Hilfe erhalten sie aus Deutschland. ›Schwarze Flut‹, so nennen sie diese Aktionen. Ziel von den Black Jackets ist es, Diskotheken zu übernehmen und Schutzgeld zu fordern.«

Das Verhältnis zwischen den Rockern und Gangs verschlechterte sich durch die zunehmenden personellen Überschneidungen noch immer weiter. Überläufer galten gleichsam als Verräter an ihrer ehemaligen Bande. So soll beispielsweise der ehemalige türkische Präsident des Red Devils MC Bremen, des Supporter-Clubs der Hells Angels, in eine führende Position bei den Black Jackets gewechselt sein. Am 1. Februar 2013 starteten 100 Polizisten eine umfangreiche Aktion gegen den Mann im Raum Bremen/Oldenburg. Das SEK stürmte zwei Wohnungen und ein türkisches Café in Delmenhorst. Dem heutigen Mitglied der Black Jackets werden Verstöße gegen das Kriegswaffenkontrollgesetz vorgeworfen: Er soll mit Handgranaten gehandelt haben. Diese wurden bei der Razzia jedoch nicht gefunden, die Ermittlungen dauern an.

Zusätzlich zu ihren Aktivitäten im Drogen- und Menschenhandel traten die Gangs nun zunehmend offensiv auch im Kriminalitätsfeld des Waffenhandels auf, der bisher eine Domäne der Rockergangs gewesen war. Das wachsende Konfliktpotenzial lässt sich statistisch belegen: Im Jahr 2011 nahm die Zahl der Ermittlungsverfahren in der organisierten Kriminalität (OK) gegen Mitglieder der Street- und Rockergangs weiter zu. In den 41 Verfahren im Zusammenhang mit der OK und den 165 Bandenverfahren des Landeskriminalamtes Baden-Württembergs waren immer häufiger Gangmitglieder die Adressaten der schwerwiegenden Beschuldigungen. Fast 20 Prozent aller OK-Verfahren richteten sich gegen die Mitglieder der Gangs.

Wie es sich für eine tadellose deutsche Behörde gehört, wurde im Lagebericht das kriminelle Kind allerdings nicht etwa konkret beim Namen genannt, sondern nur verklausuliert im Amtsdeutsch umschrieben. Vermutlich möchte sich das Ministerium nicht nachsagen lassen, man habe die heimische Bevölkerung mit zu viel Realismus verängstigt. Der glatt gebügelte Passus lautet: »In vier Verfahren wurde gegen türkisch dominierte Gruppierungen wegen Rauschgifthandel/-schmuggel, Gewaltkriminalität (Erpressungsdelikte, Körperverletzungen), Eigentumskriminalität, Waffenhandel/-schmuggel und Zuhälterei ermittelt. Darüber hinaus gab es ein Verfahren gegen eine bosnisch-herzegowinisch dominierte Rockergruppe wegen Zuhälterei, Steuer- und Zolldelikten (...). Aus den Territorialansprüchen der Gruppierungen resultieren Straftaten gegen das Leben, Körperverletzung und Erpressungen.«

Black Jackets vs. Hells Angels – Stellvertreterkrieg der Kulturen?

Die direkte Konfrontation dieser beiden Gruppierungen steht Deutschland noch bevor. Unsere südlichen Nachbarn in der Schweiz sind uns bereits einen Schritt voraus. Im Sommer 2013 brach der Konflikt dort endgültig offen aus. Angesichts der deutschen Herkunft beider Gruppen und deren direkter Beteiligung an den Schweizer Vorkommnissen ist nicht die Frage, *ob*, sondern nur *wann* diese Auseinandersetzungen nach Deutschland zurückfluten werden.

Das Züricher Hells-Angels-Charter besteht bereits seit über 40 Jahren, seit dem 20. Dezember 1970. Es war die erste europäische Niederlassung der Höllenengel. Überwiegend verhielten sich deren Mitglieder unauffällig und waren somit auch keine Adressaten von größeren polizeilichen Aktionen. Dies änderte sich in den letzten Jahren. Zu beobachten ist ein deutlich aggressiveres Verhalten der Schweizer Hells Angels, welches mit dem Umstand zusammenfiel, dass viele deutsche Rockerbrüder durch Vereinsverbote und Dauerrazzien genervt ihre Aktivitäten auf die Schweiz ausdehnten. Innerhalb kürzester Zeit wurden von Basel bis Genf sieben neue Charter gegründet, auch mit deutscher Unterstützung.

Um Zustände wie in Deutschland mit aller Gewalt zu verhindern, wo ein halbes Dutzend von Migranten dominierter Rockergangs und verstärkt auch die Streetgangs offen ihre Territorialkonflikte gegen die höllischen Platzhirsche führen, wird ganz unverblümt als Begründung für die nun ausbrechenden Konflikte der Kampf um die Vormachtstellung in der Schweizer Szene angeführt.

Auf der Schweizer Homepage der Hells Angels findet sich ein entsprechendes Statement, das allen Ernstes mit »*Keep Switzerland nice and peaceful!*« untertitelt ist und in folgender Ankündigung beziehungsweise Drohung endet: »Wir wollen und brauchen hier in der Schweiz keine anderen Zustände!« Das Statement ist mit nicht weniger als dem Schweizerpsalm, der Nationalhymne der Schweizerischen Eidgenossenschaft, hinterlegt sowie mit einem Bild des Schweizer Freiheitskämpfers Wilhelm Tell, der in der Linken seine sagenumwobene Armbrust hält, während sein rechter erhobener Arm gleichzeitig ein abwehrende Stoppgeste signalisiert. Die Fronten waren damit eindeutig gezogen: Eine wehrhafte Gruppe guter Urschweizer stemmte sich gegen die ausländische Barbarenflut.

Den neuen, raueren Wind bekam zuerst der Outlaws MC zu spüren. Diese Rocker beabsichtigten im Sommer 2010, ihr erstes Schweizer Chapter zu gründen. Zur Gründungsfeier stürmten ein- bis zweihundert Hells Angels die Feierlichkeiten, schlugen die konkurrierenden Rocker zusammen und demolierten alles, was ihnen unter ihre Knüppeln geriet. Autos wurden entglast und sämtliche Reifen zerstochen. Bei dieser Gewaltaktion fielen auch Schüsse. Der Sachschaden wird auf über 100 000 Schweizer Franken geschätzt. Ende 2011 folgte ein weiterer Überfall auf die Outlaws in einer Bar in Baden.

2010 gerieten erstmalig die Black Jackets mit den Höllenengeln aneinander. Die 210er griffen gezielt nach dem Züricher Rotlichtviertel und dem Türstehergeschäft, das bis dahin die Domäne der Züricher Hells Angels gewesen war. Und es drohte noch eine weitere Konfrontation: Die Metropolregion Zürich gilt mit ihren knapp zwei Millionen Einwohnern und der Stadt Zürich als Kokainhochburg. Das Drogengeschäft wird zurzeit noch überwiegend von nigerianischen Gruppen kontrolliert, während in der harten Heroinszene die Albaner das Sagen haben. Die Profite der Unterwelt zogen immer mehr rivalisierende Banden an. Bereits geplante Vergeltungsmaßnahmen der Hells Angels gegen die aufbegehrenden Jackets waren in letzter Sekunde von einem Abkommen gebremst worden, das entscheidend in Deutschland vereinbart worden war, so ein Insider.

Im Jahr 2013 war der Expansionsdrang der Black Jackets in Richtung Zürich jedoch nicht mehr zu bremsen. Der konkrete Auslöser des neuerlich aufbrechenden Konfliktes soll ein zusammengeschlagener Höllenengel gewesen sein. Halb Zürich wurde in den Konflikt mit hineingezogen. Die Gerüchteküche brodelte, man berichtete von einer bevorstehenden Schlacht beider Gangs. Während die Schweizer Hells Angels überwiegend aus »überzeugten Schweizern« bestanden, rekrutierten die Black Jackets genau wie in Deutschland fast ausschließlich Migranten für ihre Gang. Einige Beobachter interpretierten mit Hinsicht auf diese ethnischen Hintergründe schon einen Stellvertreterkrieg der Kulturen in den Gangkonflikt hinein.

Interessant ist, wie die Streetgang in der Schweiz von den Medien und der Öffentlichkeit wahrgenommen wird. »Doch nun drängt mit den deutschen Black Jackets eine ausländische Gruppe in die Schweiz«, so der Schweizer Radio- und Fernsehsender SRF.

Die Jackets gelten also in doppelter Hinsicht als ausländisch: Erstens werden sie als eine aus Deutschland kommende Gang gesehen, zweitens besteht diese Gang dann überwiegend aus türkischen, arabischen und südeuropäischen Mitgliedern. Die Black Jackets wurden in diesem Zusammenhang auch als »Eindringlinge« bezeichnet. Der langjährige Anwalt der Hells Angels, Valentin L., fand in seinen Presseinterviews deutliche Worte: »Dass irgendwelche Streetgangs aus dem Ausland versuchen, die friedlichen Schweizer Biker zu stören, brauchen wir als Letztes.« Selbst vor einer Warnung, wenn nicht gar einer offenen Drohung scheute der höllische Rechtsbeistand nicht zurück: »Die Schweizer Biker werden sich diesen Versuchen mit Sicherheit entgegenstellen.«

Die Kriminal- und Bundespolizei verbot im Juli 2013 mit einer Präsidialverfügung kurzerhand die hochkarätig besetzte Kampfsportveranstaltung »Ready4War 3«. Die Untersagung nur drei Tage vor der Kampfsportserie wurde nur allgemein mit einem erhöhten Sicherheitsrisiko am Austragungsort begründet. Die Polizei befürchtete, dass dort nicht weniger als vierhundert gewalttätige und bewaffnete Gangmitglieder beider Lager aufeinander losgehen könnten.

Erst später sickerten in der Szene zusätzliche Hintergründe durch: Die Lage zwischen den Gangs war schon seit 2012 extrem angespannt gewesen. Ein Auftritt des Black-Jackets-Rappers Toni der Assi beim vorherigen Schweizer Event »Ready4War 2« im April 2012 hatte für böses Blut gesorgt, da dieser im Boxring und mit Gangkutte aufgetreten war. Aufnahmen von diesem Auftritt sind auch in dem Videoclip seines neuen Stückes »Welcome to Schwiizerland« zu sehen. Der serbischstämmige Mannheimer Rapper soll als führendes Gangmitglied mittlerweile in die Schweiz umgesiedelt sein.

Das Fass zum Überlaufen brachte schließlich die Auswahl der Kämpfer für die aktuelle Kampfsportgala. Im Team des Veranstalters soll sich auch ein Black-Jackets-Kämpfer befunden haben, dessen Betreuer bei vergleichbaren Events am Ring Black-Jackets-Kutten getragen hatten. Die Hells Angels marschierten beim Veranstalter auf und stellten ihn vor ein Ultimatum. Entweder der Kampf des Gangsters würde komplett gestrichen, oder sie würden die ganze Halle aufmischen. Der Kampf blieb jedoch Teil des Programms, bis die Polizei einschritt und das gesamte Event untersagte. Der Veranstalter bestritt auf Pressenachfragen, Adressat eines Ultimatums der Höllenengel geworden zu sein.

Doch die Abrechnung der Gangs war damit nicht aufgehoben, sondern nur verschoben.

Was den Münchnern ihr Oktoberfest, ist den Zürichern das Züri Fäscht. In einer Mischung aus Volksfest, Jahrmarkt und Partyspaß tummeln sich über 2,3 Millionen Besucher rund um den Zürisee. Am ersten Juliwochenende 2013 jedoch bewegte sich in den Besuchermassen eine bewaffnete Gruppe Hells Angels. Die Rocker versuchten in einem Konvoi aus Motorrädern am Freitagabend das Volksfest zu erreichen. Die Polizei stoppte, unter anderem mit einem Wasserwerfer, den nicht angemeldeten Konvoi. Daraufhin zerstreuten sich die Höllenengel, um dann kurze Zeit später vollzählig versammelt zu Fuß ihren Marsch fortzusetzen. Ihr Ziel war das Gründungslokal der Black Jackets, wo sich zu diesem Zeitpunkt schon eine bedrohliche Masse an Gangstern angesammelt hatte. Es waren vornehmlich Migranten der zweiten Generation, die in der Schweiz seit einigen Jahren auch als »Secondos« bezeichnet werden.

Rechtzeitig wurde das rot-weiße Rachekommando von einem Großaufgebot der Polizei gestoppt und eingekesselt. Bei der anschließenden Kontrolle von 180 Höllenengeln und Alliierten fanden die Einsatzkräfte nicht weniger als 140 Waffen. Darunter fünf Schusswaffen sowie diverse Messer, Schlagruten, Pfeffersprays und Schlagringe.

Das Ziel dieser Streitmacht war jedem klar: Die Black Jackets sollten einer blutigen Abreibung unterzogen werden, die mit einer Vertreibung der Streetgangster aus Zürich enden sollte oder mit ihrer Unterwerfung unter die Herrschaft der Hells Angels.

Die Black Jackets blieben in dieser Nacht unbehelligt von der Polizei. Am Samstag versammelten sie sich wieder in einer Szenebar in der Innenstadt. Beobachter zählten deutlich über einhundert Gangmitglieder. Auch die Hells Angels waren wieder mit einer großen Abordnung zugegen, aufgrund des hohen Polizeiaufkommens blieb es beim Züri Fäscht jedoch friedlich.

Beim nächsten Aufeinandertreffen der verfeindeten Gangmitglieder stand keine Polizei mehr im Weg. Und dieses Treffen fand bereits am Montag nach dem Züri Fäscht statt. Ein Streifenwagen der Kantonspolizei Aargau stieß zufällig auf eine tobende Schlägerei. An einer Shell-Tankstelle prügelten sich rund zehn Hells Angels und befreundete Rocker mit einer kleineren Gruppe Black Jackets.

Bevor die Verstärkung der Polizei alarmiert war, gelang den meisten Schlägern die Flucht vom Kampfplatz. Lediglich ein stadtbekannter Höllenrocker mit blutiger Lippe wurde festgenommen, der ein Messer, einen Schlagstock und Pfefferspray mitführte.

Ein mazedonisches Black-Jackets-Mitglied, der 22-jährige Nenad G., musste mit einer stark blutenden Gesichtsverletzung im Krankenhaus behandelt werden. Ob die zahlenmäßig überlegenen Hells Angels gezielt Jagd auf die Jackets gemacht hatten oder es sich um ein zufälliges Aufeinandertreffen gehandelt hatte, wurde bis jetzt nicht ermittelt.

In den folgenden Tagen wurden drei weitere Beteiligte von der Rockergang und zwei Mitglieder der Streetgang festgenommen. Zeugen waren nicht in der Lage, nähere Angaben zu der Schlägerei zu machen, oder meldeten sich erst gar nicht.

Und dann passierte etwas Ungewöhnliches. In Deutschland wäre dieser Fall nun in sich zusammengebrochen, da Polizei, Staatsanwaltschaft und die Gerichte sich hierzulande längst mit der Omertà der Gangs abgefunden hatten. Da weder die Täter noch die Opfer dieser gewalttätigen Gangkonfrontation eine Aussage machten, hätten die deutschen Behörden hilflos mit den Schultern gezuckt, die Akte beiseitegelegt und nach einigen Monaten die offiziell noch laufenden Ermittlungen eingestellt.

Später wäre noch eine kleine Pressemitteilung erstellt worden, die so nichtssagend ausgefallen wäre, dass sie es allenfalls auf die hintere Seite eines Lokalblättchens geschafft hätte: »Aufgrund des Schweigens der mutmaßlichen Täter sowie der vermeintlichen Geschädigten ist ein individueller Tatbeitrag nicht zu ermitteln gewesen. Die Ermittlungen werden eingestellt.«

So oder so ähnlich.

Die Schweizer Behörden zeigten sich jedoch zu engagiert und zu konsequent, um sich an den deutschen Kollegen ein Beispiel zu nehmen. Die Staatsanwaltschaft Zofingen-Kulm beantragte, dass die noch einsitzenden vier Hells Angels für drei Monate in Untersuchungshaft belassen würden, und führte als Grund hierfür die nicht zu verleugnende Verdunklungs- und Wiederholungsgefahr an. »Wir wollen verhindern, dass die Ermittlungen behindert werden«, hieß es. Gemeint war eine mögliche Zeugenbeeinflussung oder eine Beweismittelvernichtung.

Das Gericht folgte dieser Argumentation. Die Hells Angels und ihre Verbündeten blieben hinter Schloss und Riegel. Wegen einer mutmaßlichen gefährlichen Körperverletzung. Gegen ein rivalisierendes Gangmitglied. In Deutschland undenkbar.

Als Nächstes knöpfte sich die Staatsanwaltschaft die zwei verhafteten Black Jackets vor, die eigentlichen Opfer der Attacke, darunter der im Gesicht schwer verletzte Nenad. Im Lebenslauf des 22-jährigen Arbeitslosen befinden sich bisher einige Schulschlägereien, zwei abgebrochene Berufsausbildungen und ein Führerscheinentzug wegen betrunkenen Fahrens.

Bei dem Mazedonier und einem weiteren Gangbruder wurde die dreimonatige Untersuchungshaft mit einer falschen Zeugenaussage und der daraus resultierenden Begünstigung einer Straftat begründet. Auch hier stimmte das Gericht dem Antrag zu. Die Black Jackets wanderten von der Krankenliege direkt auf die harte Gefängnispritsche.

Die Auseinandersetzungen von Zürich wurden auch in der deutschen Hells-Angels-Szene kontrovers diskutiert. Kontrovers vor allem vor dem Hintergrund, dass einige Mitglieder befürchteten, den führenden und besonders brutalen Mitgliedern der Black Jackets könne ein Angebot zum Wechsel in ihre Rockergang unterbreitet werden. Schon einmal hatte die Deutschlandführung den größten Teil ihrer Basis vor den Kopf gestoßen, als sie den umstrittenen Türken Kadir P. aus Berlin und über 80 seiner mitkämpfenden Migranten vom Bandidos MC abwarben.

Im Inneren der Szene herrscht Aufruhr, und niemand ist in der Lage, die nächsten Entwicklungen vorherzusagen. Welche Brisanz die deutsche Hells-Angels-Führung den Vorkommnissen beimisst, ist jedoch klar zu erkennen. Jedes deutsche Charter verfügt über eine eigene Homepage, die eine Newsfunktion beinhaltet, die der Unterrichtung der Mitglieder dient. Die News werden mitunter minütlich aktualisiert. Startet eine Razzia gegen die Höllenengel, werden alle Infos sofort veröffentlicht, sodass jeder Rocker in der Republik für sich sofort einschätzen kann, ob auch er mit einem Hausbesuch rechnen muss. Das Gleiche gilt für die Berichte zu Straftaten, für Angriffe von oder auf die Rocker oder erneut ausbrechende Gangkriege in allen Teilen der Republik. Meistens wird dazu das Google-News-System benutzt, gelegentlich werden die Nachrichten aber auch gezielt eingestellt, je nachdem, wie brisant der jeweilige Vorgang der Führung erscheint.

Etwa 99 Prozent aller Nachrichtenartikel beziehen sich nur auf Vorfälle in Deutschland. Doch im Juli 2013 kannte das Newsfeld nur ein Thema: den Ausbruch des Konflikts in Zürich. Dass dieser Konflikt früher oder später auch in Deutschland ausgetragen wird, ist so sicher wie das Amen in der Kirche. Und dieser Krieg wird nicht anstelle der bereits anhaltenden Kämpfe über die Vormachtstellung in Szene und Milieu geführt werden, sondern zusätzlich. Gangland Deutschland wird zur albtraumhaften Realität werden.

6. Kapitel

RED LEGION

So wie die Black Jackets sind die Red Legion besonders im Raum Stuttgart/Ludwigsburg stark vertreten. Auch sie kämpfen dort um größere Anteile im Türstehergeschäft und drängen ins Rotlichtmilieu. Die Red Legion pflegen zwar ebenfalls ein rockerähnliches Auftreten, sind aber als eine weitere schnell wachsende Streetgang einzuordnen.

Eine aggressiv ausgetragene Gangfeindschaft mit den Black Jackets scheint unausweichlich gewesen zu sein. Und eine ethnische Besonderheit verschärfte diese Auseinandersetzung auf deutschem Boden um eine gefährliche Komponente: Während die Black Jackets von hauptsächlich türkischen Mitgliedern dominiert werden, legen die Red Legion wert auf ihre kurdische Herkunft.

Die Red Legion, die von ihren Mitgliedern auch nur mit dem Akronym RL bezeichnet wird, verwendet für ihren Schriftzug rote Farbe auf schwarzem Grund. Das Layout ihres Ganglogos ist der Aufmachung von Rockergangs wie Hells Angels und Bandidos nachempfunden. Oben sieht man den roten Schriftzug »Red Legion«, unten den Namen des örtlichen Zusammenschlusses. Das eigentliche Logo der Gang findet sich eingerahmt in der Mitte: ein bedrohlich brüllender Gorillakopf, der einer Abbildung King Kongs gleicht. Auf Kutten oder andere äußere Übereinstimmungen mit den Mitgliedern der Rockerszene verzichtet die Streetgang allerdings. Ob die gewählte militärische Bezeichnung »Legion« und das Rot als Gangfarbe ein Hinweis auf die Unterstützung des marxistischen Kampfes der PKK für ein autonomes Kurdistan sind, bleibt Spekulation. Fakt ist jedoch, dass viele Mitglieder offene Sympathien für den militanten kurdischen Freiheitskampf hegen.

Sich selbst bezeichnet die Gruppe als eine »wahre Bruderschaft« von Leuten, die Werte wie Stolz, Loyalität und Respekt teilen. Die im Juni 2011 gegründete Bande verfügt nach eigenen Angaben über mehrere Hundert Mitglieder. Die Red Legion Stuttgart bestand zur Gründungszeit aus über 80 Prozent kurdischen Mitgliedern. Es gibt auch vereinzelte Stimmen, die deren Gründung als eine Abspaltung vom Stuttgarter Chapter der bundesweit agierenden kurdischen Rockergang Median Empire MC (dazu später mehr) interpretierten. Die aktuelle Mitgliederzahl dürfte in die Hunderte gehen, gesicherte Erkenntnisse liegen weder der Polizei noch der Staatsanwaltschaft vor. Allein auf einem bei Facebook geposteten Bild posieren über 40 breitschultrige Mitglieder des Stuttgarter Chapters im passenden Gangshirt (»RL ya hero, ya mero«). Ihre Gesichter wurden unkenntlich gemacht. Der Schriftzug »Ya hero ya mero« stammt aus dem Kurdischen und ist ein Slangbegriff, der mit »Alles oder nichts« oder »Held sein oder Tod« übersetzt werden kann. Der Spruch ist genau wie das Wort »intikam« (kurdisch für Rache/Vergeltung) ein beliebtes Tattoomotiv bei den Gangmitgliedern.

Die Rache der PKK

Bereits vor der offiziellen Gründung der Gang traten die Mitglieder der Red Legion erstmals als gewalttätige Gruppe in Erscheinung. Am 8. Mai 2010, auf den Tag genau 65 Jahre nachdem in Europa der 2. Weltkrieg endete, stürmte ein 30-köpfiges, schwarz gekleidetes, vermummtes Rollkommando gegen 23:20 Uhr von mehreren Seiten gleichzeitig auf das türkische Lokal »Barfly« zu. An dem lauen Abend hielten sich im Rahmen der Nürtinger Musiknacht wie immer zahlreiche türkischstämmige Besucher im Biergarten vor der Bar auf, darunter auch Mitglieder der Black Jackets. Die Gäste wurden zunächst mit einem Wurfhagel aus Steinen und Flaschen eingedeckt, und jeder, der es dann nicht mehr schnell genug ins schützende Lokalinnere schaffte, wurde mit Eisenstangen, Teleskopschlagstöcken und Baseballschlägern attackiert. Dabei hätten die Angreifer, so ein 20-jähriger arabisch sprechender Zeuge, »türkenfeindliche Beleidigungen« gebrüllt. Vier Männern wurden schwere Kopfverletzungen zugefügt, und es schien, als ob ein Mann gezielt aus der Menge angegriffen worden sei: Der 34-jährige türkische Mann der Wirtin wurde mit einer 700 Gramm schweren Eisenstange auf Kopf und Rücken geschlagen. »Nur ein paar Zentimeter tiefer oder höher, und es hätte zu einer lebensbedrohlichen Gehirnblutung kommen können«, wurde der Rechtsmediziner später zitiert. Für die Gewaltorgie benötigten die Angreifer nur 30 Sekunden. Die Verletzungen, Schädelhirntraumata, Platzwunden und Prellungen waren teilweise so gravierend, dass die Opfer bis heute physisch und psychisch darunter leiden.

Und es gab noch eine Folge dieser Gewalttat: Die verängstigten Gäste blieben in Zukunft aus, und die Wirtin musste ihren Laden einige Zeit später schließen.

Im beschaulichen Nürtingen, rund 20 Kilometer südöstlich von Stuttgart, war man geschockt über diesen öffentlichen Gewaltexzess. Selbst der Bürgermeister sah sich genötigt, öffentlich Stellung zu beziehen: »Gruppenkriminalität ist bis jetzt in unserer Stadt noch nicht in Erscheinung getreten.«

Das hatte sich ganz offensichtlich geändert.

Über die Tätergruppierung und deren Motiv wurde gerätselt, bis sich schließlich eine Zeugin zu Wort meldete: Nicht nur die Opfer, auch die Täter hätten »türkisch« gesprochen.

Während die Staatsanwaltschaft Anklage wegen vierfachen gemeinschaftlichen versuchten Mordes erhob, gelang es der eingesetzten Sonderkommission, langsam Licht ins Dunkle zu bringen. Der Auslöser war eine Parteinahme des Ehemannes der Wirtin gewesen. Dieser hatte sich nur eine Woche zuvor in einen Streit am 1. Mai in der türkischen Gaststätte eingemischt. Dort standen sich Türken und Anhänger der kurdischen Arbeiterpartei PKK gegenüber, die unter anderem von der EU und den USA als terroristische Vereinigung eingestuft wird. Der türkische Gatte äußerte sich in der Auseinandersetzung abfällig über die PKK und vertrieb die PKK-Anhänger unter Beschimpfungen aus dem Lokal. Dabei soll auch der Ruf »Ich ficke alle PKK« gefallen sein, was unter Kurden als schwerste Beleidigung angesehen wird.

Diese fühlten sich in ihrer Ehre als Kurden gekränkt und lösten deswegen die Racheaktion der Untergrundorganisation aus. Der PKK-Statthalter aus Stuttgart-Cannstatt, der aus einem mesopotamischen Kulturverein agierte, befahl den Angriff auf den Wirt und sein Lokal. Über welche Ressourcen die PKK trotz eines Verbotes in Deutschland noch verfügte und wie gut organisiert sie war, belegt der Umstand, wie schnell der 30-köpfige Schlägertrupp in Marsch gesetzt werden konnte. Da der Kulturverein schon längere Zeit wegen des Verdachts auf Zugehörigkeit zur PKK überwacht wurde, filmte die Polizei zufällig das Treffen der 19-köpfigen PKK-Prügeltruppe, bevor diese sich nach Nürtingen aufmachte. Alarmiert wurden die Beamten von einer zuvor abgefangenen PKK-SMS: »Hallo Stadtguerillas, Treffpunkt 18 Uhr, Stuttgart Bad-Cannstatt – und kleidet euch entsprechend.«

Verhindern konnte die Polizei den Gewaltexzess nicht, dafür aber umgehend die Identität der meisten Angreifer benennen. Diese wurden in einer koordinierten Polizeiaktion, die sich über mehrere Städte Baden-Württembergs erstreckte, verhaftet und in unterschiedliche Justizvollzugsanstalten größtenteils in Untersuchungshaft gesteckt. Um ein Mammutverfahren zu vermeiden, wurde das Verfahren gesplittet: Zuerst wurde gegen die Angeklagten verhandelt, die zur Tatzeit bereits volljährig waren.

Ein 34-jähriger Mann stellte sich als Kronzeuge zur Verfügung und wurde unter Polizeischutz im Zeugenschutzprogramm versteckt. Der PKK-Aktivist sagte umfassend über die geheimen Strukturen der Untergrundorganisation aus und wurde deswegen nur mit einer 22-monatigen Bewährungsstrafe wegen Körperverletzung belangt. Aufgrund seiner hohen Gefährdung wurde er mit einer neuen Identität ausgestattet. Von den verbliebenen 18 Angeklagten waren

16 bereits straffällig geworden. Der 24-jährige türkische (kurdische) Haupttäter war vor sieben Jahren aus dem kurdischen Teil der Türkei nach Deutschland eingewandert und gab als Beruf Fahrzeuglackierer an. Sein 27-jähriger Landsmann, neben ihm auf der Anklagebank, gab an, selbstständig zu sein. Ein weiterer 24-jähriger Türke nannte Stahlbetonbauer als seinen Beruf.

Nach zähen Verhandlungen zwischen den Verteidigern und Richtern wurde wie schon mehrfach zuvor zur Verfahrensverkürzung eine Absprache getroffen. Danach ließen die neun PKK-Sympathisanten über ihre Anwälte Geständnisse ablegen, in denen sie jeder Tötungsabsicht widersprachen und lediglich die gefährliche Körperverletzung und den Landfriedensbruch eingestanden. Die Anwälte legten bei dem Deal besonders auf den Punkt der Strafzumessung ihr Interesse: Diese dürfe auf keinen Fall eine Gefängnisstrafe von drei Jahren überschreiten, da die angeklagten Türken und Iraner nach dem Ausländergesetz ansonsten von einer Abschiebung bedroht gewesen wären.

Was der Staatsanwalt von diesen juristischen Winkelzügen hielt, wurde in seinem Plädoyer deutlich. Er beteiligte sich nicht an dem Deal, was ausgesprochen selten vorkommt, sondern hielt wegen der Heimtücke des Angriffes an seiner Mordanklage fest und forderte Haftstrafen von vier bis viereinhalb Jahren.

Diese Strafen hätten unweigerlich zur Abschiebung geführt, die Richterin setzte sich jedoch über das Plädoyer des Staatsanwaltes hinweg und verurteilte die Angeklagten im März 2011 wie abgesprochen lediglich wegen vierfacher Körperverletzung und Landfriedensbruchs. Das Urteil sah nun lediglich noch eine Gefängnisstrafe von zwei Jahren und neun Monaten vor. Die Richterin begründete die milderen Urteile mit einem »wilden Getümmel«. Es sei keine Tötungsabsicht der Täter zu erkennen, die Auswahl der Opfer sei »zufällig«. Lediglich den am schwersten verletzten Wirtsmann bezeichnete sie als beabsichtigtes Ziel des Rollkommandos. Warum auch in diesem konkreten Fall die Mordanklage der Staatsanwaltschaft unberücksichtigt blieb, war auch nach der einstündigen Urteilsverkündung noch unklar. Ihr Hauptziel hatten die Anwälte und das kurdische Rollkommando somit erreicht, die Urteile blieben unter der ausländerrechtlich relevanten Drei-Jahres-Frist. Von Abschiebung sprach niemand mehr.

Die Angeklagten reagierten auf den Urteilsspruch, indem sie wie schon während des Verfahrens das Victory-Zeichen zeigten und ins Publikum winkten. Der Gerichtssaal war wie an jedem Verhandlungstag mit Freunden und Familienangehörigen voll besetzt. Die Staatsanwaltschaft legte zuerst Revision ein, wurde dann aber von der Generalstaatsanwaltschaft im Dezember 2012 zurückgepfiffen. Die jetzt rechtskräftig verurteilten PKK-Schläger hatten zu diesem Zeitpunkt ihre Strafe größtenteils schon abgesessen und befanden sich wieder auf freiem Fuß.

Die Täter gingen offensiv an die Öffentlichkeit. Als wegen wiederholter gewalttätiger Auseinandersetzungen einige Zeit später wieder über die Red Legion berichtet wurde, ließ es sich die Gang nicht nehmen, ihre Sichtweise der Tat und ihrer Umstände öffentlich zu machen. Am 14. Januar 2013 nahmen Stuttgarter Gangmitglieder auf ihrer Facebook-Seite wie folgt Stellung:

»Dies war keine Aktion der Red Legion. Damals gab es uns noch gar nicht. Diese Aktion richtete sich gegen türkische Faschisten und kam aus der kurdischen Jugendbewegung. Fakt ist aber, dass viele der Militanten von der Nürtinger Aktion später in der RL landeten.«

In diesem Statement, in dem sich die RL auch zu anderen Gewalttaten äußert, findet man weder eine Distanzierung zur Gewalt noch eine entschuldigende Nachricht an die Opfer der Prügelattacke. Gewalt schien zu einem ganz selbstverständlichen Aspekt des Ganglebens geworden zu sein.

Nach diesen unverblümten Äußerungen und der Bestätigung der gewalttätigen Agenda der Gang war es nicht verwunderlich, dass sich eine Gewalttat an die nächste reihte. Beide Gangs rekrutierten unaufhörlich neue Mitglieder, wobei die Red Legion auf die zahlreichen Feinde der Black Jackets zurückgreifen konnte und nicht nur

Einzelpersonen, sondern auch kleinere Gangs vollständig schluckte. Der Konflikt wurde blutiger und brutaler. Einem Gangster der Black Jackets wurde vorgeworfen, im Juli 2012 ein Mitglied der Red Legion in Stuttgart attackiert zu haben. Während der Verhandlung wegen gefährlicher Körperverletzung marschierten vor dem Amtsgericht Ludwigsburg 25 Red-Legion-Mitglieder auf. Dort eskalierte die Situation zwischen den Gangmitgliedern und den 50 eingesetzten Polizeikräften, die einen störungsfreien Verhandlungsverlauf und die Sicherheit aller Prozessbeteiligten gewährleisten sollten. Die Beamten sprachen von einer aggressiven Atmosphäre und provozierendem Verhalten, insbesondere eines einzelnen Gangmitglieds. Der Mann sei trotz mehrfacher Anforderung immer wieder bedrohlich auf einen Polizeihundeführer zugegangen und habe sich unkooperativ verhalten. Der Beamte erteilte schließlich seinem Diensthund den Beißbefehl. Im Gerichtsgebäude wurde das Black-Jackets-Mitglied unterdessen freigesprochen. Die Gangs waren schon lange dazu übergegangen, das staatliche Gewaltmonopol und die deutsche Justiz zu übergehen. Sie klären ihre Angelegenheiten nach ihren eigenen Regeln.

Black Jackets vs. Red Legion – Justitia im Dealexzess

Sie lachen, sie feixen, sie grinsen. Man zwinkert sich zu und winkt Freunden und Familienangehörigen. Nein, die Männer, die sich so verhalten, befinden sich nicht etwa auf einem ausgelassenen kurdischen Hochzeitsfest, sondern auf der Anklagebank der 3. Großen Jugendkammer des Stuttgarter Landgerichts. Die elf Männer, davon zehn bereits vorbestraft, sind zwischen 17 und 26 Jahre alt, überwiegend kurdischstämmig und haben sich in einer Gang organisiert, der Red Legion.

Im September 2012 versuchte man die juristische Ahndung eines Angriffes, den ein etwa 30-köpfiges Rollkommandos der Red Legion am 15. Januar des Jahres durchgeführt hatte. Zehn der elf angeklagten Männer waren bereits wegen anderer Gewaltdelikte vorbestraft, meist wegen gefährlicher Körperverletzung. Acht dieser Männer hatten sich zur Tatzeit nur unter Bewährungsauflagen auf freiem Fuß befunden und verstießen mit der neuerlichen Gewalttat gegen ihre richterlichen Auflagen. Hier saßen also keine kleinen Jungs vor Gericht, die zu viele Hollywoodfilme konsumiert hatten, sondern Gangmitglieder, die trotz ihres jungen Alters bereits mit einer zum Teil beachtlichen kriminellen Karriere auffällig geworden waren.

Das Ziel der Attacke war ein hochrangiges Mitglied der Black Jackets gewesen, von dem die Gangster wussten, dass er sich in einem Lokal in der Ludwigsburger Solitudestraße aufhielt. Während der Großteil der Red-Legion-Mitglieder sich vor der Gaststätte postierte, betraten vier oder fünf Männer die Räumlichkeiten und forderten das Mitglied der verfeindeten Gang auf, mit ihnen nach draußen zu kommen. Als der 29-Jährige keinerlei Anstalten unternahm, der Aufforderung nachzukommen, wurde er zunächst mit einem Faustschlag auf den Hinterkopf traktiert. Dann zogen die Angeklagten noch in dem Lokal ihre Waffen, eine Schreckschusspistole, ein Messer und einen Teleskopschlagstock. Gleichzeitig stürmten weitere Gangmitglieder herein und begannen augenblicklich das Lokal zu verwüsten. Sie warfen Gläser, Windlichter und Salzstreuer durch die Bar, woraufhin unter den übrigen Gästen eine Panik ausbrach und diese unter anderem Schutz in den Toiletten suchten. Von außen warf ein Angeklagter einen Pflasterstein durch eine Schaufensterscheibe gezielt in Richtung einer Angestellten, die gerade dabei war, die Polizei zu alarmieren. Der massive Stein verfehlte die Bedienung nur knapp, erhöhte dafür aber umso mehr die anherrschende Panik unter den Gästen. Der angerichtete Sachschaden wird mit 8400 Euro beziffert. Vor dem Eintreffen der Polizei glückte den Gangmitgliedern die Flucht.

Doch es gelang den Beamten, alle 34 Tatverdächtigen zu ermitteln. Gegen die elf Hauptbeschuldigten erhob die Staatsanwaltschaft Stuttgart Anklage wegen gemeinschaftlichen schweren Landfriedensbruchs und Körperverletzung und plante mit 27 Verhandlungstagen (Az.: 3 KLs 5 Js 4009/12).

Die Angeklagten verweigerten vor Gericht jede Aussage. Den Tatbeitrag der 20 weiteren Beteiligten will die Staatsanwaltschaft in einem gesonderten Verfahren verfolgen, das bereits vorbereitet wird.

Die Ermittlungen der Staatsanwaltschaft ergaben, dass die Mitglieder der Red Legion sich in Esslingen zusammengerottet hatten und danach organisiert ins 25 Kilometer entfernte Ludwigsburg fuhren, um den Führungskader der Black Jackets »eine Abreibung zu verpassen«. Besonders um den Anklagepunkt des *gemeinschaftlichen schweren* Landfriedensbruchs stritten die Verteidiger der Gangmitglieder vor Gericht. Denn infolge der hohen Strafzumessung für diesen Straftatbestand könnte das Gericht eine Gefängnisstrafe von über drei Jahren aussprechen, was für die angeklagten Nicht-EU-Bürger eine zwingende Ausweisung bedeuten würde.

Doch die lange Prozessdauer, die verursachten Kosten und die Verteidigungsstrategie der Anwälte zermürbten das Stuttgarter Landgericht einmal mehr. Auch ließ sich der schwerwiegendste Anklagepunkt des gemeinschaftlichen schweren Landfriedensbruchs vor Gericht kaum beweisen. Die beschuldigten Haupttäter, die sich seit ihrer Festnahme nach wie vor in Untersuchungshaft befanden, wurden gegen eine geringe Kaution von 3000 bis 4000 Euro auf freien Fuß gesetzt. Das Gericht, die Staatsanwaltschaft und die Verteidigung handelten schließlich einen Deal aus, der den Mitgliedern der Red Legion mehr als entgegenkam. Der Landfriedensvorwurf wurde verworfen, die Staatsanwaltschaft sprach nur noch von einem einschüchternden und beängstigenden Auftreten. Völlig verdrängt wurde unverständlicherweise die Aufklärung des Motivs der Attacke, das weder im Plädoyer noch im folgenden Urteilsspruch überhaupt eine Rolle spielte. Die Staatsanwältin und der zuständige Richter kapitulierten auf ganzer Linie und erwähnten die erbitterte Gangfeindschaft und auch die ethnischen Rivalitäten vor Gericht mit keinem Wort. Sie stuften die Auseinandersetzung plötzlich als eine nicht geplante Einzelaktion ein, die vor Ort eskaliert war, ohne dass sie in der Lage waren, den Angeklagten einen Vorsatz beweisen zu können. Diese Interpretation der Tat verringerte das Strafmaß der Gangmitglieder erheblich. Strafrechtlich reduzierten sich die meisten Anklagen auf versuchte Nötigung und Beihilfe zur versuchten Nötigung. Trotz ihrer Vorstrafen und des Bruchs ihrer Bewährungsauflagen erhielten vier Männer noch einmal eine weitere Bewährungsstrafe.

Der Haupttäter erhielt wegen gefährlicher Körperverletzung ein Jahr und sechs Monate Haft, ein zweiter Täter, ausgestattet mit einem Teleskopschlagstock, erhielt trotz der mitgeführten Waffe eine Bewährungsstrafe von elf Monaten. Die fünf weiteren Angeklagten erhielten eine Strafzumessung von bis zu einem Jahr. Dass sie dennoch ins Gefängnis wanderten, hatten sie einzig dem Widerruf ihrer vorherigen Bewährungsstrafen zu verdanken. Daraus formte das Gericht eine Gesamtstrafe, die eine Höhe erreichte, die nicht mehr zur Bewährung ausgesetzt werden konnte.

Wie es dann im schönsten Juristendeutsch gern beschwichtigend genannt wird, stimmte das Gericht aus verfahrensökonomischen Gründen einem Vergleich mit der Verteidigung zu. Der ausgehandelte Deal setzte sich wie immer aus einem Teileingeständnis und einem deutlichen Strafnachlass zusammen. Die personell und finanziell überforderte deutsche Justiz hatte ihre Ruhe und konnte das lästige Großverfahren mit einem nach außen hin ordentlichen Richterspruch im Archiv begraben.

Die Angeklagten kamen im Gegenzug mit der geringeren Ahndung einer untergeordneten Straftat davon. Alle waren zufrieden, nur eines versuchte die Staatsgewalt dabei mit aller Macht zu verdrängen: Die abschreckende Wirkung, die durch eine angemessene Bestrafung möglich geworden wäre, war so natürlich wieder hinfällig. Auch dass die Justiz in immer größeren Teilen der Gesellschaft an Autorität einbüßt und die Gangmitglieder, die mittlerweile Schlange vor Gericht stehen, sich nicht ordnungsgemäß verurteilt fühlen müssen, sondern fröhlich herumposaunen, es sei alles mit einem Deal geregelt worden, verwundert da nicht mehr.

Dieses Geschachere in den Hinterzimmern hat mit der Suche nach der Wahrheit, hat mit Gerechtigkeit und Sühne nichts mehr zu tun.

Und so trat das ein, was ein abschreckendes Urteil vielleicht hätte verhindern können. Der Gangkrieg, Black Jackets vs. Red Legion,

Türken gegen Kurden, eskalierte im Südwesten der Republik. Und zwar tödlich.

Blutrache – tödliche Weihnachten

Esslingen am Neckar war zum Epizentrum der Ganggewalt geworden. In der nicht ganz 100 000 Einwohner zählenden Kreisstadt, nur zehn Kilometer vor den Toren Stuttgarts, prallten die verfeindeten Gangs in immer kürzeren Abständen aufeinander. Da Gangmitglieder beider Seiten in der dortigen Türsteherszene um die gleichen Einnahmen konkurrierten, verschärfte sich der Konflikt zusehends.

Nach dem Rollkommando auf der Nürtinger Musiknacht im Mai 2010 und dem Überfall auf das Ludwigsburger Lokal im Januar 2012 folgte zu Weihnachten 2012 der dritte Kampf um die territoriale Vormachtstellung der Gangs. Dabei intensivierte sich die Gangfeindschaft aufgrund eines weiteren gefährlichen Details: Mitglieder der La Fraternidad aus der Region Esslingen, deren Rivalität zu den Black Jackets ihren bisherigen blutigen Höhepunkt im Sommer 2009 gefunden hatte, waren zu der Red Legion übergetreten.

Männer aus diesen Gangs kamen aus den Gebieten der östlichen Türkei und Kurdistans, in denen noch immer im Namen der Blutrache getötet wird, dem *kan davasi* (»Blutstreit«). Es handelt sich hierbei um ein jahrtausendealtes Prinzip zur Sühnung von Verbrechen, welches die Ultima Ratio im Konfliktverlauf einer Fehde darstellt. Dieses archaische Gewohnheitsrecht straft oftmals drakonischer als das vorangegangene Verbrechen und löst damit abermals eine neuerliche Blutrache aus. Es entsteht so der Kreislauf einer nicht enden wollenden und enden könnenden Gewalt. Und in genau einem solchen Kreislauf schienen die Red Legion und Black Jackets jetzt gefangen zu sein. Nur dass sie dieses Blutvergießen nicht in den anatolischen Bergen austrugen, sondern mitten in Deutschland.

Trotz des Regens war der Blutfleck auf den Pflastersteinen in dieser Nacht auch Stunden später noch sichtbar. Spritzen, Kanülen, aufgerissenes Verbandsmaterial und eine silbrig gold schimmernde Rettungsfolie waren auf dem Asphalt zurückgelassen worden und zeugten vom Kampf des Notärzteteams gegen den Tod. Der Kampf war verloren worden. Das 22-jährige Black-Jackets-Mitglied Aytac C. lag ermordet in seinem Blut auf dem Bürgersteig.

Nachdem 2009 Mitglieder der Black Jackets bei der Attacke gegen die Gang La Fraternidad am gleichen Ort so viel Blut vergossen hatten, war die Stadt nun zum Austragungsort der Blutrache vonseiten der Red Legion und der ehemaligen Mitglieder der La Fraternidad geworden.

An dem eigentlich besinnlichen vorweihnachtlichen 23. Dezember 2012 trafen sich elf Mitglieder der Black Jackets in einer Shisha-Bar in der Entengrabenstraße. Völlig unerwartet tauchte dort gegen 23:45 Uhr eine etwa gleich starke Abordnung der Red Legion auf und forderte die konkurrierenden Gangster auf, nach draußen vor die Tür zu kommen.

Die Black Jackets sprangen auf diese Herausforderung sofort an. Sie folgten den Rivalen ins regnerische Nass der Freitagnacht und tappten so in die Falle. Sobald sie auf der Straße waren, wurden sie von einem zusätzlichen Kommando der Red Legion überfallartig angegriffen. Die Gruppe hatten sich im Dunkel der Straße links und rechts postiert und war nicht zu sehen gewesen. Die Red Legion waren in der Überzahl. Und sie waren bewaffnet. Der ehemalige Chapter-Präsident der Black Jackets war das erste Opfer. Sie rammten ihm ein Messer in den Bauch, was er schwer verletzt überlebte.

Skrupellos setzten die Angreifer ihre Messer und Schlagwerkzeuge ein. Aufgrund der Brutalität der Attacke häuften sich die Verletzten aufseiten der Jackets, und die Schwere der ihnen zugefügten Verletzungen wurde immer gravierender, da die Red Legion auch von bereits malträtierten und am Boden liegenden Feinden nicht abließen. Der ganze angestaute Hass schien sich in dieser Nacht entladen zu wollen.

Als die Gewaltorgie vorüber war, lagen elf Black Jackets auf dem Asphalt vor dem Lokal. Sieben klagten über leichtere Verletzungen, vier waren schwerstverletzt und erlitten um ein Haar dasselbe Schicksal wie der 22-jährigen Bodybuilder Aytac C. Er war unter mehreren Messerstichen zusammengebrochen und verstarb noch vor Ort, wie die durchgeführte Obduktion später ergab.

Tage später, als die Polizei die Beteiligten beider Seiten genauer überprüfte, fiel ein Umstand auf, der der Öffentlichkeit zunächst vorenthalten wurde. Viele der Opfer waren ihrerseits Täter ebenjenes brutalen Überfalls, der vor drei Jahren in Esslingen auf die La Fraternidad erfolgt war. Damals hatten die Mitglieder der Black Jackets mit Eisenstangen und Baseballschlägern auf die Gangmitglieder eingeschlagen und einen 26-Jährigen mehrere Wochen ins Koma befördert. Viele der beteiligten 210er waren erst vor Kurzem aus der Haft entlassen worden.

Die ehemaligen Gangmitglieder der La Fraternidad waren offenbar in die größere und schlagkräftigere Red Legion übergetreten, um Rache nehmen zu können. Die Attacke schien vor diesem Hintergrund mit besonderer Brutalität und Mordabsicht durchgeführt worden zu sein. Blutrache.

Die Angreifer der Red Legion flüchteten zu Fuß, doch der Polizei gelang es unmittelbar nach der Tat, die ersten zwei Täter festzunehmen. Da auch sie Verletzungen erlitten hatten, wurden sie erst in einer Klinik behandelt, bevor der Richter Haftbefehle wegen Mordes ausstellte.

Die Öffentlichkeit war geschockt, und diesmal berichteten die Medien bundesweit über die gewalttätige Auseinandersetzung. Allerdings war auch nach dieser tödlichen Attacke die Berichterstattung alles andere als eine Sternstunde des Journalismus, denn beinahe alle Nachrichten beschrieben abermals nur eine Konfrontation rockerähnlicher Gruppierungen. Eine große süddeutsche Zeitung titelte »Junger Mann stirbt bei Messerstecherei zwischen Rockern«. Eine Boulevardzeitung berichtete gar von einer Auseinandersetzung zwischen Motorradgangs. In anderen Artikeln wurden gleichzeitig Einzelheiten über aktuelle Razzien und Kontrollen bei den Hells Angels und Bandidos verbreitet. Vornamen und abgekürzte Nachnamen waren weder von Opfern noch von Tätern zu lesen, es gab keinerlei Informationen zu der Nationalität der Täter oder der Zusammensetzung der Gangs. Natürlich fiel auch nirgendwo der Begriff der Blutrache, denn die Behörden waren noch nicht in der Lage, die entsprechenden Zusammenhänge zu erkennen. Oder versuchte die politische Führung im Stuttgarter Innenministerium etwa gezielt zu verhindern, dass das besinnliche Weihnachtsfest vor dem Wahljahr 2013 von einer bundesweiten Berichterstattung über den offen ausgetragenen Blutstreit zweier Migrantengangs überschattet wurde?

Unumwunden gab der Leiter der neuen, aber zeitlich befristeten Sonderkommission »Obertor« zu, dass die Polizei nur »sehr wenig Erkenntnisse zu den Strukturen diese Gruppierung« hatte. Sie tappten bei der Einordnung der Red Legion und ihrer Mitglieder weitestgehend im Dunkeln. Doch bei der Benennung der Motivlage war sich die Behörde schnell sicher, sie sprach von brutalen Revierkämpfen der beiden Banden, einer Machtdemonstration der Red Legion und einem rücksichtslosen Kampf um das Türstehergeschäft in Bordellen und Diskotheken. Daraus entstehe eine Konkurrenzsituation der Gangs, die sich auch auf die Kriminalitätsfelder Drogen, Waffen und Menschenhandel erstrecke. Das Wort »Blutrache«, das sicherlich eine bundesweite Beachtung und intensive Diskussion ausgelöst hätte, scheute man wie der Teufel das Weihwasser. Genauso wie den Hinweis, dass sich hier zwei Gangs bekriegten, deren ethnische Zusammensetzung den Konflikt auf gravierende Weise verschärfte.

Die ersten Verhaftungen galten sieben Männern im Alter zwischen 20 und 26 Jahren, von denen sechs vorbestraft waren. Die Vernehmungen und die Auswertung ihrer Handydaten sowie die Rekonstruktion ihrer Computeraktivitäten führten die Ermittler zu weiteren Tatverdächtigen. Der Druck auf die RL-Mitglieder wuchs beständig an, und ihre Täterschaft schien sich immer weiter zu bestätigen. Im Rahmen zahlreicher Razzien und Durchsuchungen stießen die Spezialeinsatzkommandos auf die entsprechende Gangbekleidung.

Eine Woche nach der Tat stellte sich ein bereits aktenkundiger 20-jähriger Türke der Polizei und wurde ebenfalls wegen gemeinschaftlichen Mordes und vierfachen Mordversuches in Untersuchungshaft gesteckt. Es war der achte Inhaftierte. Nummer neun und zehn waren ein 22-jähriger Iraker und ein 21 Jahre alter Türke.

Ihnen allen drohte im schlimmsten Falle die gleiche Strafe, die lebenslange Haft. Selbst eine zusätzliche Sicherungsverwahrung hätte den größtenteils erheblich vorbestraften Männern drohen können – bei einer hart durchgreifenden Justiz zumindest. Was in Deutschland also eher unwahrscheinlich war.

Der Kreis der Tatverdächtigen erweiterte sich ständig, es folgte Festnahme auf Festnahme, betroffen waren hauptsächlich Türken, aber auch Iraner und Griechen. Mitte Januar 2013 erfolgten die Festnahmen Nummer 16 und 17. Die Männer waren zwischen 22 und 26 Jahre alt.

Wieder einmal war die örtliche Bevölkerung geschockt, fühlte sich von der Politik und den Medien mit diesen Problemen allein gelassen und machte ihrer Wut und Unzufriedenheit in Leserbriefen und in Onlinekommentaren Luft. Es wurde der Leiter der eingesetzten Sonderkommission vorgeschickt, um die Deutungshoheit der Behörden über die Geschehnisse zurückzuerlangen und der Bevölkerung eine Sicherheit vorzugaukeln, die schon lange nicht mehr der Wahrheit entsprach. So resümierte er in einem ausführlichen Interview der städtischen Zeitung denn auch: »Die Gefahr für unbeteiligte Bürger ist eher gering.« Trotz der Häufung schwerster Straftaten in kürzester Zeit insistierte er: »Allein daraus ist aber keine Entwicklung abzuleiten.«

Alles bestens im Südwesten der Republik!

Die Red Legion setzte unterdessen unbeirrt ihre Expansion und den Ausbau ihrer Strukturen fort. Einzelne Mitglieder verwendeten alsbald auch einen Totenkopf anstatt des Gorillaporträts, und der Umfang der Streetgang wuchs und wuchs. Als nächsten Schritt legte sich die RL eine Nachwuchsgruppe zu, die Red Nation. Die Gang schien sich durch die drohenden Mordanklagen nicht von ihrem gewalttätigen Kurs abbringen lassen zu wollen, ganz im Gegenteil.

In den ersten Stellungnahmen der Anwälte der Black Jackets wiederholte sich ein bekanntes Argumentationsmuster, das seit geraumer Zeit von allen Gangs vorgetragen wurde. Drohte Ärger mit der Polizei oder befand man sich gar in einem Gerichtssaal, war man natürlich kein aktives Gangmitglied mehr, das nach den Regeln einer Macho- und Gewaltkultur lebte, sondern ein anständiges Exmitglied, das dieser Gang aus voller Überzeugung und infolge der eigenen geistigen Reife längst den Rücken gekehrt hatte. Bei den Tätern war diese Argumentation nachvollziehbar. Dass jedoch die Opfer einer Gewalttat nun auch dazu übergingen, verwunderte schon. Welchen Grund hätten der Trupp der Red Legion denn gehabt, die angeblich längst ausgetretenen Jackets anzugreifen und sogar zu töten? Und wieso trafen sich die Männer dann immer noch in den Strukturen der Gang?

Auf Facebook ließen die Black Jackets jegliche Hemmungen fallen und gaben ihren Rachephantasien freien Lauf. Neben Beileids- und Treueschwüren sowie Bildern von der Überführung des Sarges hagelte es Todes- und Folterungsdrohungen, so beispielsweise über den Account der Black Jackets South-West. Neben Vergeltungsdrohungen gegen ein namentlich genanntes Mitglied der Red Legion und der Ankündigung, dass dieser und seine Mutter anal vergewaltigt werden sollten, postete der Account-Inhaber ein weiteres Bild, auf dem er oder ein anderes Gangmitglied beim Durchladen einer Pumpgun zu sehen war. Zusätzlich zu dem Bild wurde nur wenige Tage nach dem tödlichen Überfall ein Statement online gestellt: »Red Legion = erster kurdischer Homosexuellen-Verein! Das sind keine Kurden, das ist Abschaum. Alle Kurden distanzieren sich von diesen Bastarden!«

Die erste Vergeltungstat folgte nur einen Monat nach der Tat, am 22. Januar 2013. Drei Mitgliedern der Black Jackets wird vorgeworfen, mit zwölf weiteren Gangstern vor einer Stuttgarter Gaststätte ein Mitglied der Red Legion angegriffen zu haben. Dem Todfeind verpassten sie zwei lebensgefährliche Messerstiche und weitere Verletzungen, zusätzlich wurden zwei scharfe Schüsse abgegeben.

Die Männer im Alter von 20 bis 31 Jahren standen ab September 2013 vor dem Landgericht Stuttgart (Az.: 3 KLs 114 Js 11545/13).

Die Anklage lautet unter anderem auf gemeinschaftlichen versuchten Mord. Doch bereits Ende November 2013 platzte der Prozess, da die einzige Belastungszeugin untergetaucht war und eine mehrwöchige Suche nach ihr erfolglos blieb. Die Angeklagten wurden aufgrund mangelnder Tatbeweise freigesprochen. Der Rechtsstaat kapitulierte.

In der schon angesprochenen Stellungnahme der RL auf Facebook wurde darauf hingewiesen, dass auch infolge des Ludwigsburger Prozesses das Red-Legion-Chapter Stuttgart sich im Februar 2012 offiziell aufgelöst hatte. Die offizielle Auflösung sollte vermutlich den Pressemeldungen entgegentreten, wonach Mitglieder der Stuttgarter Red Legion für die Mordtat verantwortlich waren.

»Folglich kann es keine Aktion oder Aktionen von Red Legion Stuttgart mehr geben«, hieß es, wobei die Auflösung gleich wieder eingeschränkt wurde. »Fakt ist natürlich auch, dass die Leute aus dem ehemaligen Chapter Stuttgart noch existieren. Wir können uns ja nicht in Luft auslösen!«

Wie menschenverachtend der Ton zwischen den verfeindeten Gangs geworden war, belegt eine Äußerung zu der tödlichen Weihnachtsattacke, die als »... sportliche Auseinandersetzung in Esslingen ...« bezeichnet wurde.

Verantwortlich für das Statement bezeichnen sich »Ehemalige Mitglieder des ehemaligen RL Chapters in Stuttgart«. Mit »Rote Grüße« senden sie gleich noch eine Kampfansage via Facebook in die Welt: »Wenn jemand ein Problem mit uns haben sollte, darf er gerne auf uns zukommen ...«

Der Post hat 127 »Gefällt mir«-Klicks, beinahe ausnahmslos von Männern mit Migrationshintergrund, die auch schon mal Profilnamen wie »Ahmad Attentat« verwenden. Viele Facebook-Profile dieser Männer machen keinen Hehl aus ihrer Unterstützung für den bewaffneten kurdischen Kampf gegen die Türkei.

Rund neun Monate später im September 2013 startete man vor dem Landgericht Stuttgart (Az.: 3 KLs 115 Js 35416/13) den Versuch einer juristischen Aufarbeitung der Mordnacht. Elf Tatverdächtige waren wegen gemeinschaftlichen Mordes und versuchten Mordes angeklagt. Es sind vorerst 56 Verhandlungstage bis weit ins Jahr 2014 angesetzt. Zusätzlich befinden sich noch sieben weitere Gangmitglieder in Untersuchungshaft, deren Verfahren abgetrennt wurden und Ende 2013 separat verhandelt werden sollen. Die Kammer hatte jedem Angeklagten einen zweiten Verteidiger zugeordnet, sodass beim Ausfall eines Anwaltes das Verfahren weitergeführt werden könnte. Dies veranlasste einige Rechtsanwälte, die ersten Befangenheitsanträge gegen die Richter zu stellen.

Man will es nicht herbeischreiben, aber es ist zu befürchten, dass die Verschleppungstaktik der Rechtsverdreher auch hier wieder seine Fortsetzung findet und der Prozess nicht mit einem ordentlichen Urteil, sondern mit einem Deal zu den Akten gelegt wird. Natürlich nicht, bevor die Herren in Schlips und Robe, insgesamt 22 Verteidiger und acht Nebenkläger, Kosten verursacht haben werden, welche die Millionensumme leicht überschreiten. Der Steuerzahler wird schon dafür aufkommen. Rechnet man dann noch die Kosten für die umfangreichen Sicherheitsmaßnahmen im und um das Gerichtsgebäude hinzu sowie den Umstand, dass die Tatverdächtigen auf unterschiedlichste Haftanstalten des Landes verteilt werden mussten, was zum Teil stundenlange An- und Abfahrten nach sich zieht, erscheint ein Betrag von zwei, drei Millionen eher zurückhaltend angesetzt. Und dann wird noch der zweite Prozessmarathon mit weiteren sieben inhaftierten Gangmitgliedern folgen, bei dem sich das gesamte Prozedere sehr wahrscheinlich wiederholt. Das Landgericht Stuttgart sieht leider keine Veranlassung, die Bürger über den Verbleib ihrer Steuergelder zu informieren. Trotz zweier Anfragen zu den zu erwartenden Kosten verweigerte die Behörde jede Antwort. Die transparente Informationspolitik einer steuerfinanzierten Behörde sieht sicherlich anders aus.

Wer gedacht oder wenigstens gehofft hatte, dass eine neunmonatige Untersuchungshaft und eine drohende Verurteilung wegen Mordes die Mitglieder der Red Legion innerhalb und außerhalb der Gefängnisse ihren eingeschlagenen Weg würde überdenken lassen, wurde gleich zu Prozessbeginn eines Besseren belehrt. Rund 40 Gangmitglieder versammelten sich vor dem Landgericht, um ihren aus verschiedenen Haftanstalten herantransportierten Gangbrüdern zuzujubeln. Sie winkten sich zu, hoben die Finger zum Victory-Gruß und formten mit Zeigefinger und Daumen ein »L« für RL.

Es herrschte auf den ersten Blick die ausgelassene Stimmung eines Klassentreffens. Die Gangmitglieder vor dem Gerichtsgebäude, augenscheinlich ausschließlich Migranten, die zum Teil in Kampfhose und Camouflage-Bomberjacke gekleidet waren, störten sich nicht an den Pressefotografen, sondern wirkten ziemlich vergnügt. Was einigermaßen erstaunlich war, da auf einige der Angeklagten, inzwischen akkurat frisiert und mit gestutzten Vollbärten, womöglich gar eine Mordanklage wartete. Vordergründig diente der martialische Auftritt zwar allein der Sympathiebekundung mit den angeklagten Gangstern, doch gleichsam dürften dadurch wankelmütige und aussagebereite Zeugen und Opfer extrem eingeschüchtert worden sein. Der groteske Auftritt hatte seinen Zweck also mehr als erfüllt.

Gleich am zweiten Prozesstag waren mehr als einhundert Polizisten vonnöten, da ein verletztes Mitglied der Black Jackets zur Zeugenaussage vorgeladen war. Der Mann reiste mit nicht weniger als 30 Gangbrüdern an, die von einer ebenfalls 30-köpfigen Abordnung der Red Legion abgeschirmt werden mussten. Umfangreiche Sicherheitsmaßnahmen und Kontrollstellen schon auf dem Anfahrtsweg verhinderten ein direktes Aufeinandertreffen der Todfeinde.

Der Zeuge stellte sich als der Bruder des Getöteten vor und machte trotz der Drohkulisse eine umfangreiche Aussage vor Gericht. Er nannte Namen von Beteiligten, identifizierte zuerst zwei Angreifer im Alter von 22 und 23 Jahren und schließlich den 27-Jährigen, der ihm ein Messer in den Rücken gerammt hatte. Darüber hinaus hatte ihm noch ein Unbekannter eine lebensgefährliche Stichverletzung im Bauch zugefügt. Lunge und Leber waren noch immer beeinträchtigt, was dem Zeugen Atembeschwerden verursachte. Seit den Gewaltattacken wurde er von Schlafstörungen und Depressionen heimgesucht, welche er mittels psychologischer Behandlung einzudämmen versuchte.

Doch trotz Hundertschaften und Dutzenden Justizwächtern eskalierte die Situation in und außerhalb des Gerichts. Bei einem Tumult während einer Verhandlungspause im Gericht spuckte Anfang Oktober 2013 ein 18-jähriges Mitglied der Red Legion einem Black-Jackets-Gangster ins Gesicht. Nur wenige Tage später folgte für diese öffentliche Demütigung die Vergeltung: Am 7. Oktober lauerten dem 18-Jährigen gegen 23:00 Uhr am Esslinger Bahnhof mehrere unbekannte Männer auf und stachen mit einem Messer auf ihn ein. Lebensgefährlich verletzt, gelang ihm die Flucht, ein Bekannter brachte den Niedergestochenen ins Krankenhaus, wo er noch Tage in Lebensgefahr schwebte. Bei den ersten polizeilichen Vernehmungen schwieg das Opfer und gab an, keinen der Angreifer erkannt zu haben.

Dieser abermalige Mordversuch zog unverständlicherweise nur eine kleine Meldung in einer Lokalzeitung nach sich, genauso wie die späteren massiven Tumulte inmitten des Gerichtssaals.

Die Gangabordnungen beider Banden schaukelten sich auf den Zuschauerbänken mit wechselseitigen Beleidigungen und Provokationen auf. Die Krawalle konnten von den Polizisten erst unterbunden werden, als sie ihre Schlagstöcke einsetzten und vier Black Jackets festnahmen und aus dem altehrwürdigen Landgericht abführten. Ein weiterer 210er konnte im letzten Moment abgedrängt werden, bevor er auf die Verteidigerin eines angeklagten Mitglieds der Red Legion losging.

Dass die Gangmitglieder jeden Respekt und alle Autorität vor den Gerichten verloren haben, müssen sich die Juristen selbst zuschreiben. Was sonst sollte die vierte Bewährungschance, der nächste Deal, die nächste Strafverschonung bei den unbelehrbaren Gewalttätern auch auslösen?

Die Dealexzesse fallen auf ihre Urheber zurück.

Rotlichtkrieg – mit Pistolen und Dönermessern in den Kampf

Gerade der Osten Baden-Württembergs wurde in immer kürzeren Abständen zum Schauplatz von Gewalttaten. So mischten neben dem Bandidos MC Ulm und dessen Unterstützern vom Gringos MC und dem X-Team auch die United Tribuns und besonders die Ulmer Black Jackets tatkräftig im profitablen Rotlichtmilieu der Universitätsstadt mit. Es sollte nicht lange dauern, bis ein weiterer krimineller Akteur seine Ansprüche anmeldete und damit erheblich zu der Eskalation beitrug. Die Red Legion aus dem Stuttgarter Raum expandierte ins Ulmer Rotlichtmilieu und ließ so einen weiteren Brandherd in der Republik entstehen.

Die Jackets aus Ulm organisierten sich zusammen mit Mitgliedern aus Neu-Ulm, Langenau, Dornstadt, Westside und Göppingen in dem Großchapter Darkside. Allein in Ulm rechnete die Polizei der Bande 60 Gangmitglieder zu.

Die bis zu 200 Prostituierten der Stadt, von denen etwa 80 Prozent aus Osteuropa stammen, verrichten ihre Arbeit größtenteils in den Bordellen des Rotlichtviertels an der Blaubeurer Straße und in sogenannten Modellwohnungen. Gerade in jüngster Zeit war ein regelrechter Boom an neuen Bordellen, Tabledance-Bars und derartigen Wohnungen zu verzeichnen gewesen. In einem Umkreis von nicht einmal drei Kilometern schoss ein Bordell nach dem anderen aus dem Boden. Die Häuser trugen so verheißungsvolle Namen wie: Joy Thai Massage, FKK Morgenland, Lustpark 1 + 2, Eros Center, Pure Platinum, Imperium, Freudenhaus, s'Hexenhäusle, Thaiparadies, Süße Engel, Studio 68 und Lustinsel. Knapp zwei Dutzend Etablissements wetteiferten um die ertragreichsten Prostituierten, um deren Freier und vor allem ums Geld.

Die Profite stiegen, und gleichzeitig verschärfte sich der Konkurrenzkampf. Mindestens eines dieser Etablissements wird von den Mitgliedern der Black Jackets betrieben und bewacht, wobei die Gangster stetig bemüht sind, ihren Einfluss im Milieu und damit ihre Profite zu steigern. Da die Gang ihr Bordell als Treff- und Sammelpunkt für ihre gesamten Rotlichtaktivitäten nutzte, hatten die Geschehnisse rund um das Haus schon eine Vielzahl von Polizeieinsätzen ausgelöst. Ende Februar 2013 verschärfte sich der Krieg der Gangs um die Vorherrschaft im Ulmer Rotlichtmilieu noch einmal. Ein neuer Spieler griff ausgerechnet nach einem Bordell in der Blaubeurer Straße, welches sich genau gegenüber dem Black-Jackets-Bordell befand. Die Hintermänner dieses neuen Etablissements ordneten die Behörden der Red Legion zu. Die kurdischen Todfeinde der 210er, die vor gerade einmal zwei Monaten beschuldigt worden waren, ein Mitglied der Black Jackets in Esslingen erstochen und elf weitere verletzt zu haben, waren jetzt die unmittelbaren Nachbarn.

Die umkämpfte Blaubeurer Straße befindet sich dabei nicht abgelegen in einem reinen Milieugebiet, sondern ist ein bedeutendes Handelszentrum der Stadt mit Märkten, Großgeschäften und einem Shoppingcenter für die ganze Familie, mit rund 100 Fachgeschäften und Gastronomiebetrieben. Außerdem ist die Straße eine vierspurige Ein- und Ausfahrtsstraße der Stadt. Die Verunsicherung in der Bevölkerung wuchs.

Dem Vermieter des Bordells der Black Jackets setzte der ständige Ärger mit den Gangstern schwer zu, und er sprach mehrere fristlose Kündigungen und Räumungsklagen aus, doch die Gang nutzte geschickt das Gewerberecht für ihre Zwecke. Sein eigentlicher Mieter, ein Türke aus Aalen, hatte sich offiziell mit unbekanntem Wohnort in die Türkei abgesetzt und war deswegen postalisch gar nicht erreichbar. Erste rechtliche Schritte scheiterten schon an der Zustellung der Klagen.

Der Eigentümer versuchte die Kündigung also gegen den Betreiber auszusprechen, doch immer wenn es zu einer Gerichtsverhandlung kommen sollte, wurde der Betreiber einfach ausgetauscht. Das Verfahren ist einfach: Lediglich 30 Euro Gebühr müssen für den Wechsel gezahlt werden, des Weiteren ist ein Strohmann vonnöten, der noch nicht strafrechtlich auffällig geworden ist und über keinerlei Steuerschulden verfügt. Da die Erlaubnis für ein Bordellgewerbe an keinerlei Nachweise oder Prüfungen gebunden ist, musste das Gewerbeamt die neu beantragte Anmeldung jeweils ausstellen – und das Prozedere der Räumungsklage begann von vorn.

»Die machen in dem Haus, was sie wollen«, beklagte der Eigentümer. Er berichtet von baulichen Veränderungen, zusätzlichen Schlössern, angebrachten Ketten und Warnschildern »Beware of the Dog«. Gerade der zweite Stock schien festungsartig gesichert. Als der Eigentümer sich trotzdem nicht einschüchtern ließ und sich aufmachte, um in seiner Immobilie nach dem Rechten zu schauen, wurde er von den Gangstern rausgeschmissen und mit einem Hausverbot belegt. Eines fiel ihm jedoch noch auf: Während in den übrigen Räumlichkeiten die Prostituierten ihrer Arbeit nachgingen, hatten sich im zweiten Stock mehrere bedrohliche Männer häuslich eingerichtet. Ihre Schädel waren kahl rasiert, und sie trugen die schwarzen Kutten der Black Jackets.

In immer kürzeren Abständen wurde das Amüsierviertel nun Schauplatz von wechselseitigen Körperverletzungen, Bedrohungen und gezielten Ehrverletzungen, die auch mit scharfen Schusswaffen ausgetragen wurden. Im Zusammenhang mit dem Mordfall in Esslingen ermittelte die Polizei auch zu einer Auseinandersetzung im Ulmer Gangkrieg. Im März 2013 gerieten dort Mitglieder der Red Legion in einen Hinterhalt der Black Jackets und wurden zusammengeschlagen. Die Fehde zwischen den verfeindeten Gangs verschärfte sich erneut auch auf der persönlichen Ebene, als einige Ulmer Black Jackets die Seiten wechselten und ausgerechnet zu der Red Legion übertraten.

Die Lage eskalierte vollends.

Der Facebook-Krieg

Auch wenn es der Polizeiführung gelang, die Presse per Nachrichtensperre im Unklaren darüber zu lassen, mit welcher Gang die Black Jackets den Kampf um die Vorherrschaft im Milieu ausfochten, verdichteten sich in der Szene bald die Gerüchte, dass die Stuttgarter Red Legion die 210er ein weiteres Mal herausfordern würden. In der Samstagnacht des 23. Februar 2013 gegen 3:40 Uhr fielen die ersten scharfen Schüsse im Ulmer Rotlichtkrieg. Der Polizei gelang es nur mühsam, den genauen Ablauf der Auseinandersetzung von bis zu 30 verfeindeten Gangmitgliedern zu rekonstruieren. Dem Staat blieb kaum mehr, als die Patronenhülsen aufzusammeln und die Schäden zu protokollieren. Offenbar schoss ein 24-jähriges kosovarisches Führungsmitglied der Black Jackets aus nur 20 Meter Entfernung gezielt auf Mitglieder der rivalisierenden Gang, die gerade vor ihrem Bordell standen. Die zahlreichen Schüsse verfehlten die Feinde offenbar, denn es meldete sich kein Opfer in den Krankenhäusern der Stadt. Nichtsdestotrotz wurde der 24-jährige Gangster angeklagt, mehrfach mit einer großkalibrigen Waffe gefeuert zu haben. Da die Staatsanwaltschaft dem Kosovaren vorwarf, aus niedrigen Beweggründen wie übersteigertem Ehrgefühl, Rivalität und Hass geschossen zu haben, lautete die Anklage auf heimtückischen Mordversuch. Auch stellte die Staatsanwaltschaft nun einen Zusammenhang zu den erstochenen Black Jackets in Esslingen her und sprach von einem gezielten Racheakt des Kosovaren.

Weiter berichtete ein Zeuge, dass ein abtrünniges Mitglied der Jackets aufs Übelste zusammengeschlagen und regelgerecht gefoltert worden sei. Auch dabei gilt der 24-Jährige zusammen mit einem 31-jährigen Gangmitglied als Haupttäter. Dieser 31-jährige Türke, Attila M., war kein unbedeutendes Gangmitglied, kein »Gelegenheitstäter«, sondern niemand Geringeres als ein Führungsmitglied aus dem Europarat der Black Jackets. Zur Tatzeit soll er noch das wichtige Amt des Black-Jackets-Präsidenten für den gesamten Südwesten Deutschlands innegehabt haben. Es drängt sich förmlich der Eindruck auf, dass er nur aufgrund seiner Brutalität – nicht zuletzt auch gegen die eigenen Brüder – zu dieser Machtposition gekommen war. Zudem stand Attila M. mehrfach wegen Drogendelikten vor Gericht, wo er später angab, selbst einen hohen Kokain- und Tilidin-Konsum gehabt und deshalb unter unkontrollierten Gewaltausbrüchen gelitten zu haben. Eine europäische Führungsposition dementierte Attila M. vor Gericht, obwohl die bei ihm beschlagnahmte Kutte entsprechende Abzeichen aufwies.

Mitte März ließ die Staatsanwaltschaft Ulm den kosovarischen Gangster wegen versuchten Mordes von einem schwer bewaffneten Spezialeinsatzkommando zusammen mit dem 31-jährigen türkischen Gangboss im Rotlichtclub »Lusthaus« festnehmen. Attila M. wird beschuldigt, während der Auseinandersetzung über mehrere Stunden den in Ungnade gefallenen Gangbruder in dem Bordell festgehalten, geschlagen und misshandelt zu haben. Die Tortur des Malträtierten wurde mittels einer Handykamera aufgenommen. Das Video ist zwei Stunden lang.

Das Opfer wurde von zwei Handlagern kniend auf einem Stuhl festgekettet und unter Flüchen, Drohungen und Beleidigungen mit einer Peitsche und einem Kabel auf den Rücken, auf das Gesäß und die Fußsohlen geschlagen. Der damals 19-Jährige, der als Obdach- und Arbeitsloser zur Bande gestoßen und von der Gang als Hausmeister im Puff eingesetzt worden war, wurde während der Folterungen mit der Androhung seiner Vergewaltigung und Ermordung zusätzlich unter Druck gesetzt. Außerdem bedroht wurde seine Schwester, zunächst mit einer Vergewaltigung, die anschließend sogar in der Zwangsprostitution enden sollte.

Es existiert ein Foto, das zehn Tage nach der Tat aufgenommen worden ist. Die geschlagenen Körperstellen sind darauf noch immer blutig und an unzähligen Stellen aufgeplatzt.

Im späteren Prozess im September 2013 nimmt der Boss der Black Jackets zu den Vorwürfen Stellung und beschreibt die Folterung als interne Angelegenheit, da der Malträtierte 8500 Euro aus zwei Geldspielautomaten eines Ulmer Bordells und 500 Euro aus einer Sammelbox für ein verstorbenes Mitglied gestohlen habe.

Die Qualen endeten für den Misshandelten erst nach Stunden, als ihm die Flucht durch ein Toilettenfenster auf das Dach gelang.

Während seiner Aussage vor Gericht, die von vielen breitschultrigen und kahl rasierten Migranten auf den Zuschauerbänken und von Polizisten in schusssicheren Westen verfolgt wurde, nahm der Prozess die schon gewohnte Wendung. Der Gefolterte gab an, dass er sich mit dem Angeklagten inzwischen »ganz normal versöhnt« habe und seine Verletzungen nur »ein paar blaue Flecken« gewesen seien, mehr nicht. Auch die Unterschlagung des Ganggeldes gab er zu und bot an, den Betrag in Raten zurückzuzahlen.

Der türkische Bandenboss wird zudem beschuldigt, vor einem halben Jahr mit weiteren Black Jackets zwei Rumänen aus einer Spielhalle gezerrt, mit Knüppeln geschlagen, einer Pistole bedroht und mit

Reizgas besprüht und erheblich verletzt zu haben. Die Körper der Misshandelten waren mit Blutergüssen und Prellungen übersät. Auch über diese Anklagepunkte ließ der 31-Jährige Türke das Gericht an seiner Entscheidungsfindung teilhaben. Er habe sie für »rumänische Zuhälter« gehalten, die hier »was starten wollten«.

Die juristische Ahndung folgte im Oktober 2013, wobei Attila M.s Anwälte allen Ernstes eine Bewährungsstrafe für ihren Zögling forderten, die sie unter anderem mit seiner Herkunft aus einem fremden Kulturkreis zu begründen versuchten. Doch das Folterhandyvideo, das überhaupt erst auf Anordnung des Angeklagten gedreht worden war, ließ diesmal für juristische Taschenspielertricks und Verharmlosungsstrategien keinen Raum. Der Richter sprach in seiner Urteilsbegründung von einer »barbarischen Behandlung« und verurteilte den Gangboss zu einer Haftstrafe von vier Jahren und einem Monat. Wer meinte, die Gang werde sich nun von der Tat und dem Täter distanzieren, immerhin war die Folter ja einem ehemaligen Bruder widerfahren, der täuschte sich.

Rund ein Dutzend Black Jackets solidarisierten sich mit ihrem Gangboss vor Gericht und besetzten auch während der Urteilsverkündung die Zuschauerbänke.

Die Schüsse aus der Nacht des 23. Februar werden vom Landgericht Stuttgart gesondert verhandelt, einer der drei Angeklagten ist auch hier Attila M.

Im Internet schaukelte sich die Situation zwischen den verfeindeten Gruppen danach weiter auf. In den sozialen Netzwerken, allen voran auf Facebook, wurden Beleidigungen und Kampfansagen verbreitet, die solche Ausmaße annahmen, dass selbst die städtischen Ermittler von der öffentlich angedrohten Vendetta etwas mitbekamen. Und erst nach den Posts in den sozialen Netzwerken, den Racheschwüren wegen der Vorfälle vom Sommer 2009 und der gefeierten Blutrache zu Weihnachten 2012 war die Ulmer Polizei in der Lage, einen Zusammenhang zwischen den zuvor so benannten »Einzelfällen« herzustellen. Erst jetzt bestätigte der Sprecher der Polizei die nicht mehr zu verleugnenden Tatsachen: »Da dreht sich eine Spirale der Gewalt.

Nach der Logik dieser Banden muss der Tote nun gerächt werden.« Die Gangs lebten nach einem »äußerst problematischen Ehrbegriff« und mit einer »sehr archaischen Vorstellung von Vergeltung und Rache«. Der Behördensprecher umschrieb das System der Blutrache, ohne den Begriff auch nur einmal tatsächlich zu benennen.

Da der Polizeisprecher erschreckend freimütig einräumte, die Erkenntnisse über die verbindenden Hintergründe der »Einzelfälle« aus dem Internet bezogen zu haben, versiegte diese Informationsquelle sogleich. Auch die Gangmitglieder lasen die örtlichen Zeitungen, weshalb die entsprechenden Facebook-Accounts gelöscht oder für Außenstehende blockiert wurden.

Anstatt die Profile in aller Ruhe auszuwerten, Rückschlüsse auf personelle Zusammensetzungen und Querverbindungen herzustellen und endlich ein Organigramm der Gangs zu erstellen und die Mitglieder aus der Anonymität zu holen, wurde dieser Ermittlungsansatz mit der Bemerkung über den »Erkenntnisgewinn aus dem Internet« dilettantisch lahmgelegt.

In den nächsten Nächten sicherten starke Polizeikräfte das Rotlichtviertel, die Anfahrtswege und selbst benachbarte Städte. Im 85 Kilometer entfernten Augsburg wurden sie fündig und trafen an einem Sammelpunkt auf einer Autobahnraststätte 18 nach Ulm abfahrbereite Gangmitglieder. Die Black Jackets, überwiegend mit teuren Mercedes-Limousinen motorisiert, wurden umgehend mit einem Aufenthaltsverbot der Stadt Ulm belegt. Auch aus dem Heidenheimer Gründungschapter der Black Jackets wurden Gangmitglieder in ihrem Stammlokal kontrolliert. Ursprünglich hatten auch sie nach Ulm fahren wollen, als sie jedoch von dem massiven Polizeieinsatz in der gesamten Region in Kenntnis gesetzt wurden, verzichteten sie von allein auf die Reise.

Die Red Legion blieb in dieser Nacht dem Konfliktherd fern, was die Polizeieinheiten Baden-Württembergs aber nicht vor zahlreichen Überstunden verschonte, denn gleichzeitig waren Einheiten in Neu-Ulm eingesetzt, um ein 200 Mann starkes Treffen des Outlaws MC abzusichern.

Doch die aufgeheizte Stimmung zwischen den Gangs ließ sich auch nicht von den in Marsch gesetzten Polizeihundertschaften wieder beruhigen. Am zweiten Märzwochenende 2013 drohte abermals eine Schlacht um das Rotlichtviertel der Universitätsstadt. Und wieder war die Eskalation eine Folge der beleidigenden Drohgebärden im Internet. Die Polizei musste erneut starke Einsatzkräfte mobilisieren, um das Milieu, die gesamte Stadt und zahlreiche Anfahrtswege zu überwachen. Diesmal gelang es den Black Jackets jedoch, ihre Streitmacht in der Blaubeurer Straße zu versammeln. Und dass die weit über 100 Gangmitglieder aus ganz Baden-Württemberg und aus Nordrhein-Westfalen nicht auf einen harmlosen Abstecher ins Amüsierviertel gefahren waren, belegen die Waffen, die sie mitführten. Die Polizei beschlagnahmte: ein Beil, einen Hammer, diverse bis zu 50 Zentimeter lange Dönermesser, Teleskopschlagstöcke, zig Messer, einen Schlagring, mit Quarzsand gefüllte Handschuhe, CS-Sprays und zahlreiche Sturmhauben. Nach langwierigen Polizeimaßnahmen und der Verhängung von 40 Aufenthaltsverboten gegen auswärtige Streetgangster beruhigte sich die Lage in dieser Nacht. Doch die Blutrache war in Gang gesetzt.

Etwa zeitgleich zu den Ereignissen in der Blaubeurer Straße demonstrierte die Red Legion ihre Schlagkraft auf YouTube. Die Gangster luden ein Video hoch, in dem ein 100-köpfiges Kommando durch eine nächtliche Stadt marschiert. Der Clip wurde mit »Red Legion Brüder und Freunde« betitelt und mit einer Kampfansage unterschrieben.

»Sieg oder Tod!!!
Ya hero – Ya mero«

Der Innenminister entdeckt eine »kriminelle rockerähnliche Gruppierung«

Nach der Reihe von Gewaltexzessen und dem Mord in Esslingen geriet die Red Legion nun doch noch ins Visier des Innenministers von Baden-Württemberg. Nach dem Ludwigsburger Prozessmarathon hatte die RL ja bereits im Februar 2012 in einer Erklärung via Facebook die Auflösung des Chapters in Stuttgart verkündet. Während dieses taktische Verhalten bei Rockergangs dazu führt, dass sämtliche Verbotsbemühungen umgehend eingestellt werden, schien die Politik bei der Straßengang nun dringenden Handlungsbedarf zu sehen. Fast sieben Monate waren nach der tödlichen Attacke von Esslingen bereits ins Land gezogen, bis das Innenministerium nun endlich eine Verbotsverfügung gegen die Red Legion im Großraum Stuttgart ausformulierte.

Deren Nachwuchsorganisation, die Red Nation, wurde in diesem Zusammenhang gleich mit verboten. Am 13. Juni 2013 wurde den 110 polizeibekannten Gangmitgliedern die Verbotsverfügung unter der Federführung des LKA von insgesamt 160 Polizisten zugestellt. Sechs Wohnungen von mutmaßlichen Führungsmitgliedern wurden gestürmt und durchsucht. Dort wurden Schusswaffen, Messer, Teleskopschlagstöcke, Anabolika, Marihuana, Bankunterlagen, Datenträger und Gangkleidung sichergestellt. Das Tragen des Ganglogos und der Schriftzüge war ab sofort untersagt.

Innenminister Reinhold Gall begründet das Verbot wie folgt: »Die Ermittlungsverfahren gegen zahlreiche Mitglieder, unter ihnen auch Führungspersonen des Vereins, belegen, dass hier schwerste Straftaten geplant, begangen und durch die Vereinsführung geduldet wurden.«

Der Ministeriumssprecher versuchte die jahrelange Untätigkeit mit einem »langen organisatorischen Vorlauf« eines »juristisch wasserdichten« Verbotes und der Klärung von behördlichen Zuständigkeiten zu begründen. Außerdem habe die Mitgliederidentifizierung einige Zeit in Anspruch genommen.

Dass diese Versäumnisse einzig dem Versagen der Behördenleitung zuzuschreiben sind, die jahrelang nichts gegen die Auswüchse der Gangsubkultur unternommen hatten, blieb freilich unerwähnt.

Ganz im Gegenteil lobte Innenminister Gall sich und seine Arbeit über alle Maßen. Peinlicherweise war er dabei immer noch nicht in der Lage, eine Streetgang von einem Rockerclub zu unterscheiden. Seine Pressemitteilung vom 13. Juni endete mit folgender Selbsteinschätzung: »Das Verbot zeigt die hervorragende Arbeit unserer Sicherheitsbehörden auf. Wir begegnen allen kriminellen Rocker- und rockerähnlichen Gruppierungen mit einer Null-Toleranz-Strategie.«

So verwunderte es dann auch nicht, dass bei dieser falschen behördlichen Vorlage zahlreiche Medien vom Verbot einer »Rockerbande«, eines »Rockervereins« oder der »Rockergruppe Red Legion« berichteten.

»Trotz Verbot nicht tot« – Angriff auf die Hells Angels

Diese Kampfansage stammt aus der militanten Neonaziszene und scheint nun auch in der harten Gangszene Anwendung zu finden. Nur zwei Nächte nach der Verbotsverfügung zeigte sich, wie beeindruckt die Mitglieder der Red Legion von der ministeriellen Anordnung waren. Auf den Facebook-Profilen der Gangmitglieder wurde am 15. Juni ein aktuelles Foto hochgeladen. Vor nächtlicher Kulisse in Stuttgart hatten sich nicht weniger als 100 Gangster für ein Gruppenfoto zusammengestellt, welches relativ eindeutig überschrieben war:

»Wir ficken euch und euer Verbot!!!
Wir sind verboten????«

Während sich der Innenminister noch für sein angeblich konsequentes Eingreifen öffentlich feiern ließ, wurde schon in den nächsten Tagen die tatsächliche Durchschlagskraft seiner Symbolpolitik deutlich. Sie verpuffte nicht nur wirkungslos, sondern im Gegenteil, sie löste eine zusätzliche Eskalation aus.

Das Unvermögen in den Führungsspitzen deutscher Sicherheitsbehörden ist leider weit verbreitet, da diese extrem bedeutsamen Jobs nicht etwa mit den geeignetsten Männern und Frauen besetzt werden, sondern ein Kriterium alle anderen notwendigen Befähigungen dominiert: das passende Parteibuch.

So ist der Weg des baden-württembergischen Innenministers beispielhaft für viele dieser Karrieren. Der Fernmeldetechniker wird mit

28 Jahren für die SPD in den Gemeinderat Obersulm gewählt, es folgt der Posten des Ortsvorstehers, der ihn zunächst in den Kreistag und schließlich in den Landtag führt. Als Rot-Grün 2011 überraschend die Landtagswahl gewinnt, sind eine Menge hoch dotierter Posten zu vergeben, natürlich nur für die Leute mit dem passenden Parteibuch.

So verwundert es dann auch nicht, dass man selbst in sorgsam vorbereiteten Pressemitteilungen nicht in der Lage ist, einen Motorradclub von einer Streetgang zu unterscheiden, und dies bei 459 Mitarbeiterinnen und Mitarbeitern allein im Stuttgarter Ministerium. Die Politiker nehmen sich selbst zu wichtig, als dass sie diese Arbeit parteiunabhängigen Experten überlassen würden.

Die Streetgangster der Red Legion beeindruckte der Verwaltungsakt einer deutschen Behörde nicht im Geringsten. Für jemanden, der den Weg der Gewalt bereits eingeschlagen hat, wäre vielleicht eine robuste Festnahme durch ein Spezialeinsatzkommando ein prägendes Erlebnis gewesen, eine monatelange Untersuchungshaft oder eine mehrjährige Haftstrafe. Aber ein Stück Papier, das ein gewisser Herr Gall unterschrieben hatte, löste bei den Gangstern nur schallendes Gelächter aus …

Der harte Kern der Red Legion schloss sich einfach zu einer bundesweit agierenden Gang zusammen, die sich in ihrer Außendarstellung nun als ein Motorradclub ausgab, als Mongols MC. Die Mongols werden von einem mhallami-libanesischen Familienclan aus Bremen, Essen und Berlin dominiert, der als »Miri-Clan« schwerster Verbrechen in der organisierten Kriminalität beschuldigt wird.

Bereits am 22. Juli 2013 war dieser Wechsel in den sozialen Medien abzulesen. Das Logo der Mongols, der neue Treueschwur MFFM (»Mongols Forever, Forever Mongols«) und die Verkündung eines neuen Stuttgarter Chapters verbreiteten sich rasant im Netz. Der Höhepunkt der Bilderserie enthielt eine Aufnahme des nächtlichen, herrschaftlich beleuchteten neuen Schlosses, des Mittelpunkts der Stadt Stuttgart. Versehen war die Fotografie mit einem selbstbewussten Schriftzug: »Mongol City!«

Der Adressat dieser Kampfansage war eindeutig das seit 1981 aktive Stuttgarter Charter der Hells Angels. Durch die Feindschaft der Mongols mit den Hells Angels geriet selbst der tödliche Konflikt mit den Black Jackets vorübergehend in den Hintergrund. Wobei das angespannte Verhältnis zu den Hells Angels auch mit der Todfeindschaft mit den 210ern zu tun hatte: Nach Information eines Gangmitgliedes waren einige wenige Black-Jackets-Kämpfer zu den Stuttgartern Hells Angels übergewechselt und dort im Rang eines Prospects bereits aufgenommen worden. Ein spektakulärer Wechsel, der einmal mehr veranschaulicht, wie rasant die Gangszene in Deutschland sich im Umbruch befand. Von der Führung der Hells Angels war es reichlich naiv, davon auszugehen, dass man nach dieser auch intern heftig umstrittenen Personalentscheidung nicht in die Gangauseinandersetzungen hineingezogen würde, die dort im Stuttgarter Raum tobten. Die Einschätzung sollte sich als fataler Fehler erweisen.

Es dauerte keine fünf Tage, bis in der Nacht des 27. Juli 2013 ein weiterer Konfliktherd in der Landeshauptstadt aufloderte.

Die Vorkommnisse wirkten wie ein Initiierungsritus aus *Blood in, Blood out*. Denn was in dieser Nacht geschah, band die Beteiligten für immer an ihre Gang, da sie niemanden Geringeres als die mächtigste Rockergang der Welt herausforderten und von nun an den Schutz ihrer bewaffneten Bande bitter nötig haben würden.

Kurz nach Mitternacht griffen über 20 Männer die Stuttgarter Hells Angels vor ihrem Clublokal »The other Place« an, die dort in der lauen Sommernacht beim Henkersfest verweilten. Das polizeilich völlig unauffällige Charter der Höllenengel, an dessen Spitze seit über 30 Jahren mit Lutz Schellhorn die graue Eminenz des Clubs stand, wurde auch in dieser Nacht selbst von Behördenseite von jeglichen Aggressionen freigesprochen. Der Angriff der Streetgang mündete in Handgreiflichkeiten, bei denen Flaschen und andere Gegenstände als Wurfgeschosse eingesetzt wurden.

Die Polizei beorderte alle zur Verfügung stehenden Streifenwagen zum Einsatzort, insgesamt 13 Wagen. Infolge der Einsparungen der letzten Jahre dürfte es sich dabei um den größten Teil der Stuttgarter

Polizeikräfte gehandelt haben, was im Umkehrschluss bedeutet, dass weite Teile der fast 600 000 Einwohner Stuttgarts nun der Alltagskriminalität schutzlos ausgeliefert waren. Wenn eine Streetgang zum Angriff schritt, waren die Sicherheitsinteressen von Otto Normalbürger nicht mehr relevant …

Nur zehn der über 20 Angreifer konnten von den Einsatzkräften festgesetzt werden. Diese verbrachten den Rest der Nacht in Polizeigewahrsam und wurden dann wieder auf freien Fuß gesetzt. Da die Hells Angels die Zusammenarbeit mit der Polizei kategorisch verweigern, daher einen Angreifer niemals identifizieren oder gar anzeigen, wird dieser Überfall der Streetgang höchstwahrscheinlich keinerlei juristische Konsequenzen nach sich ziehen.

Wie das eigentlich friedfertige Charter der Hells Angels mit dieser Kriegserklärung umgehen wird, bleibt abzuwarten. Die Brisanz des Vorfalls belegen allerdings die Hintergründe der Attacke: Die zehn Angreifer waren allesamt polizeibekannt und als Gangmitglieder in den Datenbanken der Sicherheitsbehörden gespeichert. Es handelte sich um Mitglieder der Red Legion und der Mongols.

Und erst jetzt wurde öffentlich, dass die Attacke nicht der erste Auftritt der beiden Banden in der Stadt gewesen war. Bereits Ende Juni, also unmittelbar nach der Verbotsverfügung, war ein Trupp von 30 Mann durch das nächtliche Stuttgart gezogen. Neben den lokalen Gangmitgliedern waren dabei auch Mongols aus Bremen aufgefallen, deren Chapter sich ebenfalls eine Verbotsverfügung eingehandelt hatte, nachdem die Gangster mehrfach die Bremer Hells Angels angegriffen hatten.

Die Gewalttaten im Stuttgarter Nachtleben häuften sich, es folgten Schlägereien und eine Messerstecherei, nach der ein 28-Jähriger mit einer Oberschenkelverletzung ins Krankenhaus eingeliefert werden musste. Für Messerstiche in die Oberschenkel ihrer Gegner war die Red Legion beim Landeskriminalamt inzwischen bekannt: Man sprach von einem »Markenzeichen« der Gang. Die Opfer mit dieser Verletzung häuften sich.

Bei einer Eskalation am ehemaligen Stammlokal der Red Legion am Josef-Hirn-Platz waren die Polizisten in den ersten eintreffenden

Streifenwagen derart hoffnungslos in der Unterzahl, dass sie sofort von über 20 Gangmitgliedern massiv angegangen und bedroht wurden. Erst den eilig alarmierten Zusatzkräften gelang es, die Gangmitglieder halbwegs in Schach zu halten und die Situation zu kontrollieren. Das Auftreten der Gang wird seine Wirkung jedoch nicht verfehlt haben. Bei einem künftigen Notruf mit Ganghintergrund wird sich die am nächsten postierte Streifenwagenbesatzung sicherlich zweimal überlegen, ob sie sofort mit Blaulicht und Martinshorn zum Tatort rast oder nicht lieber einige Minuten auf Verstärkung wartet, also Zeit verstreichen lässt, in der weitere Menschen verletzt werden, die Täter flüchten und das staatliche Gewaltmonopol weiter ausgehöhlt wird.

»Warum sollte ich Leib und Leben riskieren?«, werden sich die jungen Beamten nicht zu Unrecht fragen. »Die Justiz lässt die Gangster ja doch wieder laufen.«

Und so wächst die Zahl der No-go-Areas in Deutschland immer weiter an, Stadtteil um Stadtteil, Region um Region.

Die offizielle Kriegserklärung einer Migrantengang gegen die Stuttgarter Hells Angels wird unweigerlich zu Reaktionen führen. Auch bisher unauffällige Höllenengel werden sich mit den Gangstern auseinandersetzen müssen, sofern sie nicht einfach zur Seite geschoben und verdrängt werden wollen.

Und dieser Konflikt wird sich nicht allein auf Stuttgart beschränken, sondern droht sich auf den gesamten Südwesten der Republik auszuweiten. Zwei weitere Mongols-Chapter sind bereits gegründet worden, die sich Bodensee und Southside nennen. Vieles spricht dafür, dass die neuen Niederlassungen ebenfalls von Mitgliedern der Red Legion betrieben werden.

Interessant ist, mit welcher Dynamik in der deutschen Gangszene agiert wird. Die Red Legion gründete sich erst im Juni 2011 als eine Abspaltung der kurdischen Median Empire – oder zumindest mit einer engen personellen Überschneidungen zu dieser Gang. Vorher war der Hauptteil der Gangster schon als Rollkommando im Untergrund für die kurdisch-marxistische PKK aktiv, die in vielen Ländern als Terrororganisation eingestuft wird.

Bereits im Juli 2013, nach der Verbotsverfügung, gingen die Mitglieder in den Mongols auf. Das sakrosankt und identitätsstiftend verbreitete Gangmotto »XY Forever, »Forever XY« scheint diese Bäumchen-wechsel-dich-Spiele nicht zu beeinflussen. Am 4. Dezember 2013 endete diese Allianz wegen »interner Unstimmigkeiten« dann wieder. Über ihre Facebook-Seite gaben die Stuttgarter Gangster ihren Rückzug aus der »Rockerszene« bekannt. Unklarheit herrscht über die zwei anderen Chapter der ehemaligen Red-Legion-Mitglieder. Ein Teil dieser Männer soll sich dem Satudarah MC angeschlossen haben. Eines steht jedoch fest: Die gesamte Szene bleibt in Bewegung.

7. Kapitel
GANGLAND DEUTSCHLAND

Gangs im Schatten der großen zwei

Die Vorbildfunktion der Hells Angels und Bandidos für die sich explosionsartig ausbreitenden Rockergangs übernahmen in der Streetgangszene die Black Jackets und die United Tribuns. Es entstanden Dutzende vergleichbare Banden, manche verschwanden so schnell, wie sie gekommen waren, andere wurden von größeren Gangs geschluckt oder gewaltsam von rivalisierenden Banden aufgelöst. Die Gangszene in Deutschland ist jung und agiert meist völlig unterhalb des Radars von Polizei und Medien, so ist ein Überblick nur schwer zu gewinnen. Jedenfalls aber gelang es zahlreichen Gangs, sich gewaltsam im Schatten der Großen zu etablieren, Banden, Türsteher- und Kampfsportlervereinigungen wie diese: Fist Fighter, Pars Augsburg, Brigade 8 Crew oder die Original Gangster Brotherhood. Deutschland steht inmitten einer Entwicklung, die viele europäische Nachbarn schon erleiden mussten.

Aufgrund der Schnelllebigkeit der Szene wäre es Kaffeesatzleserei zu prognostizieren, welche dieser Gangs in drei oder fünf Jahren noch aktiv sein wird, in die schwere Gewaltkriminalität abzudriften droht oder gar bundesweite Ambitionen hegt, um dann die Großen der Szene herauszufordern. Exemplarisch seien nachfolgend einige Gangs aufgeführt, bei denen wahrscheinlich nicht einmal die Mitglieder selbst wissen, wo sie und ihre Gang in nächster Zukunft stehen werden und inwiefern sie nicht bald in einen tödlichen Konflikt hineingezogen werden.

La Fraternidad

Der Fall der La Fraternidad (spanisch für: Die Bruderschaft) aus Esslingen am Neckar ist bereits geschildert worden. Die Stadt, aus der die von überwiegend kurdischen Mitgliedern geprägte Gang stammt, liegt nur zehn Kilometer südöstlich von Stuttgart. Nicht zuletzt die ethnische Rivalität ließ zwischen La Fraternidad und den türkisch dominierten Black Jackets eine gewalttätige Atmosphäre entstehen. Beleidigungen, Drohungen und Schlägereien mündeten, wie bereits erwähnt, in den Überfall des bewaffneten Rollkommandos der Stuttgarter 210er, an dessen Ende schwer- und lebensgefährlich Verletzte zurückblieben sowie ein irreversibel Hirngeschädigter. Danach verschwand die unterlegene La-Fraternidad-Bande zwar erst einmal von der Bildfläche, wichtige Gangmitglieder traten dann jedoch in die Red Legion ein, nicht zuletzt um Rache an den Black Jackets zu nehmen. Diese Rache hatte tödliche Folgen: Das Black-Jackets-Mitglied Aytac C. blieb zu Weihnachten erstochen auf der Straße liegen.

Die ersten Eskalationsstufen dieser Auseinandersetzungen ließen sich schnell als Flegeljahre verharmlosen. Infolge der archaischen Zustände innerhalb dieses Milieus war der Weg von der reinen Drohung zur offenen Gewaltanwendung jedoch nicht weit und führte im äußersten Fall für die Beteiligten entweder auf den Friedhof oder in die Haftanstalten.

Big Brothers

Wieder war Baden-Württemberg der Schauplatz gewalttätiger Gangkonfrontationen, und wieder waren die Black Jackets maßgeblich daran beteiligt. Es scheint, als ob die Jackets keine Gang mehr neben sich dulden würden.

Eine dieser konkurrierenden Gruppen, die Big Brothers (BB), gründeten sich am Rand der Schwäbischen Alb, in Geislingen, einer Kreisstadt zwischen Göppingen und Ulm, wo bereits sehr umtriebige Chapter der Black Jackets aktiv waren. Auch die BBs waren eine türkisch dominierte Streetgang, der sich bald weitere Gangs anschlossen, wie La Honda (*Blood in, Blood out* lässt grüßen) oder die Ghetto-Boys aus den Vorstadtsiedlungen. Auch die Nachwuchsgang der Big Brothers, die Big Siblings, stand ihren Vorbildern in der Straftatenbegehung in nichts nach.

Territoriale Ansprüche heizten die Lage zunehmend auf. Die Situation verschlimmerte sich beständig, obwohl oder gerade weil auch die Big Brothers hauptsächlich über türkische Mitglieder verfügten.

Ab August 2009 brach der Konflikt offen aus. Den genauen Auslöser der Fehde zu benennen fällt heute schwer. Fest steht jedoch: Bereits das erste aktenkundige Aufeinandertreffen der verfeindeten Gangs endete für einen der Beteiligten um ein Haar tödlich.

Black Jackets und Big Brothers gingen mitten auf dem zentralen Schillerplatz in Göppingen bewaffnet aufeinander los. Ein 24-jähriges Mitglied der Jackets zertrümmerte seinem Rivalen mit einem Baseballschläger die Schädeldecke und das Nasenbein und wurde später wegen versuchten Totschlages angeklagt und zu einer hohen Haftstrafe verurteilt.

Damit herrschte offener Krieg zwischen den beiden Gangs. Und immer wenn sich Mitglieder der Banden zufällig über den Weg liefen, auf einem Stadtfest, bei McDonald's oder selbst vor Gericht, floss Blut.

In der Nacht vom 9. August 2010 stürmten 30 Big Brothers eine McDonald's-Filiale in Eislingen. Sie hatten sich mit Baseballschlägern bewaffnet und mit Sturmhauben vermummt. Der Grund der Attacke war, dass die Gang zwei Black Jackets in ihren Kutten ausfindig gemacht hatte: Einer der Angegriffenen war der sich noch auf freiem Fuß befindliche Beinahe-Totschläger vom Schillerplatz. Ein 210er flüchtete sich in die Räumlichkeiten des Fast-Food-Restaurants, wobei er noch von Schlagstöcken getroffen wurde. Der andere verbarrikadierte sich in seinem Auto, das sogleich von den Vermummten umstellt und mit Baseballschlägern komplett demoliert wurde.

Nur drei Tage später sollte diese Schmach gesühnt werden. Die Black Jackets kündigten ihr Vergeltungskommando für Mittwochabend an. 22 Gangmitglieder der Big Brothers bewaffneten sich daraufhin und versammelten sich in einem türkischen Lokal in der Stadt. Das später sichergestellte Arsenal dieses Abends bestand aus einem Molotowcocktail in einem Fünf-Liter-Benzinkanister, einem halben Dutzend abgebrochener Tischbeine, mehreren Äxten und Beilen und diversen Schlagstöcken sowie zahlreichen Sturmhauben.

Nur durch einen anonymen Tipp bekam die Polizei im letzten Moment Wind von der drohenden Schlacht. Sie zog 20 Streifenwagen zusammen und ließ einen Polizeihubschrauber über der Stadt kreisen. Im Laufe der Nacht konnten die Einheiten noch von einem Spezialeinsatzkommando, von Beamten der Bereitschaftspolizei und zahlreichen Hundeführern eilig verstärkt werden. Vorsorglich wurden auch Sanitäter und Rettungskräfte alarmiert.

Die 22 Gangmitglieder der Big Brothers wurden in der Gaststätte festgenommen. Währenddessen fielen einer Zivilstreife in der Stadt einige auswärtige Fahrzeuge mit verdächtigen Personen auf. Es waren die anreisenden Black Jackets, die sogleich von dem Polizeihubschrauber verfolgt wurden. Weitere Polizeikräfte wurden zu den auswärtigen Gangstern gelotst. Im Bahnhofsbereich wurde der Konvoi aus mehreren Fahrzeugen gestoppt und 14 Gangmitglieder festgenommen.

Insgesamt wurden 34 Personen in Gewahrsam genommen, die alle erkennungsdienstlich behandelt und anschließend wieder auf freien Fuß gesetzt wurden. Die Staatsanwaltschaft kündigte an, die Gangster mit einer Anklage wegen Bildung bewaffneter Gruppen zu sanktionieren, doch das hörte sich dramatischer an, als die wirklich zu befürchtenden Konsequenzen dann waren, die bestenfalls aus geringen Geldstrafen bestanden.

Es folgten zwei weitere Großeinsätze der Polizei innerhalb weniger Tage. In einer dieser Nächte waren 26 Fahrzeuge unter der Führung des Göppinger Black-Jackets-Chapters zur Rachemission angereist, mit insgesamt über 100 Gangmitgliedern. Es folgten Beleidigungen und Gewaltandrohungen der Gangs auf YouTube und über die sozialen Netzwerke.

Der Staat zeigte sich machtlos gegenüber dieser Art von Gangauseinandersetzungen, und so verwundert es nicht, dass dieser Gangkrieg nur vertagt wurde. Das abermalige Aufeinandertreffen der Kontrahenten bei einer Gerichtsverhandlung endete in Tumulten, obwohl der Richter ein Kutten- und Ganglogo-Trageverbot erlassen und eine Hundertschaft der Bereitschaftspolizei angefordert hatte. Selbst den sich schlichtend zwischen die Gangs stellenden Richter des Göppinger Amtsgerichts stießen und schubsten die Männer auf dem Gerichtsflur umher.

Die Gangmitglieder begingen Straftat um Straftat. Als Nächstes hatten sich zwei türkische Mitglieder der Big Brothers, die auch an den vorherigen Gewalttaten beteiligt gewesen waren, vor Gericht zu verantworten. Die Bodybuilder hatten mehrere Kurden verprügelt, die einen Deutschlandsieg über die Türkei anlässlich der Fußballeuropameisterschaft gefeiert hatten.

Der nächste Big Brother stand im Januar 2013 mit einer Mordanklage vor der Jugendstrafkammer des Landgerichts Ulm. Der 21-jährige türkischstämmige Gangster wurde beschuldigt, knapp ein Jahr zuvor einem 22-jährigen Landsmann und ehemaligen Gangbruder schwere Schläge mit einem Schlagstock gegen den Kopf versetzt zu haben. Vor der Tat lauerte er seinem Opfer in der Nacht drei Stunden lang in schwarzer Tarnkleidung, maskiert und bewaffnet vor dessen elterlicher Wohnung auf. Ein Komplize stand in der Nähe Schmiere und warnte ihn per Handy vor einem heranfahrenden Streifenwagen: »Die Onkels kommen.«

Aus der dunklen Nacht überrumpelte der 21-jährige Türke seinen Landsmann und drosch mit seinem Schlagstock auf den Kopf des

Opfers ein. Dessen Vater eilte seinem Sohn zu Hilfe und konnte mit seinem Eingreifen Schlimmeres verhindern.

Das Gericht musste sich bei der späteren Verhandlung mit Problemen auseinandersetzen, die sich bei Prozessen im Migrantenmilieu immer öfter ergaben. Die Beteiligten stritten sich über die genaue Übersetzung der Drohungen, die der Angreifer während seiner Attacke auf Türkisch gebrüllt haben sollte. Der Täter selbst übersetzte seinen Satz mit: »Ich mach dich fertig!« Das Opfer und sein Vater beharrten hingegen darauf, dass die Drohungen mit »Du bist tot!« beziehungsweise mit »Ich schlag dich tot« übersetzt werden müssten.

Die Verhandlungen und die Suche nach der Wahrheit gestalteten sich schwierig: Anwälte mussten bereits ausgetauscht werden. Noch ist der Prozess nicht beendet. Das Gericht vermutet offen einen Ganghintergrund sowie eine Konkurrenzsituation beim Rauschgift- und Anabolikahandel, was die beiden Bodybuilder natürlich von sich wiesen. Die versuchte Mordanklage besteht nach wie vor, genauso wie der Krieg mit den Black Jackets, der jederzeit wieder ausbrechen kann.

Rockerbande statt Straßengang

Zwischenzeitlich sprossen die Gangs in der gesamten Republik wie Pilze aus dem Boden. In diesen neuen Banden ging es chaotisch zu, Sprecher und Führungsmitglieder verschwanden oder wurden bisweilen von einem Tag auf den anderen ausgetauscht. Ganze Chapter wurden geschlossen oder aus der Bande geschmissen, die dann mit neuen Mitgliedern fortbestand. Der Kampf um das Ansehen in der Szene wurde hart geführt, mitunter mit tödlichen Folgen.

Um schnellstmöglich Respekt, Macht und Geld zu erlangen, gingen einige der Gangster buchstäblich über Leichen. Und um von den anderen ernst genommen zu werden, imitierten die nachkommenden Banden diese Vorgehensweise. Sie kopierten wiederum das Auftreten und die Organisationsstrukturen der Rockergangs und bezeichneten sich selbst als ein MC, als Motorradclub. Bei fast keinem dieser Gangster ist jedoch eine besondere Affinität zum Motorradfahren zu finden, ebenso wenig etwas vom Geschick und Spaß am Herumschrauben oder von der Vorliebe für ein geselliges Bierchen in der Gemeinschaft. Es entsteht der Eindruck, dass die Gangster einzig und allein versuchen, den gewalttätigen Ruf der Rockergangs für ihre kriminellen Zwecke zu instrumentalisieren.

Rock Machine Germany

Der kanadische Rockerkrieg hatte über 200 Tote gefordert. Unter anderem in der Region Quebec hatten die Hells Angels ein Monopol über den Kokainhandel errichtet. Jeder, der sich widersetzte, landete zuerst auf der Todesliste der Höllenengel und dann beim Leichenbestatter. Besonders ein örtlicher Zusammenschluss von bereits aktiven Kriminellen hatte einen hohen Blutzoll zu verzeichnen und organisierte sich schließlich unter dem Namen Rock Machine. Das Motto der frankokanadischen Männer lautete »À la Vie, à la Mort« (Im Leben und im Tod), und dieser Leitspruch sollte bitterste Realität werden. Die Hells Angels arbeiteten sich fast an der kompletten Mitgliederliste der Rock Machine ab. Die Gang wurde buchstäblich ausgelöscht und verschwand von der Bildfläche.

Jahre später kam es zu einer überraschenden Wiederbelebung, in deren Folge die Bande auch in die USA sowie nach Australien, England und Deutschland expandierte. In deutschen Landen verfügt die Gang nur über wenige Männer und besteht zurzeit aus lediglich drei Chaptern. Doch es war ein viertes Chapter, welches für Schlagzeilen sorgte: das Chapter Dardania Ulm. Das Wort »Dardania«, eine historische Bezeichnung für eine Region im Kosovo, lässt darauf schließen, wer im Ulmer Ableger den Ton angab: die Kosovaren.

Auch wenn sich die Männer selbst als Motorradclub bezeichneten, dürfte dies einzig dem Respekt einflößenden Ruf der Rockergangs geschuldet sein, den sie auf sich zu übertragen versuchten. Das Auftreten als Rockerclub sollte zudem wohl die Allgemeinheit und die Polizei über die wahren Absichten der Gruppe hinwegtäuschen, deren späteres gewaltsames Vorgehen rein gangspezifisch ist. Auch ist zu beobachten, dass gerade ältere Migranten es bevorzugen, sich nach außen als Motorradclub denn als eine Streetgang darzustellen. Denn auch mit dem Coolnessfaktor einer Rockergang war eine Straßengang in der Szene nicht zu vergleichen.

Im März 2012 wurde der Treffpunkt der Rock-Machine-Mitglieder, das »Big Ball American Diner«, infolge einer Brandstiftung komplett zerstört. Keine Woche später brannte das Lokal »Nachtschicht« in Ulm aus, welches als Stammlokal der Bandidos bekannt ist. Insgesamt lag der Schaden bei über 200 000 Euro. Die Brandstifter in beiden Fällen sind bis heute nicht ermittelt.

Ein anderes Mal war der Bandidos-Präsident des Ulmer Chapters mit einem Spitzhammer auf seinen Amtskollegen der Rock Machine losgegangen. Eine in Bereitschaft liegende Zivilstreife der Kripo ging mit gezogenen Schusswaffen dazwischen und verhinderte Schlimmeres. Der Bandidos-Präsident wurde im August 2012 wegen der Hammerattacke zu einer 22-monatigen Bewährungsstrafe verurteilt.

Zuvor war es schon im Mai 2011 zu Schüssen auf das Wohnhaus des damaligen türkischen Präsidenten der Ulmer Rock Machine gekommen, an dem bis zu zwölf Bandidos, darunter sechs dänische Mitglieder, beteiligt gewesen sein sollen. Der Auslöser dieses Schusswaffenanschlages mutet eher banal an, wobei die Gangs in Deutschland schon mehrfach unter Beweis gestellt hatten, dass sie ihr Territorium zur Not mit allen Mitteln zu verteidigen bereit waren: Eine deutsch-dänische Bandidos-Combo traf zufällig in einem Ulmer Rotlichtlokal auf die Kontrahenten der Rock Machine. Dies löste einen Hagel von fliegenden Barhockern und blutigen Platzwunden aus und sollte noch in der gleichen Nacht zu einer Strafaktion führen, bei der gezielt in das beleuchtete Wohnhaus des Rock-Machine-Präsidenten geschossen wurde. Die Staatsanwaltschaft Ulm sprach von einem heimtückischen Tötungsversuch und erhob Anklage wegen versuchten Mordes. Weil der Hauptbeschuldigte untertauchte und erst zwei Jahre später in Ungarn festgenommen werden konnte, startete der Mordprozess erst im September 2013.

Eine weitere Eskalation nahm ihren Anfang, als sich der 26-jährige kosovarische Präsident der Ulmer Rock Machine, Blerim B., dessen 21-jähriger Bruder Bestrim B. sowie ein ebenfalls 21-jähriger Serbe, Asmon G., mit dem Chef einer Security-Firma zu einer Aussprache trafen. Die drei Mitglieder der Rock Machine sind einschlägig vorbestraft wegen Drogenhandels, Körperverletzung und Beamtenbeleidigung.

Der Security-Boss brachte drei seiner Männer mit, die wie er als Türsteher in verschiedenen Diskotheken im Rotlichtmilieu arbeiteten und ebenfalls erheblich vorbestraft waren: unerlaubter Waffenbesitz, Drogengeschäfte, Schlägereien, Diebstähle und Hehlerei. Unter den Männern war auch Murat C., Betreiber eines Bordells und einer Diskothek, die mehrfach Adressat von anonymen Bombendrohungen und Buttersäureanschlägen geworden waren. Verantwortlich dafür machte er die drei Mitglieder der Rock Machine.

Als Tieffpunkt war für den 16. Dezember 2012, den dritten Advent des Jahres, das sonntagabendliche Gewerbegebiet vereinbart worden. Der Versuch eines Gespräches scheiterte. In der Szene sprach man von einem deutlichen Einschüchterungsversuch gegen den Sicherheitsunternehmer, der das Personal in zahlreichen Erotiketablissements und Diskotheken stellte. Und genau auf diese Einrichtungen schien es die Gang abgesehen zu haben: Sie beabsichtigten, das Geschäft des Mannes zu übernehmen, auch um sich so gleichzeitig einen Absatzmarkt für ihre Drogen zu sichern, heißt es. Zudem gab es erhebliche Spannungen zwischen den beiden Parteien zu klären, da den Gangmitgliedern von Mitarbeitern der Firma wiederholt der Zutritt zu den Diskotheken und Bordellen verweigert worden war – und ebendie Bombendrohungen gegen das Bordell und die Buttersäureanschläge in der Diskothek von Murat C.

Es gab also einiges zu klären.

Um 20:50 Uhr startete das Treffen, und sogleich wurde es handfest.

Es begann mit wechselseitigen Beleidigungen, es flogen mit Schlagringen ummantelte Fäuste, dann zog Asmon G. seine Schusswaffe und schoss ohne jede Vorwarnung gezielt und aus nächster Nähe auf die drei Männer, so der Vorwurf der Staatsanwaltschaft. Der 41-jährige Sicherheitsmann Alexander S. und sein 31-jähriger Chef Eduard W. wurden von mehreren Geschossen in den Oberkörper und Rücken getroffen und schwer verletzt ins Krankenhaus eingeliefert. Dem Älteren konnten die Ärzte mit drei Notoperationen das Leben retten. Das Ärzteteam entfernte zwei Geschosse aus seinem Oberkörper, darunter ein Lungensteckschuss, in dessen Folge dem Mann schwere Atemprobleme als ständiger Begleiter erhalten bleiben werden.

Für den Sicherheitsunternehmer, der einen Bauchschuss erlitt, kam jede Hilfe zu spät. Eine Kugel zerfetzte seine Aorta, er verblutete und bezahlte so den Widerstand gegen die gewaltsame Übernahme seines Geschäftes mit dem Leben. Er verstarb in derselben Nacht im Krankenhaus.

Die Gangster flüchteten vom Tatort und entkamen der eingeleiteten Großfahndung der Polizei zunächst. Am nächsten Tag konnte Blerim B. jedoch festgenommen und in Untersuchungshaft genommen werden. Asmon G., der vermeintliche Todesschütze, und Bestrim B. wurden fünf Tage nach ihrer Flucht in Rheinland-Pfalz aufgestöbert, von einem schwer bewaffneten Spezialeinsatzkommando verhaftet und hinter Gitter gesteckt. Taucher der Bereitschaftspolizei bargen im Laufe der Ermittlungen vom Grund der Donau die Tatwaffe, eine FN Browning Modell 1922, Kaliber 7,65 Millimeter.

Alle drei Gangster verweigern die Aussage und schweigen beharrlich, dies blieb auch zum Beginn des Mordprozesses so, der Ende Oktober 2013 vor dem Landgericht Memmingen unter verschärften Sicherheitsbedingungen begann. Die Anklage gegen die Gangmitglieder lautet auf gemeinschaftlichen Mord, was sie nicht sonderlich zu stören scheint: Wie man es in vergleichbaren Prozessen schon gesehen hatte, scherzten die Gangster vor Gericht und vor den Augen der Hinterbliebenen kumpelhaft mit ihren sechs Rechtsanwälten herum, feixten, lachten und blinzelten den weiblichen Zuschauern zu. Die Mutter des Getöteten wendete sich weinend ab.

Mongols

Wie sich die Gangsubkultur im Migrantenmilieu ausbreitete, belegen auch die Aktivitäten des mhallami-libanesischen Familienclans aus Bremen, der als Miri-Clan bundesweite Bekanntheit erlangte. Dessen mehr als 2500 Mitglieder haben sich auch in Berlin und Essen angesiedelt und sind dort für eine Vielzahl von schweren Straftaten verantwortlich. Fast die Hälfte des Clans ist bereits strafrechtlich in Erscheinung getreten, darunter auch Intensivtäter mit weit über 100 begangenen Straftaten. Genau dieser Clan sprang nun auf den Zug der Motorradclubgründungen auf und rief den Mongols MC Germany ins Leben, eine Dependance des schwerkriminellen amerikanischen Clubs. Der Name der Gang bezieht sich auf das mongolische Reich unter Dschingis Khan. Die Gangmitglieder selbst sehen sich in aller Bescheidenheit als legitime Nachfahren der furchtlosen Krieger, die es gewohnt waren, in Unterzahl siegreich Schlachten zu schlagen. Nach dem Unfalltod des Bremer Gründers Mustafa B. übernahm Ibrahim M. die Führung der Gang, der 2012 bereits über 147 Einträge in der polizeilichen Datenbank verfügte.

Der Club der Mongols wird weiterhin von dem türkisch-libanesischen Miri-Clan dominiert. Diesen ordnen Polizeiexperten eindeutig der organisierten Kriminalität zu. Die Hauptbetätigungsfelder des Clans sind der Drogenhandel, Schutzgelderpressungen, Waffenhandel und umfangreiche Aktivitäten im Türsteher- und Rotlichtmilieu. Und überall, wo die Mongols sich jetzt als Rockergang offen zu positionieren begannen, kam es sofort zu gewalttätigen Auseinandersetzungen mit dem Platzhirsch der Szene, den Hells Angels. Mit den bereits 1200 straffällig gewordenen Mitgliedern ihrer Sippe im Hintergrund griffen sie mehrmals die Höllenengel auf deren Territorium in Bremen an.

Auch in der Hauptstadt eskalierte die Situation sofort nach Gründung eines Ablegers. Dort kam es zu einem Schusswaffenanschlag gegen ein Mitglied der Hells Angels. Bei einer Durchsuchungsaktion eines Spezialeinsatzkommandos stießen die Elitepolizisten zudem auf Sprengstoff und zwei Rohrbomben.

Im Juli 2013 kam der Miri-Mann und Mongols-Boss, Ibrahim M., 40, inzwischen auf über 150 Einträge im Polizeicomputer. Er wurde in seiner Wohnung, dem Obergeschoss eines weiß gestrichenen Bremer Neubaus, festgenommen und diesmal direkt in Untersuchungshaft gesteckt. Im Erdgeschoss des Hauses befand sich ein Wettbüro, das zur Geldwäsche für das eigentliche Geschäftsmodell im Keller diente. Dort betrieben die Migrantenrocker eine Haschplantage mit rund 400 Pflanzen. Durch deren professionelle Ausstattung waren drei Ernten pro Jahr möglich, welches eine Einnahme von 180 000 Euro bedeutete. Da die Plantage erst nach langer Zeit der Nutzung entdeckt worden, mutmaßte ein Fahnder: »In mehreren Jahren müssen es Millionen Euro gewesen sein.« Darüber hinaus beschlagnahmten die Einsatzkräfte eine Pumpgun, einen Elektroschocker, der in einer umgebauten Taschenlampe versteckt war, und die komplette Ernte im Wert von 60 000 Euro.

Die Mongols blieben trotz dieser Störung weiter aktiv und eine ständige Gefahr für ihre Konkurrenten und die Polizei. Bei den doch mitunter chaotischen Zuständen innerhalb der Gang listen sie zurzeit auf ihrer Homepage sechs Chapter auf: Germany, Nomads, Dark District, Southend, West Side und North Coast. Hinzu kommen die Prospect-Chapter Stade, Cologne, East Coast und Iron Forest.

Im Sommer 2013 wurde dann im Südwesten Deutschlands die bereits erwähnte Allianz zwischen den Mongols und der Red Legion geschlossen, welche die Gründung der Chapter Bodensee und Southside zur Folge hatte sowie den Übergriff auf die Stuttgarter Hells Angels vom 27. Juli 2013.

Schauplatz der nächsten Attacke war Freiburg an der Elbe, knapp 80 Kilometer von der Hansestadt Hamburg entfernt. Eine Streitmacht von Mongols aus Cuxhaven und Bremen soll am 2. September 2013 eine Bikerparty mit rund 500 Teilnehmern angegriffen haben. 20 bis 30 Vermummte stürmten, mit Baseballschlägern, Messern und diversen Schlaginstrumenten bewaffnet, gegen Mitternacht das Festzelt und griffen gezielt vier Mitglieder des Gremium MC an, die in der Region eine starke Vormachtstellung innehaben. Einem 36-jährigen

Rocker fügten die Angreifer derart lebensgefährliche Kopfverletzungen zu, dass er erst nach einer nächtlichen Notoperation in einer Spezialklinik außer Lebensgefahr gebracht werden konnte. Ein zweiter Rocker schwebte nach einem Messerstich in den Bauch ebenfalls in Lebensgefahr und konnte nur durch eine Notoperation gerettet werden. Weitere Gremium-Mitglieder mussten nach Kopfverletzungen und Schnittwunden notärztlich versorgt werden.

Die Täter flohen in bereitgestellten Fluchtwagen.

In einem dann ausgelösten Großeinsatz stoppten die Polizeikräfte in 25 Kilometer Entfernung ein Fluchtfahrzeug, dessen Insassen polizeilich bekannt waren. Die Männer waren im Alter von 25 bis 27 Jahren und allesamt Mitglieder der Mongols. Ob persönliche Feindschaften oder territoriale Ansprüche Auslöser dieses Gewaltexzesses waren, konnte die Polizei genauso wenig in Erfahrung bringen wie die individuellen Tatbeiträge der festgesetzten Gangmitglieder. Trotz eines Ermittlungsverfahrens wegen versuchten Totschlages wurden sie noch in der gleichen Nacht aus dem Polizeigewahrsam entlassen.

Die Rufe nach Selbstjustiz sind aus der Rockerszene unterdessen immer lauter und unverhohlener zu hören. Gleichzeitig beschweren sich die Protagonisten der Szene über zweierlei Maß bei Polizei, Politik und Presse: Der brutale Überfall der Migrantengang mit zwei lebensgefährlich Verletzten brachte es weder in die Boulevardzeitungen oder die TV-Nachrichten noch war einem Leitmedium die Sache einen Artikel wert. Kein Innenminister schmiss sich in Pose und drohte Konsequenzen an, kein Polizeipräsident verkündete für die Zukunft eine Null-Toleranz-Strategie gegen die kriminellen Clans und Gangs. Die Klage der Rocker ist wieder einmal nachvollziehbar: Man stelle sich den Aufschrei vor, wenn der heimtückische Angriff von den Hells Angels begangen worden wäre. So war außer dem allgemeinen Schweigen nichts zu vernehmen.

Interessant ist der Werdegang der Mongols auch aus anderen Gründen. Zeigt sich doch daran exemplarisch die Verwandlung eines mehrere Tausend Mann starken kurdisch-arabischen Familienclans in eine kriminelle Gang, die sich in ihrer Außendarstellung den Mantel eines Rockerclubs übergestülpt hatte. In Deutschland existieren über ein Dutzend vergleichbare Familienclans mit unterschiedlichen, zum Teil verfeindeten Ethnien. Sollte die Mehrzahl dieser Clans oder nur einige von ihnen eine vergleichbare Wandlung durchlaufen, dürfte der soziale Frieden der Republik erheblich gefährdet sein.

Median Empire

Die Domstadt Köln erlebte im November 2011 die Neugründung einer weiteren Migrantengang, der kurdisch dominierten Median Empire MC. Der Name bezieht sich auf das medische Reich, dessen Kerngebiet um 728 v. Chr. im heutigen iran-irakischen Grenzgebiet lag und sich nach Anatolien ausdehnte. Wobei die behauptete Verwandtschaft von Kurden und Medern umstritten ist und von vielen seriösen Historikern als Spekulation abgetan wird.

Nichtsdestotrotz hatten 17 unzufriedene Mitglieder des Kölner Mongols-Chapters Dark City den Miris den Rücken gekehrt und eine eigene Rockergang gegründet. Deren kurdischer Boss »Azad« gewährte in einem FAZ-Interview einen kurzen Einblick in die intrigante Welt der unterschiedlichen, mitunter rivalisierenden Ethnien der Gangs, als er die Ursachen der Trennung benannte: »Bei den Mongols war kein Respekt da. Es wurde gelogen, verarscht.« Er selbst sei hinterrücks als »Zuchtkanake« geschmäht worden. Danach war es aus. Anstatt sich jedoch aus der Gangszene zurückzuziehen, machte Azad sein eigenes Ding – und Deutschland war um eine Migrantengang reicher.

Auch die Median Empire kopierten die Strukturen eines Rockerclubs und bezeichnete sich selbst als solcher, erfüllten jedoch, wie auch die Mongols, sämtliche Charakteristika einer Streetgang. Offenbar war ihnen diese Bezeichnung aber ebenfalls zu pubertär, und so nutzten auch sie das böse Image der Rockergangs für ihre Interessen. Auch diese Gruppe besteht mehrheitlich aus Kurden, und so überrascht es nicht, dass es im Großraum Stuttgart zu einer personellen Überschneidung mit der kurdischen Streetgang Red Legion kam, die später in einen offenen Streit umschlug.

Die Median Empire verfügen zurzeit über ein World Chapter, dazu weitere Ableger, die sich Germany, Karlsruhe und Nuremberg nennen. Ihre Nachwuchsgang, Guerilleros Brotherhood 135 (die Ziffer steht für ME), ist in Duisburg, Köln und Schweden tätig und verwendet zwei gekreuzte Kalaschnikows als Ganglogo. Das ist ja auch schon mal ein Statement.

Der Kölner Azad, ein 31-jähriger iranischer Kurde und ehemaliger PKK-Aktivist, gilt als Kopf der Bande, die sich auf einem Foto mit 35 bulligen Mitgliedern präsentiert. Alle Gangster haben sich darauf mit einer Sturmhaube vermummt. In vier Diskotheken des Kölner Nachtlebens stehen diese Männer bereits an den Türen. So verwundert es auch nicht, dass die ersten Scharmützel mit den Hells Angels Cologne nicht lange auf sich warten ließen.

Einer dieser Migranten, der sich selbst als »Kanake« bezeichnete, redete in dem FAZ-Interview Klartext: »Die Kanaken sind brutal. Die freuen sich, wenn es Stress gibt.« Das hohe Anziehungspotenzial der Gang auf Migranten begründet er auch mit »orientalischen Kulturen« und der Überinterpretierung des Zusammengehörigkeitsgefühls von Gangs. Neben der Brutalität gebe es noch einen weiteren Grund für den durchschlagenden Erfolg der Migranten in der Szene: »Ich habe 15 Cousins, er hat zehn Cousins. Wenn es Stress gibt, sind die zur Stelle.«

Familienbande – in seiner buchstäblichen Bedeutung.

Satudarah

Die Rockergang stammt aus Holland, wo ihre 31 Chapter eine Dauerfehde mit den Hells Angels ausfechten. Die Schwarz-Gelben, so die Gangfarben, die ihre »Multikulturalität« betonen, wurden vor mehr als 20 Jahren in Moordrecht gegründet, einem kleinen Dorf zwischen Rotterdam und Gouda. Besonders Männer mit Wurzeln auf den Molukken werden mit diesem Club in Verbindung gebracht. Die Molukken sind eine indonesische Inselgruppe, die auch als »Gewürzinseln« bekannt ist und lange Zeit zum niederländischen Kolonialreich gehörte. Nach dem indonesischen Unabhängigkeitskrieg reisten in den 50er-Jahren Zehntausende einstige Mitarbeiter und Soldaten der ehemaligen Kolonialmacht, die in ihrer Heimat nicht mehr erwünscht waren, in die Niederlande ein. Doch auch in den Niederlanden erfuhren sie Ablehnung, die sich zunehmend verfestigte, da die Volksgruppe durch eine hohe Kriminalitätsrate und Gewalttaten die heimische Bevölkerung verunsicherte.

Die Perspektivlosigkeit einer ganzen Generation erzeugte Wut und Spannungen, die sich immer wieder gewaltsam entluden. Das ohnehin geringe Ansehen der Molukker sank weiter, und so blieben sie großenteils Außenseiter in der niederländischen Gesellschaft. Wie schon bei den Gangs in anderen Ländern entstand auch hier eine Gemeinschaft außerhalb der normalen gesellschaftlichen Strukturen.

Die Polizei bezeichnet manche Mitglieder der Satudarah als Schwerkriminelle, die weite Teile des niederländischen Drogenhandels und des Rotlichtmilieus beherrschen. Zurzeit sind fünf der zehn meistgesuchten Verbrecher in den Niederlanden Satudarah-Mitglieder. Des Weiteren wissen die niederländischen Beamten von heftigen Auseinandersetzungen mit den Hells Angels zu berichten.

Ausgerechnet in Duisburg, der krisengeplagten Ruhrgebietsstadt mit knapp einer halben Million Menschen, startete die Bande ihre Expansion nach Deutschland und Europa. Unter Führung des Türken Yildiray K., 40, der sich als »Ali Osman« bezeichnen ließ, hatte sich eine Gruppe von 20 Migranten gebildet: Türken, Kurden, Albaner, Serben und Sinti. Sie nannten sich zuerst Brotherhood Clown-Town und erfüllten unter ihrem Vizepräsidenten »Vice Balyoz« (türkisch für Vorschlaghammer) alle Merkmale einer Streetgang. Über Verbindungen zur MC-Szene oder ein besonderes Interesse fürs Motorradfahren liegen keine Erkenntnisse vor.

Am 1. Juni 2012 erfolgte dann die Übernahme der Gang durch den Satudarah MC. Die Multikultibande weihte in Duisburg-Rheinhausen mit 300 Gästen ihr Satudarah-Vereinsheim ein, das explosiverweise in direkter Nachbarschaft zu einem Hells-Angels-Charter liegt. Es dauerte nicht lange, und die Anwohner beobachteten regelrechte Streifenfahrten der verfeindeten Gangs, die in wilden Verfolgungen und Schlägereien auf offener Straße gipfelten, sobald sich die Wege der Rivalen kreuzten.

Dann eskalierte die Lage. Am 5. August 2012 schoss ein 24-jähriger Mann auf offener Straße mehrmals auf den an einer Ampel stehenden Wagen eines 33-jährigen Hells Angels. Der Täter, ein vermeintliches Satudarah-Mitglied, traf nur den Straßenasphalt.

Zwei Wochen später ereignete sich der nächste aktenkundige Vorfall. Am Wochenende des 18./19. August zündeten Unbekannte eine Handgranate vor dem Clubhaus der Hells Angels in Duisburg. Die Splitter beschädigten die Fassade des Hauses und die Gebäudefront einer angrenzenden Firma. Am 23. August folgte der nächste Handgranatenanschlag, der diesmal einem unmittelbar vor der Eröffnung stehenden Wettbüro der Höllenengel galt. Das Inventar des Ladenlokals, das sich im Erdgeschoss eines Wohnhauses befindet, sowie die gesamte Glasfront wurden zerstört. Bei beiden Anschlägen wurden Splitterhandgranaten des Typs M 75 aus jugoslawischen Militärbeständen eingesetzt.

Im Februar 2012 wurde der Konflikt dann endgültig handfest, als direkt vor dem Satudarah-Heim eine Massenschlägerei mit den Höllenengeln ausbrach. Es folgten im Februar 2013 fünf Schüsse auf das Satudarah-Hauptquartier in Duisburg sowie tags darauf der Vergeltungsangriff auf einen Kiosk, dessen Betreiber den Hells Angels zugeordnet wird. Dort schlugen nicht weniger als zwölf Kugeln ein.

Nach dieser Eskalation scheint die Gang des Ali Osman eine massive Aufrüstung beschlossen zu haben. Am 15. März stoppten Polizisten zwei 23- und 27-jährige serbische Mitglieder der Duisburger Gang im fließenden Stadtverkehr und fanden im Wagen eine Kalaschnikow AK 47, zudem zwei gefüllte Magazine und eine Kiste passender Munition mit über 1000 Schuss. Bei der späteren Wohnungsdurchsuchung fiel den Einsatzkräften noch eine weitere Maschinenpistole in die Hände. Beide Serben steckte der Richter wegen Verstoßes gegen das Kriegswaffenkontrollgesetz in Untersuchungshaft. Dort blieben sie bis zur Gerichtsverhandlung im September 2013, wo ein Gangmitglied zu zwei Jahren und acht Monaten Haft und das andere zu einem Jahr und sechs Monaten auf Bewährung verurteilt wurde.

Auf einem Spielplatz in Düsseldorf buddelten Kinder eine weitere Kalaschnikow aus dem Sandkasten, an der die Polizei eine DNA-Spur feststellen konnte. Diese führte zu einem 29-Jährigen Satudarah-Mitglied aus Duisburg, das verdächtigt wird, aus Angst vor einer Hausdurchsuchung die Maschinenpistole auf dem Kinderspielplatz vergraben zu haben.

In der Tilburger Bar »Oase«, in der die Satudarah Southside verkehrt, beschlagnahmten niederländische Beamte ebenfalls im März 2013 zwei Sturmgewehre gleicher Art: die AK 47 oder la Kalach, wie sie in Marseiller Gangkreisen in einer Mischung aus Liebkosung und Anerkennung genannt wird. Die Kalaschnikow ist in Marseille die am häufigsten benutzte Waffe in den ausufernden Gang- und Drogenkriegen der Mittelmeermetropole. Während das Sturmgewehr dort noch vor einigen Jahren 3000 Euro gekostet hatte, ist es heute schon für 1000 Euro, manchmal auch nur ein paar Hundert Euro auf der Straße zu kaufen. Im Jahr 2012 forderte der Krieg der über 30 Drogenbanden allein in Marseille 24 Menschenleben – fast alle Opfer starben durch eine Kalaschnikow.

Im März 2013 wurden vier Gangmitglieder in nur zwei Wochen erschossen, eine fünfte Leiche auf einem Beifahrersitz konnte die Polizei bislang nicht identifizieren, sie war zu stark verkohlt. Auch um sein Image aufzupolieren, war Marseille 2013 die europäische Kulturhauptstadt geworden. Doch das Geld für prestigeträchtige Neubauten, hochwertige Kunstausstellungen und innovative Theaterprojekte wäre wohl für die Ausstattung der Polizeisondereinheiten besser angelegt gewesen.

Yildiray K. und Baris T., die beiden Duisburger Gangbosse, erhielten am 9. April 2013 Hausbesuche von Spezialeinsatzkommandos. Die Polizeikräfte beschlagnahmten beim Gangboss ebenfalls eine Kalaschnikow des Typs AK 47 sowie eine Walther P99, bei der es sich auch um die offizielle Dienstwaffe der Polizei in Nordrhein-Westfalen handelt. Zusätzlich fanden die Beamten ein Kilogramm Marihuana. Der Türke und weitere Duisburger werden des grenzüberschreitenden Drogenhandels beschuldigt: Satudarahs aus Holland sollen ihn mit Zehntausenden Ecstasy-Pillen, 20 Kilogramm Marihuana und 800 Gramm Kokain beliefert haben. Zeitgleich führten holländische Polizisten eine Razzia gegen die Gang in Amsterdam, Rotterdam, Venlo und Beekberg durch. In der Grenzstadt Venlo, nur 44 Kilometer von Duisburg entfernt, entdeckte die Polizei eine Marihuanaplantage mit 240 Pflanzen. Zuvor war bereits ein Drogenkurier der Gang aufgeflogen. Am 1. März 2013 wurde der Chapter-Präsident aus Apeldoorn zusammen mit einem Prospect in Deutschland verhaftet. Die beiden führten 139 Gramm Kokain, 1000 Ecstasy Pillen und ein Kilo Haschisch bei sich. Vor dem Duisburger Landgericht müssen sich Yildiray K. und sein Vize seit dem 17. Januar 2014 verantworten, wo den Satudarah-Bossen zudem vorgeworfen wird, Auftraggeber des Kalaschnikowhandels sowie des Handgranaten- und Maschinenpistolenanschlags auf das Clubheim der Hells Angels sowie auf eines ihrer Lokale gewesen zu sein.

Ein weiteres Pärchen ging den Rauschgiftfahndern im Oktober 2013 in Duisburg ins Netz. Sie werden beschuldigt, einen Teil ihrer 23 Schmuggelfahrten im Auftrag der Satudarah-Führungsspitze unternommen zu haben. Die Kurierfahrten wurden mit mehreren Fahrzeugen durchgeführt, die aus Späh- und Lockfahrzeugen bestanden. Gaben diese grünes Licht, wurde die deutsch-niederländische Grenze bei Straelen-Niederdorf überquert, nachdem der Handel noch im Großraum Venlo auf niederländischer Seite abgewickelt worden war. Duisburg und Venlo liegen nur rund 40 Kilometer auseinander. Das Pärchen muss sich wegen des Schmuggels von 22,5 Kilogramm Marihuana, zwei Kilo Kokain und 10 000 Ecstasy-Pillen vor Gericht verantworten.

Der Kampf um die Vorherrschaft in der Duisburger Unterwelt fand unterdessen am 11. Juni 2013 seine Fortsetzung. Es folgte ein deutlicher Warnschuss der Hells Angels auf vorangegangene Provokationen der Satudarah. Genauer gesagt, waren es 14 Warnschüsse, die Unbekannte um 1.20 Uhr auf das im Erdgeschoss eines vierstöckigen Wohnhauses befindliche Vereinsheim abfeuerten und damit alle Anwohner aus dem Schlaf rissen. Zeugen konnten nur eine dunkle Limousine mit getönten Scheiben beschreiben, die vom Tatort geflüchtet war.

Doch die Schlägereien, Schießereien und die Handgranatenanschläge führten zum gewünschten Erfolg. Den Höllenengeln gelang es nicht, den ersten Brückenkopf ihrer holländischen Rivalen auf deutschem Boden zu verhindern. Der Satudarah MC Germany erzwang sich seinen Platz in der Szene und startete eine nicht für möglich gehaltene Expansion.

Inzwischen ist die Gang in Deutschland mit nicht weniger als 14 Niederlassungen fest etabliert. Cuxhaven, La Familia (zweites Chapter in Duisburg), Westside (Recklinghausen), Nusa ina in Iserlohn sowie Krefeld (beide zurzeit nicht aktiv), Alcatrez, Aachen, Aachen City, District 057 in Siegen, Judge in Müllheim, Westend, Lübeck, Borderland in Bayern und Hozat im äußersten Südwesten Baden-Württembergs.

Dadurch ist Deutschland in nicht einmal 18 Monaten zum wichtigsten Land der Satudarah nach Holland geworden. Die weiteren Chapter-Gründungen gingen zumeist ohne gewalttätige Auseinandersetzungen vonstatten, da bereits in Duisburg stellvertretend der Kampf um die deutsche Vormachtstellung ausgefochten wurde. Die Hells Angels stellten sich ihren Feinden kein zweites Mal entgegen.

Dazu gesellten sich innerhalb kürzester Zeit vier Chapter in Belgien, sechs spanische, neun asiatische, ein Chapter jeweils in Istanbul, Curaçao und Basel sowie zwei skandinavische Dependancen: Northside in Dänemark und Malmö in Schweden. Besonders die Gründung des Kopenhagener Ablegers Northside ist beachtenswert, da dort nicht nur Mitglieder der berüchtigten VHK-Bande übernommen wurden, sondern auch gleich deren Clubhaus. Die Vaerebro Harde Kerne ist eine berüchtigte Streetgang aus einem von Ausländern dominierten Vorort Kopenhagens, welche die Polizei des Drogenhandels, der Schutzgelderpressungen und Dutzender Schießereien beschuldigt. Bei der Einweihungsfeier am 10. November 2013 stürmten verschiedene Gangsondereinheiten der dänischen Polizei die Räumlichkeiten und kontrollierten 200 Rocker- und Bandenmitglieder. Die meisten Anwesenden waren holländische und deutsche Satudarah. In Schweden wiederholte sich der Vorgang, als die Satudarahs La Familia in Malmö übernahmen, eine gefürchtete Gang, die die Polizei als ein »kriminelles Netzwerk« charakterisiert.

Die skandinavische Verbrüderung würde, auf Deutschland übertragen, bedeuten, dass die gewalttätigsten und kriminellsten Chapter der Black Jackets geschlossen zu den Satudarahs wechseln würden. Ein Horrorszenario wohl nicht nur für die Innenminister.

Man sollte meinen, dass in Deutschland nach dem offenen Krieg gegen die Hells Angels, den Schießereien, den unzähligen Polizeirazzien, Festnahmen, Inhaftierungen und schwerwiegenden Anschuldigungen gegen die Gang nun deren Mitglieder austreten oder zumindest der Zustrom weiterer Ganganwarter versiegen würde. Doch das Gegenteil ist der Fall: Die alten Mitglieder blieben zusammen, und neue Männer rannten ihnen die förmlich die Bude ein. Die Mitgliederzahl stieg innerhalb kürzester Zeit um mehr als das Doppelte an und beträgt allein in Duisburg jetzt 50 Mann. So verwundert es nicht, dass in Duisburg ein zweites Satudarah-Chapter aufgemacht wurde, welches sich La Familia nannte und bereits nach kürzester Zeit über 25 Mitglieder vereinte. Es dürfte gleichzeitig die Funktion eines Ausweich-Chapters für das von einer Verbotsverfügung bedrohte Duisburger Gründungs-Chapter einnehmen.

Nordrhein-Westfalen und speziell das Ruhrgebiet sind dabei, zu einem deutschen Kopenhagen zu verkommen, wobei Duisburg diesen Status bereits vor geraumer Zeit erreicht hat. In der Stadt kämpft jede Bande um ihren Platz in der Szene und um ihren Anteil am Profit der Unterwelt nahe dem größten Binnenhafen der Welt, wo sich gleichzeitig auch eines der größten Rotlichtmilieus der Republik befindet.

Die Rockergangs waren mit den großen Drei vertreten: Hells Angels, Bandidos und Gremium, deren Krieg bereits 2009 ein erstes Todesopfer forderte, als ein Höllenrocker im Rotlichtviertel einen Bandidos erschossen hatte. Und in dieser explosiven Lage gründeten nun zusätzlich noch die Black Jackets, United Tribuns und die Satudarahs Chapter um Chapter. Es sollte nicht verwundern, wenn die beschafften und bisher noch nicht entdeckten Kalaschnikows bald zum Einsatz gebracht würden. Überraschenderweise verfügen die Ganghochburgen Marseille und Duisburg über eine weitere Parallele. Die Ruhrgebietsmetropole war bereits 2010 Europas Kulturhauptstadt.

Kein gutes Omen.

8. Kapitel

UNITED TRIBUNS – ROTLICHT IM SCHWARZWALD

Der Beelzebub in der vormals betulichen Schwarzwaldstadt Villingen-Schwenningen hat einen Namen, Almir Culum, ein bosnischer Bürgerkriegsflüchtling, bekannt und gefürchtet unter seinem Spitznamen »Boki«. Wieder einmal war Baden-Württemberg Schauplatz einer Ganggründung und der sich anschließenden kriminellen Aktivitäten. Das Schwarzwaldgebiet oder der Black Forrest, wie die Hells Angels diese Region und ihr dortiges Charter in Lahr nannten, wuchs zu einer einzigen Arena der Gangs heran. Im nur rund 100 Kilometer entfernten Stuttgart bekämpften sich bekanntermaßen die Black Jackets und Red Legion mit derart skrupelloser Brutalität, dass der Begriff »Todfeinde« durchaus wörtlich zu nehmen war. Jedem, der in diesem Winkel der Republik sein Glück und Geld im Rotlichtmilieu und der Türsteherszene verdienen wollte, war bewusst, dass ohne eine schlagkräftige Truppe im Rücken jeder Versuch zum Scheitern verurteilt war. Es blieben nur zwei Möglichkeiten: Entweder man schloss sich einer bereits etablierten Rocker- oder Streetgang an, oder man gründete seine eigene Bande.

Boki, ein tätowierter Bodybuilder und Boxchampion aus dem bosnischen Prijedor, entschloss sich für die zweite Möglichkeit. Er rief 2004 in Villingen-Schwenningen, einer Stadt, in welcher der Anteil von Personen mit Migrationshintergrund bei 35 Prozent liegt, die United Tribuns ins Leben. Als Gründungsdatum wird der 20. Mai angegeben. Die ersten Männer für seine Bande waren schnell gefunden, sein bester Freund, Geschäftspartner und Cousin »Dado«, ein weiteren Cousin namens »Addi« und sein Bruder Nermin C.

Weitere Männer rekrutierte die Bande aus dem Rotlichtmilieu sowie aus der Türsteher-, Kampfsport- und Bodybuilderszene. Zudem warben sie unzufriedene Mitglieder von den Rockergangs ab oder nahmen ehemalige Mitglieder auf, die bei den anderen in Ungnade gefallen waren. Und eines hatten die Männer noch gemeinsam: Fast alle verfügten über einen Migrationshintergrund, wobei Bosniaken und andere Zuwanderer aus dem Balkan in der Mehrzahl waren. Darüber hinaus stiegen eine Reihe kurdischstämmiger Männer in Führungspositionen auf. Im Jahr 2011 wurden der Gang schon 400 Mitglieder zugerechnet, allein in Villingen-Schwenningen konnte Boki seine Macht auf 40 Gangmitglieder stützen.

Der Schwarzwald und seine angrenzenden Regionen waren bald fest in der Hand der Gang. Es folgte Stadt auf Stadt: Karlsruhe, Stuttgart, Freiburg, Rottweil, Aalen, Tuttlingen, Ludwigshafen, Ingolstadt, Bad Kreuznach. Anfang 2013 verkündete die Bande, ihr fünfhundertstes Mitglied aufgenommen zu haben. Es bildeten sich weitere Gruppen in Worms, Bremen, Bremerhaven, Cuxhaven, Heilbronn, Würzburg, Hanau, Berlin, Köln, Aachen, Duisburg und Wiesbaden.

Der Name United Tribuns wies auf die multikulturelle Zusammensetzung der Gang hin, der Begriff »Tribun« ist die lateinische Bezeichnung für einen hohen Offizier der römischen Armee. Als Logo bestimmte die Führung eine Illustration zweier kraftstrotzender Arme, die sich bei einer brüderlichen Begrüßung kreuzen. Die Proportionen der Arme hatten dabei solche Ausmaße, dass sie zur Bewerbung jedes Anabolikapräparates bestens geeignet wären.

Den Gangnamen und das Logo stickten die Tribuns auf schwarze Bomberjacken sowie auf ihre Sweat- und T-Shirts – fertig war das Gangbranding. In ihrer Selbstdarstellung bezeichneten sich die Tribuns als eine Bruderschaft aus Türstehern, Kampfsportlern und Bodybuildern. Die weiteren Organisationsformen wurden von den Rockergangs abgekupfert, und so hießen die einzelnen Niederlassungen der Gang fortan Chapter.

Die Tribuns wuchsen so rasant, dass es nicht lange dauerte, bis die bisherigen Platzhirsche, die Hells Angels und die Black Jackets, sich an dem immer offensiveren Auftreten des Konkurrenten störten. Die neue Gang scherte sich nicht um die Territorien der vor ihnen bereits lange aktiven und etablierten Rocker- und Streetgangs, sondern expandierte ohne Rücksichtnahme oder gar Absprache mit den Konkurrenten in jeder Stadt, in der sie auf für ihre Ansprüche geeignete Rekruten traf.

Und eines legten Boki und seine Entourage zusätzlich an den Tag: Sie protzten herum und schienen sich jeden Tag aufs Neue mit den von ihnen angehäuften Reichtümern überbieten zu wollen. Und dieses Protzverhalten sollte sich rächen.

Polizei vs. United Tribuns

Die Polizei im Schwarzwald und besonders in Villingen-Schwenningen benötigte fünf Jahre, um die Gang überhaupt wahrzunehmen. Da sich ihre Erkenntnisse weitestgehend auf das beschränkten, was die Tribuns von sich selbst im Internet verbreiteten – wo diese sich nämlich als Sicherheitsdienst anpriesen –, entschloss sich die Behörde, Licht ins Dunkle zu bringen. Sie wählte dazu ein überregionales Treffen der Tribuns in Schwenningen aus, welches in den Räumlichkeiten einer ehemaligen Pizzeria stattfand. Teilnehmer waren Tribuns aus Stuttgart, Karlsruhe, Pforzheim, Konstanz, Rottweil, Tuttlingen, Freudenstadt, Balingen, Sigmaringen unter Federführung von Boki und seinem Gründungs-Chapter aus Villingen-Schwenningen. Das Gangmeeting war auf einen Sonntagabend terminiert, damit die Mitglieder, die als Türsteher und Zuhälter ihr Geld verdienten, bis dahin ungestört ihren Geschäften nachgehen konnten. Spezialkräfte der Polizei schlugen gegen 19:00 Uhr zu. Sie stießen auf 70 Teilnehmer des Treffens, deren Personalien festgestellt und katalogisiert wurden. Zudem wurden die Gangster einzeln fotografiert. Die Polizei im Ländle konnte nun erste Strukturen ermitteln und erlangte Erkenntnisse über die personelle Zusammensetzung der Gang.

Der Polizei fiel bei der Razzia auf, dass sich die Lebensumstände der angetroffenen Männer in vielen Punkten ähnelten. Sie waren beinahe ausnahmslos trainierte Bodybuilder oder glichen, wie es ein Kölner Oberstaatsanwalt formulierte, »Anabolikamutanten«. Die Gangster verfügten über einen Migrationshintergrund, trugen ihre Haare kurz rasiert und dunkel und waren in schwarze Bomberjacken gekleidet, auf deren Rücken das Logo der Gang zu sehen war. Und noch eine Gemeinsamkeit fiel den eingesetzten Polizisten sofort ins Auge. Die Männer fuhren große, teure BMW, X5, Porsche Cayenne. Doch eine Frage blieb an diesem Abend unbeantwortet: Woher hatten die Gangster so viel Geld?

Ferrari Spider 360

Der Sportwagen aus Maranello treibt seine 400 PS durch einen V8-Mittelmotor an und leistet 8500 Umdrehungen bei einem Hubraum von 3,6 Liter. Laut Werksangaben schafft das Geschoss die Beschleunigung von 0 auf 100 km/h in 4,5 Sekunden bei einer Höchstgeschwindigkeit von 296 km/h. Der Spritverbrauch von 17,9 Litern auf 100 Kilometer darf getrost vernachlässigt werden, denn Boki legte den Kaufpreis von 112.000 Euro bar auf den Tisch. Und das war das Problem. Woher verfügte der eigentlich mittellose Bürgerkriegsflüchtling aus Bosnien über so viel Geld?

Anstatt seinen wunderlichen Reichtum zurückhaltend zu genießen, postete er ein Bild von sich und dem Ferrari auf seiner Facebook-Seite. Dazu kaufte er sich ein exklusives Zweifamilienhaus in Villingen-Schwenningen und ließ sich gleichzeitig eine Villa in Bosnien errichten. Letztere sollte sich als perfekter Zufluchtsort herausstellen.

Damit auch wirklich jeder in der Stadt mit 80 000 Einwohnern etwas von seinem neuen Reichtum mitbekam, versah er seinen natürlich knallroten Spider mit einem personalisierten Kennzeichen VS –

BO (Villingen-Schwenningen – Boki) und parkte ihn mitten in der Fußgängerzone der Innenstadt oder direkt vor dem Bürgersteig eines italienischen Eiscafés, das die Tribuns zu einem ihrer zentralen Anlaufpunkte umfunktioniert hatten. Neben dem Ferrari parkten oft der Bugatti von Bokis Bruder, ein Hummer sowie die weiteren Luxuslimousinen der Gangmitglieder.

Da ein Kraftprotz auch mal zu Fuß unterwegs ist, und sei es nur vom Ferrari ins Eiscafé oder ins eigene Bordell, benötigte Boki noch weitere Insignien der Macht. Er entschied sich für eine Panzerkette aus 585er Gold im Wert von 15.000 Euro, die weit über seinen Oberkörper baumelte. In dem Preis war der goldene, mit Brillanten besetzte Anhänger »B« noch gar nicht inbegriffen. Und selbstverständlich fehlte auch die im Milieu obligatorische Rolex nicht. Der Gangboss war stets solariumgebräunt, er hatte sich Tätowierungen von Geweihen und Ornamenten in Schultern, Arme und Brustkorb stechen lassen sowie einen breiten Tribuns-Schriftzug quer über den Bauch. Die Zähne waren gebleached, der Oberkörper war durch das Bodybuilding und offensichtlich mit Steroiden aufgepumpt – mit seinem Hang zu knalligen Farben und Muskelshirts wirkte Boki wie ein imaginäres Relikt aus den 80er-Jahren. Doch er und seine Gang waren real. Genauso wie die Schreckensherrschaft, die er mit seinen Mannen über die ihnen ausgelieferten Frauen ausübte.

Zuhältergang im Schwarzwald

Bis in den Sommer 2009 floss das Geld in Strömen, besonders aus zwei Bordellen in Villingen-Schwenningen, dem »Laufhaus« und dem »La Notte«. Doch das Protzverhalten von Boki und seinen Getreuen blieb selbst von der örtlichen Polizei nicht unbemerkt. Unumwunden gaben zwei Ermittler der Abteilung Organisierte Kriminalität später zu, dass Boki und die United Tribuns ihnen erst auffielen, als plötzlich der knallrote Ferrari durch die Stadt fuhr. Als entsprechende Erkundigungen dann noch ergaben, dass der Bürgerkriegsflüchtling den Wagen bar bezahlt hatte, waren alle kriminalistischen

Instinkte der Fahnder geweckt. Ihre Annahmen, genauer gesagt, ihre Befürchtungen sollten sich alsbald bewahrheiten. Denn so viel Geld in so kurzer Zeit war nur in der Kriminalität zu erwirtschaften. Nachdem die Fahnder den United Tribuns aus Villingen-Schwenningen auf die Spur gekommen waren, wurde ziemlich schnell deutlich, wie der protzige Lifestyle finanziert wurde: durch Zuhälterei, Zwangsprostitution und Menschenhandel.

Die Staatsanwaltschaft Konstanz genehmigte im Januar 2009 umfangreiche Abhörmaßnahmen gegen Boki, seinen Bruder, führende Tribuns und zahlreiche Prostituierte. Diese führten zum Durchbruch der Ermittlungen und legten das Zuhälternetzwerk offen. Strukturen wurden klar, die Hierarchie innerhalb der Gang sowie das extreme Abhängigkeitsverhältnis der Frauen in den Gangbordellen.

Großrazzia im Sommer

Spezialeinsatzkommandos, Einsatzhundertschaften, Kriminalermittler und selbst Steuerfahnder rückten in den Morgenstunden des 22. Juni 2009 gegen das Zuhälternetzwerk der United Tribuns aus, insgesamt waren 250 Beamte unterwegs. Von den Einsatzkräften wurden zeitgleich 32 Bordelle, Wohnungen und Geschäftsräume im Schwarzwald-Baar-Kreis sowie in Tuttlingen, Stuttgart, Rottweil, Freudenstadt, Aalen und Pirmasens gestürmt und durchsucht. Der Schwerpunkt der Aktion lag in Villingen-Schwenningen. Unter den sichergestellten Vermögenswerten befanden sich acht Limousinen des oberen Preissegmentes deutscher Hersteller (Porsche, BMW, Audi, Mercedes) sowie eine aufgemotzte Harley-Davidson und ein Quad, des Weiteren Bargeld, Luxusuhren, darunter eine Rolex im Wert von über 15 000 Euro, ein halbes Dutzend Flachbildschirme, Computer, Laptops und Handys sowie Anabolika inklusive Spritzen, eine Schusswaffe samt Munition, Baseballschläger, Messer und Teleskopschlagstöcke. Die Vermögenswerte von mehreren hunderttausend Euro wurden beschlagnahmt, denn auch wegen Steuerhinterziehung wurde gegen die Gang ermittelt.

Es gelang Boki und seinen Leuten jedoch, Geld in unbekannter Höhe vor der Polizei und der Beschlagnahmung zu verbergen. Die Spur des Zuhältergeldes verlor sich in Zürich hinter den verschwiegenen Schweizer Bankmauern. Die Eidgenossen reagieren bis heute nicht auf die Ermittlungsanfragen der deutschen Behörden.

Indessen reichte Bokis Netzwerk schon bis in die Polizei hinein. Ein Beamter warnte ihn gerade noch rechtzeitig vor dem Großeinsatz und dem bestehenden Haftbefehl. Zusammen mit seiner rechten Hand, seinem Cousin »Dado«, gelang ihm die Flucht ins heimatliche Bosnien. Was verwundert, da er ja ursprünglich von dort nach Deutschland geflüchtet war. Doch jetzt, wo ihm eine langjährige Haftstrafe drohte, schien es in der alten Heimat keinerlei Probleme mehr für ihn zu geben. Auch einem weiteren Bandenmitglied, auf dessen Haftbefehl unter anderem der Vorwurf der zweifachen Vergewaltigung stand, gelang die Flucht. Erst ein Jahr später ermittelte die Polizei die undichte Stelle in ihren eigenen Reihen. Der Beamte einer auswärtigen Einheit hatte Boki und seine Clique in einem Fitnessstudio kennengelernt. Der Tipp an seine fragwürdigen Trainingspartner wird ihn vermutlich seinen Job kosten, da er umgehend vom Dienst suspendiert wurde. Das Verfahren ist noch nicht abgeschlossen.

Fünf Männer bosnischer, türkischer und deutscher Nationalität im Alter von 26 bis 36 Jahren landeten direkt nach ihrer Festnahme vor dem Haftrichter. Nermin C., ein 26-jähriger Bosnier und ehemaliger Profiboxer, und Benno Rudolf G., ein 32-jähriger Deutschrumäne, wanderten wegen der Schwere der Vorwürfe bis Prozessbeginn in rund einem Jahr in die Untersuchungshaft. Zudem beschuldigte die Polizei sie, neben dem untergetauchten Boki und dessen Cousin Dado die Köpfe des Zuhälternetzwerkes zu sein.

Bokis Bruder ging den Spezialkräften in Ulm ins Netz, das als weiterer Hauptort der Gangaktivitäten im Rotlichtmilieu gilt. Gegen sieben weitere Beschuldigte wird in dem Verfahren als Erfüllungsgehilfen gesondert ermittelt. Den Zuhältern wird vorgeworfen, über 30 Frauen, die zum Teil jünger als 21 Jahre waren, mit einem System aus physischem und psychischem Druck gefügig gemacht zu haben, um sie in der Prostitution auszubeuten. Einige Frauen wurden dazu gezielt in Diskotheken angesprochen.

Einmal mehr wird deutlich, warum über die Vormachtstellung in der Türsteherszene oftmals so brutal gerungen wird. Die exponierte Stellung an den Türen der Amüsier- und Gastronomielokale lässt sich mit krimineller Energie und frauenverachtendem Vorgehen in pures Gold verwandeln.

Die Ware Frau

Bokis Imperium bestand aus zwei, teilweise sogar drei Etablissements in Villingen-Schwenningen, die er und seine Gangmitglieder mit harter Hand führten. Offiziell liefen die Bordelle auf den Namen von Bokis Ehefrau, auf andere Gangmitglieder, auf deren Freundinnen oder Mütter. Die klassischen Strohmannvarianten.

Damit die Eigentumsfrage bei der Ware Frau zweifelsfrei und für jedermann sichtbar geklärt war, verfiel die Zuhältergang auf eine Verfahrensweise, die amtliche Fleischkontrolleure bei der Untersuchung von Schlachttieren anwenden. Dort wird das Schlachtvieh nach positiver Begutachtung mit dem amtlichen Fleischuntersuchungsstempel als tauglich gekennzeichnet und damit zur Schlachtung freigegeben. Den Frauen, die für Boki anschaffen gingen, ließ er seinen Namen eintätowieren, entweder auf den Po, den Nacken, den Ringfinger oder die Hüfte. Andere Gangmitglieder und Zuhälter kopierten dieses Prozedere und ließen ihren Prostituierten ebenfalls ihre Initialen in die Haut stechen. Bokis überengagierte Rechtsanwältin trommelte im Laufe des Verfahrens einige der Frauen zusammen, die angaben, auf eigenen Willen hin tätowiert worden zu sein. Doch die herbeizitierten Lieblingsfrauen der Zuhälter erfuhren auch eine bessere Behandlung als das Gros der Malträtierten.

Während die Peiniger mehrheitlich über einen Migrationshintergrund verfügten, einte ihre Opfer vor allem eines: Es waren junge deutsche Frauen aus der Region. Daneben traf die Polizei auf zahlreiche osteuropäische Frauen.

Die Aussagen der Prostituierten ließen die Schwere der Vorwürfe deutlich werden. In einer Dokumentation des SWR unter dem Titel »Die Menschenhändler von nebenan« kamen die Frauen zu Wort und legten das Zuhälternetzwerk offen. Eine der Betroffenen, »Ina«, die man jahrelang regelrecht eingesperrt hatte, war erst nach dem Ende der Schreckensherrschaft in der Lage, ihre Situation realistisch zu beschreiben. »Die Leute haben sich auf meine Kosten ein schönes Leben gemacht. Dicke Autos gefahren, schöne Häuser, hier Urlaub. Die Alte kann mal schön rackern.«

Dabei kam Ina sogar aus dem Milieu selbst. Sie arbeitete schon als Prostituierte, als Boki sie 2004 von einem anderen Bordell abwarb. Ihre Fahrt in das Bordell der United Tribuns bezeichnet sie heute als »den größten Fehler, den ich machen konnte«. Seine Muskeln, sein Auftreten, das ganze Drumherum hätten sie stark beeinflusst. Doch Boki reichte sie wie eine benutzte Hantel einfach an ein anderes Gangmitglied weiter.

Ina schilderte ein System aus Gewalt und Ausbeutung, Psychoterror und Erniedrigung.

Das System der Gang funktionierte arbeitsteilig und skrupellos. Es gab einen Finanzverwalter, jemanden, der den Fuhrpark managte und beispielsweise die Nummernschilder für die Gangmitglieder beim Straßenverkehrsamt beantragte. Und dann gab es noch die Abteilung Gewalt, die sich um die Sicherheit in den Bordellen kümmerte, die Frauen mit brutaler Härte unterdrückte und gleichzeitig für das Anwerben neuer Frauen zuständig war.

Das Etablissement durften die Prostituierten nur nach Erlaubnis ihres Zuhälters verlassen, und sei es nur, um gegenüber eine Flasche Wasser zu kaufen. Ihre Arbeitszeiten wurden ihnen vorgegeben, und selbst bei Krankheit mussten sie weiter anschaffen.

Im Bordell wurden Geschichten vom »Bäumezählen« von Frau zu Frau weitergegeben, denen zufolge aufmüpfige Frauen nächtens in den abgelegenen Stadtwald gefahren und »bis zur Bewusstlosigkeit gegen Bäume geschleudert« wurden. Auch würden Bilder von geschlagenen und blutverschmierten Prostituierten von Handy zu Handy gesimst und so ein Klima der Angst geschaffen, aus dem sich vortrefflich Kapital schlagen ließ.

Alles Geld sei ihr abgenommen worden, klagte die Zeugin, nur hier und da mal einen 20-Euro-Schein habe man ihr überlassen. Von den Kreditkartenzahlungen der Freier habe sie nie einen Cent gesehen. Die Demütigungen hielten viereinhalb Jahre an – so lange schotteten die Zuhälter sie von der Außenwelt ab. Das gesamte Bordell war von unzähligen Kameras überwacht, die Frauen waren unter ständiger Kontrolle und sahen keine Gelegenheit zur Flucht. Boki und Addo seien immer vor Ort gewesen, und wenn nicht, hätten andere Gangmitglieder im Büro gesessen, wo die zahlreichen Überwachungsmonitore ständig liefen.

Mehrere Hunderttausend Euro wanderten so in die Taschen der Zuhälter und der Gang. Als Ina einmal aufzubegehren wagte, wurde sie brutal zusammengeschlagen. Heute lebt sie zurückgezogen in einem kleinen Dorf im Schwarzwald, doch die Geschehnisse lassen sie nicht in Ruhe. Depressionen und Panikattacken sind ihre ständigen Begleiter. Zukunftspläne hat die erst 25-Jährige keine mehr.

»Cindys« Leidenszeit bei den United Tribuns dauerte eineinhalb Jahre. Über zehntausend Euro habe sie monatlich erwirtschaftet, insgesamt knapp 200 000 Euro. Doch auch ihr Geld wurde eingezogen, lediglich ein Taschengeld von 500 Euro monatlich wurde ihr zugestanden, wovon sie sich aber noch Arbeitskleidung kaufen musste, Reizwäsche, High Heels, Kondome.

Eine weitere Prostituierte erzählte, dass sie mit dem Kopf in einen Tümpel getaucht worden sei, wobei sie Erstickungsängste erlitt. Quasi die CIA-Waterboarding-Variante der Zuhältergang. Das Vergehen der Frau hatte darin bestanden, dass sie einem Freier Sekt statt Champagner aufdrängte.

Eine andere Frau wurde oft geschlagen und »in einem Fall so sehr gewürgt, dass sie massive Gesichtsschwellungen erlitten habe und den Mund nicht mehr öffnen konnte«.

Und eine der Frauen offenbarte sich erst jetzt der Polizei und erstattete Anzeige wegen mehrfacher Vergewaltigung. Ein nun Angeklagter habe sie in seiner Wohnung mehrfach brutal vergewaltigt, um sie gefügig zu machen und auf den Strich zu schicken.

Die SWR-Dokumentation über Boki, den Rotlichtkönig, über die United Tribuns und deren frauenverachtendes Geschäftsmodell schlug hohe Wellen. Und zwar derart, dass sich der Gangboss selbst über sein Facebook-Profil »Boki Utf Boki« zu Wort meldete und sich über den Fernsehbeitrag beschwerte.

Hier der genaue Wortlaut des Posts vom 12. Mai 2011, den Boki aus dem sicheren Bosnien online stellte:

»betrifft die reportasche über mich
ich würde auch gerne ein paar sätze dazu sagen!! 1: united tribuns ist kein zuhälter club! Das ist eine bruderschaft!! 2: die aussagen von diesen zwei frauen sind gefakt! Das finde ich beschissen dass auf diese art zuschauer gewonnen werden wollen! 3: die aussagen, dass die frauen geschlagen wurden, entspricht nicht der wahrheit! 4: wie kommt es, dass von so vielen frauen nur zwei frauen so einen blödsinn aus gesagt haben???? Jeder der mich nur bisschen kennt, weis dass ich das nie gemacht habe und zulassen würde!! Und nochmal betone ich, dass UNITED TRIBUNS kein ZUHÄLTER CLUB ist!!!.«

162 seiner rund 800 Facebook-Abonnenten kommentierten den Post mit aufmunternden Kommentaren. Boki versah sein Statement mit einem aktuellen Bild von sich: nackter, aufgepumpter Oberkörper in einem Bodybuilderstudio inklusive einer neuen goldenen dicken Kette.

Im Büro der beiden Kriminalermittler von der Abteilung für organisierte Kriminalität hingen unterdessen wie die Trophäen zweier Großwildjäger nach erfolgter Raubtierjagd die Kennzeichen von Bokis Autos: »VS-BO 5«, »VS-BO 22«, »VS-BO 56«.

Allerdings forderten die beharrlichen Bemühungen der beiden Beamten ihren Preis. Die beiden Familienväter berichteten von massiven Drohungen der Gangster gegen ihre Person.

Der Zuhälterprozess von Konstanz

Die juristische Nachbearbeitung des Zuhälternetzwerkes aus Villingen-Schwenningen begann im Juli 2010 vor dem Landgericht Konstanz am Bodensee. Unter scharfen Sicherheitsvorkehrung und den Augen eines großen Polizeiaufgebots wurden insgesamt fünf Tribuns wegen Menschenhandel, Zuhälterei, Körperverletzung und räuberischer Erpressung in 34 Fällen angeklagt und dem Richter vorgeführt.

Nermin C. und Benno Rudolf G. befanden sich seit der Razzia vom 22. Juni 2009 in Untersuchungshaft und wurden mit stählernen Fußfesseln dem Gericht vorgeführt. Dort vernahmen die insgesamt fünf Gangmitglieder, Bordellbetreiber und Zuhälter im Alter von 26 bis 36 Jahren, in Jeans und akkurat gebügelte Hemden gekleidet, die Anschuldigungen der Staatsanwaltschaft. Diese warf ihnen vor, mehr als 20 Frauen zur Prostitution gezwungen, sie erpresst und einige von ihnen misshandelt zu haben. Mehrere Frauen wurden dabei verletzt, einigen wurden die Zähne abgebrochen.

Zur Arbeit wurden die Frauen umgetauft und hatten sich fortan »Barbie«, »Jasmin« oder »Nadja« zu nennen. Sie wurden nicht nur in einem Bordell eingesetzt, sondern nach Belieben an andere Eroscenter weitergereicht, die sich im Schwarzwald-Barr-Kreis, in Aalen, Freiburg, Sindelfingen, Offenburg, Pirmasens und sogar Frankfurt befanden.

Doch trotz der erschütternden Zeugenaussagen der malträtierten Frauen gab es immer noch ein halbes Dutzend Prostituierte, sogenannte Hauptfrauen, die ihren Zuhältern weiterhin zu Diensten waren und vor Gericht aussagten, sie hätten von Schlägen, Angst und Ausbeutung nichts mitbekommen. Diese Vasallentreue endete auch dann nicht, als Boki nach Bosnien flüchtete. Der Polizei liegen Erkenntnisse vor, dass die Frauen nach wie vor in Deutschland auf Rechnung von Boki und weiteren Gangmitglieder anschaffen gehen. Sie sollen sich auch als Geldkuriere zur Verfügung gestellt haben, um größere Mengen illegalen Geldes nach Bosnien zu bringen und dafür zu sorgen, dass die untergetauchten Hintermänner dort weiterhin in Saus und Braus leben können.

Der Anwalt einer Nebenklägerin berichtete unterdessen von einem nicht enden wollenden Martyrium der Frauen, so sei seine »Mandantin heute fast seelenlos« angesichts ihrer ständigen Angst vor Vergewaltigungen, Schlägen und Drohungen. Sie sei von der restlichen Welt hermetisch abgeschottet und über unzählige Videokameras lückenlos kontrolliert worden. Der Oberstaatsanwalt Christoph H. pflichtete ihm bei und sprach in seinem Plädoyer davon, dass die Angeklagten »mit systemischer Gewalt den Willen der Frauen brachen, um sie gefügig zu machen und ausbeuten zu können«. Dies verursache »Depressionen und Schlafstörungen« bei den Frauen, die auch zu Schönheitsoperationen gezwungen wurden, um ihren »Marktwert« und damit den Profit der straff organisierten Zuhälterbande zu steigern. Dazu wurden die Frauen eigens zu einem Arzt verbracht, der als Freier die Bordelle der Gang besuchte und in seiner Münchner Praxis Brustvergrößerungen vornahm und Lippen aufspritzte. Dem Arzt wird vorgeworfen, diese OPs in betrügerischer Absicht als Eingriffe an der Nasenscheidewand deklariert und den Krankenkassen in Rechnung gestellt zu haben. Dieses separate Ermittlungsverfahren ist noch nicht abgeschlossen.

Nicht weniger als neun Frauen nutzten die Razzia, um aus dem Milieu auszusteigen und als Nebenklägerin in diesem Verfahren ihre Rechte wahrzunehmen. Doch der Mut der Opfer wurde von dem Landgericht Konstanz nicht belohnt. Die Frauen, die sich zum Teil das erste Mal in ihrem Leben dem deutschen Rechtsstaat anvertrauten, wurden bitterlich enttäuscht. Völlig unerwartet und angesichts der Fülle der Beweise auch unnötig bot das Gericht den Angeklagten nach wenigen Verhandlungstagen eine Verfahrensabsprache an: Geständnisse gegen teils kräftige Strafnachlässe.

Die Zuhälterbande bekannte sich sogleich der ausbeuterischen Zuhälterei, des gewerbsmäßigen Menschenhandels und der vorsätzlichen Körperverletzung für schuldig. Das abgesprochene Eingeständnis wurde vom Gericht entsprechend honoriert.

Nur die beiden Haupttäter aus den Reihen der United Tribuns mussten überhaupt ins Gefängnis, erhielten aber lediglich Gefängnisstrafen von vier sowie drei Jahren und neun Monaten. Zwei weitere

Gangmitglieder bekamen zwei Jahre sowie ein Jahr und acht Monate Haft. Die Strafen wurden jedoch zur Bewährung ausgesetzt. Der fünfte Angeklagte erhielt eine Bewährungszeit von zwei Jahren, um dann erst zu entscheiden, ob er nach dem Jugendstrafrecht überhaupt sanktioniert wird.

Der Oberstaatsanwalt stotterte sich bei seiner Stellungnahme vor den Kameras eines regionalen Fernsehsenders etwas von Ressourcen zurecht und von Kosten, die gespart werden sollten. Seitens des Gerichts wurde der umstrittene Deal zudem heuchlerisch mit der Rücksichtnahme auf die mutigen Frauen zu begründen versucht, denen man eine Aussage vor den Augen ihrer Peiniger habe ersparen wollen. Dass die Zwangsprostituierten extra aus diesem Grund als Nebenklägerinnen ausgesagt hatten, blendete der Richter völlig aus. Er verkündete stattdessen voller Stolz, dass die Verurteilten die Verfahrenskosten der Frauen und eine sechsstellige Schadensgeldzahlung leisten würden. Doch dies hätte nach erfolgtem Schuldspruch den Frauen rechtlich ohnehin zugestanden. Der Kommentar von »Cindy« zur Verfahrensabsprache und der geringen Strafe ihrer Peiniger war eindeutig: »Das ist eine Sauerei.«

Die Verfahren gegen die United Tribuns und ihre Mittäter und, in diesem Fall, ihre Mittäterinnen setzten sich fort. Eine 29-Jährige arbeitete zunächst ab 2002 selbst als Prostituierte im »La Notte«. Dort wurde sie erst die Geliebte eines der Haupttäter, der sie dann dort seit 2005 aber auch als »Geschäftsführerin« und »verlängerten Arm« der Zuhälterbande einsetzte, so die Staatsanwaltschaft. Der Gangster schien sein Zuhältergeschäft nach rein pragmatischen Gesichtspunkten zu betreiben: In dem Schwenninger Bordell »Laufhaus« setzte er seine 37-jährige Ehefrau in ähnlicher Funktion ein. Ob beide Frauen voneinander wussten, ist nicht bekannt. Die Staatsanwaltschaft beschuldigte die Frauen, von Misshandlungen in 21 Fällen gewusst zu haben, von Zwangsprostitution, Gewalt und Drohungen, auch bei Frauen unter 21 Jahren. Sie kannten das System der lückenlosen Überwachung und wussten, dass den Prostituierten ihre gesamten Einnahmen abgenommen wurden. Beide Frauen gestanden diese Punkte des Anklagevertreters. Die Geliebte erhielt eine Strafe von 18 Monaten, die zu drei Jahren auf Bewährung ausgesetzt wurde, die Ehefrau erhielt ein Jahr auf Bewährung. Zusätzlich überließ die 29-Jährige den Behörden 72 000 Euro in bar, die bei ihr sichergestellt wurden.

Ein weiterer Prozess fand im Dezember 2010 statt. Angeklagt war die 54-jährige Mutter eines Tribuns, die zuvor zusammen mit einer anderen Frau die Immobilie »Laufhaus« erworben hatte. Dort war sie für die Betreuung der Prostituierten zuständig, was in diesem Fall bedeutete, dass sie ihnen ihr gesamtes Geld abnahm. Bei Problemen sei mit harter Hand ihr Sohn eingeschritten, der im ständigen Kontakt zu Boki und der Gang gestanden habe, so die Staatsanwaltschaft. Auch habe die Mutter Frauen in Rumänien angeworben. Eine dieser Frauen forderte später in Deutschland ihr Geld und beklagte sich über die Zustände in dem Bordell. Daraufhin schlug der Sohn die Frau fast jeden zweiten Tag, einmal so heftig, dass sie ins Krankenhaus musste. Trotz der Gewalt und der Einschüchterungen schaffte die Frau den Ausstieg und trat in diesem Verfahren als Nebenklägerin auf. Das Gericht gestand der malträtierten Frau 3000 Euro Schadensersatz sowie 9900 Euro der beschlagnahmten Gelder der 54-Jährigen zu. Die Gangmutti selbst wurde wegen Beihilfe zu einer sechsmonatigen Freiheitsstrafe verurteilt, die jedoch in eine zweijährige Bewährungsstrafe umgewandelt wurde.

Nach der Großrazzia, der Enttarnung des Zuhälternetzwerkes, den Schilderungen der Zwangsprostituierten und der Flucht von Boki rückte die Gang erstmals in den Fokus hoher Polizeioffiziere. Diese nahmen nun kein Blatt mehr vor den Mund, sie sprachen von einer kriminellen Vereinigung, die ihr Geld mit Schutzgeld, Menschenhandel, Prostitution und Drogenhandel verdiente und ihre Mitglieder aus dem Türsteher-, Rotlicht- und Rockermilieu rekrutierte. Zweierlei fehlte jedoch bei dieser Auflistung: Der hohe Anteil von Migranten in der Gang blieb von den Beamten genauso unerwähnt wie in fast allen Medienberichten. Und zudem fehlte eine Forderung nach einem Verbotsverfahren gegen die Gang, welches anhand der rechtskräftigen Urteile ohne Schwierigkeiten zu begründen gewesen wäre.

Und so ändert sich weiterhin nichts an der Dominanz der United Tribuns in der Türsteher- und Rotlichtszene des Schwarzwaldes. Noch immer arbeiten die gleichen Gangmitglieder an den Türen der Diskotheken und Clubs, und so scheint es nur eine Frage der Zeit, bis junge naive Discobesucherinnen abermals in die Fänge der kriminellen Menschenhändler geraten.

Das »Laufhaus« wird noch immer von Bokis Ehefrau betrieben, zusammen mit einer weiteren eingesetzten Strohfrau. Auch das »La Notte« hat noch immer die gleichen Betreiber. Laut der Polizei befinden sich beide Häuser im Besitz von Boki.

Nach wie vor arbeiten also mehrere Prostituierte in Deutschland direkt für den Gangboss. Die Stadtverwaltung von Villingen-Schwenningen sieht sich außerstande, den Bordellbetreibern die Genehmigung zu entziehen, da sie – infolge des mit der Justiz ausgehandelten Deals – nur zu Geld- bzw.- Bewährungsstrafen verurteilt wurden.

Zudem füllen die beiden Puffbetriebe die zurzeit klamme Stadtkasse auf, da sie ihre angehäuften Steuerschulden nun in Raten abbezahlen. Die Prostituierten müssen weiter anschaffen gehen, damit die Politiker zu ihrem Geld kommen. Was für eine perverse Welt.

Leben wie Gott in Bosnien

Auf der Flucht vor der deutschen Justiz richteten sich die Gangster im Nordwesten Bosniens in einem kleinen Dorf bei Sanski Most häuslich ein. Nicht etwa, dass sie sich dort nun zurückhaltend verhielten, immerhin bestand und besteht gegen Boki und Dado ja ein internationaler Haftbefehl. Zwischen Bosnien und Deutschland existiert, trotz Milliarden gezahlter Wiederaufbauhilfe, kein Auslieferungsabkommen. Man spricht von 7 bis 10 Milliarden an Steuergeldern, die in das kleine Land geflossen sind, so genau will oder kann das keiner beziffern.

Dazu gesellte sich die immer noch andauernde Korruption der Amtsträger im zerfallenen Jugoslawien. Boki und seine Vasallen hatten in ihrem Heimatland nichts zu befürchten. Im Gegenteil, sie legten ihr altes Protzverhalten an den Tag und fuhren mit ihren Luxuslimousinen, die noch immer deutsche Zulassung und Kennzeichen hatten, durch das kleine Örtchen. Darunter ein Porsche Cayenne, eine Mercedes-Limousine, ein VW Tuareg, ein schneeweißer Porsche und ein Audi Q7. Wie die Gangster in Bosnien ihren Lebensstil finanzierten, war ein offenes Geheimnis. Ihre Hauptfrauen reisten regelmäßig aus Deutschland an und lieferten ihren Prostitutionslohn ab, zusätzlich schleusten Kuriere größere Geldbeträge zum Fluchtort der Tribuns.

Boki und seine Handlanger waren sogar so dreist und trafen sich mit dem Fernsehteam des SWR zu einem Interview in Bosnien. Die Kernaussage der international gesuchten Kriminellen verkündete der offensichtlich gut gelaunte Boki: »Uns geht es gut. In Bosnien sind wir freie Leute.«

Sie stolzierten mit ihren schwarzen Bomberjacken mit goldfarbenem United-Tribuns-Schriftzug und Ganglogo umher und führten die deutschen Journalisten in das eigene Fitnessstudio mit angeschlossenem Kickboxverein. Selbst eigene Kämpfe richteten sie dort mit ihren Fightern aus. Weiter prahlten die Gangster mit der Ausstattung einer Disco, die einem Gangmitglied gehörte. Vom Zuhälter zum Immobilienbesitzer – eine Gangkarriere in Deutschland.

Onur, ein weiteres Gründungsmitglied der Tribuns, war mittlerweile zum Präsidenten der Gang in Rottweil aufgestiegen. Ihm oblag es, ein offizielles Statement zu den Vorgängen des Zuhälternetzwerkes zu formulieren. Nun ist nicht jedes Gangmitglied der Tribuns automatisch ein Zuhälter oder ein Krimineller, doch auf eine Distanzierung von den Verurteilten, den Taten, der Zuhälterei oder dem Menschenhandel wartete man vergeblich. Die Taten wurden als Privatangelegenheit der jeweiligen Mitglieder deklariert.

»Das ist jedem selber überlassen, sage ich mal«, so Onur.

Doch jemand, der sich nach derart schwerwiegenden und vor Gericht bewiesenen Anschuldigungen dieser Gang noch anschließt, sollte sich nicht wundern, wenn er mit den schwerkriminellen Führungspersonen in einen Topf geschmissen wird.

Die »Muppet Show« vor Gericht

Mit »Gonzo« war nicht etwa das unklassifizierbare Wesen mit blauem Fell und der langen krummen Nase aus der »Muppet Show« gemeint, sondern der 37-jährige Jorge »Gonzo« P. Dieser Hüne mit kahl rasiertem Schädel war der Präsident der United Tribuns in der von schweren Gangattacken gebeutelten Stadt Esslingen, in der erst zu Weihnachten ein Black Jacket von Gangmitgliedern der Red Legion ermordet worden war. Der Tribun arbeitete seit geraumer Zeit als Türsteher in Heidelberg und versuchte sich nun scheinbar mit aller Macht als Zuhälter. Eine junge Frau beschuldigte ihn des Versuchs, sie mit Einschüchterungen und Prügelandrohung gegen ihren Willen auf den Strich zu schicken. Er habe sie außerdem genötigt, einen Fragebogen auszufüllen, auf dem sie neben ihren persönlichen Daten auch ihre sexuellen Vorlieben notieren sollte.

Die Drohungen soll er auch auf ihren Freund ausgeweitet haben, dem er verkündete, er werde ihn mit einem Baseballschläger totschlagen, als er in dessen Wohnung eine Flagge der United Tribuns erblickte. Da dem Pärchen enge Beziehungen zu den Hells Angels nachgesagt wurden, vermutete Gonzo, dass der Freund die Fahne den Höllenengeln als Trophäe übergeben wollte, um so sein Standing bei der Rockergang zu verbessern. Dies war kein harmloser Vorfall, denn spätestens seit einer Eskalation in Pforzheim standen alle Zeichen auf Krieg zwischen den Gangs.

Über seinen Anwalt ließ Gonzo beide Anklagepunkte bestreiten, lediglich den Besitz der bei der Durchsuchung seiner Wohnung sichergestellten Dopingmittel räumte der »Sportler« ein. Die Staatsanwaltschaft Heilbronn erhob Anklage wegen versuchten Menschenhandels, Nötigung und des unerlaubten Besitzes von Arzneimitteln.

Doch vor Gericht gab es zwei altbekannte Wendungen. Über seinen Rechtsbeistand ließ der Angeklagte zunächst erklären, bereits aus der Gang ausgetreten zu sein. Und auch dass die Hauptbelastungszeugin einen umfassenden Gedächtnisschwund erlitten haben wollte, überraschte niemanden, der zuvor schon einmal ein Gangverfahren besucht hatte. Nur die Begründung fiel diesmal doch aus dem Rahmen: »Aufgrund gesundheitlicher Probleme kann sie sich derzeit nur an Vorgänge erinnern, die weniger als eine Woche zurückliegen«, verkündete Gonzos Rechtsanwalt. Was immer dies auch zu bedeuten hatte, so stellte sich die Situation vor Gericht dar.

Das jetzt offiziell ehemalige Gangmitglied gab inzwischen auch zu, dem Lebensgefährten der Zeugin gedroht zu haben, er werde ihn mit einem Baseballschläger totschlagen – was Gonzo zuvor noch vehement abgestritten hatte. Dieser Lebensgefährte saß übrigens zur Zeit der Verhandlung wegen einer Raubstraftat in Untersuchungshaft.

Das Amtsgericht formte aus einer früheren Verurteilung Gonzos eine Strafe wegen Nötigung von ganzen 30 Tagessatzen à 16 Euro, insgesamt also 480 Euro. Somit glaubte das Gericht den Angaben des Türstehers und Zuhälters in spe zu seinen Vermögensverhältnissen, demzufolge dieser von lediglich 480 Euro im Monat lebte.

Ein wahrhaft abschreckendes Urteil. Der Rechtsstaat zeigte sich einmal mehr alles andere als wehrhaft gegen die wachsenden Gangaktivitäten.

Jeder gegen jeden in Pforzheim

Die Flagge der Hells Angels wehte seit dem 7. September 2008 über Pforzheim. Die Höllenengel nannten ihr hiesiges Charter Borderland und waren von Anfang an in der Rotlicht- und Türsteherszene aktiv. Es waren die Jahre des Flatratesaufens, mit denen die Discobetreiber gerade junge Gäste in ihre Clubs lockten, und die Alkoholexzesse lösten überall die gleichen Begleitumstände aus: Randale, Schlägereien und Verletzte. Da war auch in Pforzheim eine besonders schlagkräftige Security vonnöten. Ein großes Stück dieses Geschäftsfeldes dominierten die Hells Angels, gelegentlich mithilfe ihres Unterstützungskommandos 81 Borderland, bei der es sich quasi um die outgesourcte Streetgang der Rocker handelte. Von ihrem Hauptquartier in der Nordstadt aus, einem ehemaligen Bordell, das mit zahlreichen Videokameras gesichert war, organisierten sie ihre Geschäfte in der Stadt und der gesamten Region.

Neben den Hells Angels existierte ein wichtiges Chapter des Gremium MC in der Stadt, welches sich als Frontline Crew bezeichnete und im allmächtigen Siebener-Rat von Deutschlands größtem unabhängigen MC vertreten war. Mit einer Sternfahrt aus ganz Deutschland provozierten die Gremium MC die Hells Angels. Man beabsichtigte mit dieser Machtdemonstration, den eigenen Anspruch auf Pforzheim gegenüber den Höllenengeln anzuzeigen, so die Polizei. Ein Großaufgebot von 200 Beamten mit Spezialeinheiten stoppte den Konvoi noch vor der Fahrt durch Pforzheim und setzte so ein Verbot des Landratsamts durch, um die Provokation nicht ausufern zu lassen. Gleichzeitig erließ die Behörde ein Kuttentrageverbot für den Teil der Stadt, in dem die Hells Angels ihr Hauptquartier hatten.

Einzig der Bandidos MC mied bisher diese umkämpfte Stadt.

Nachdem die Black Jackets, vornehmlich aus den westlichen Problemvierteln der Stadt, immer mehr Leute aus dem Migrantenmilieu angeworben hatten, die bereits als Türsteher einen weiteren großen Teil der Stadt dominierten und auch im Rotlichtmilieu arbeiteten, erschien noch ein vierter Herausforderer auf der Bühne: die United Tribuns. Diese besetzten den Ostteil der Stadt und rekrutierten von dort Mann für Mann ihre Gang. Während bei den Black Jackets viele Türken und türkischstämmige Männer Mitglieder waren, dominierten auch bei den Tribuns in Pforzheim vor allem kurdischstämmige Mitglieder die Gang. Und auch im deutschlandweiten Frontverlauf der Rockergangs bezogen die Tribuns klar Stellung, nämlich gegen die Hells Angels. Die Gangmitglieder hatten sich in ihren Bomberjacken der Sternfahrt des rivalisierenden Gremium MC angeschlossen.

Die Disco- und Rotlichtszene der Stadt war zu klein für vier macht- und profitversessene Gangs. Die Black Jackets zeigten sofort verstärkt

Präsenz, so hielt die Gang ein Führungstreffen von 60 Gangmitgliedern in einem Lokal der Pforzheimer Nordstadt ab. Diese Machtdemonstration war nicht zu übersehen, verängstigte die Bevölkerung, löste jedoch wieder einmal nur eine lokale Berichterstattung aus.

In Pforzheim standen alle Zeichen auf Krieg. Den schien auch das Gremium-Chapter im nur knapp 40 Kilometer entfernten Rastatt zu erwarten. Bei einer Razzia im Juli 2011 stießen Spezialeinheiten auf 13 scharfe Waffen, darunter eine Maschinenpistole, Pumpguns und 350 Schuss Munition. Außerdem fanden die Beamten kiloweise Betäubungsmittel.

Die Konflikte zwischen den Black Jackets und den United Tribuns sind schon an anderer Stelle geschildert worden, in Pforzheim toben sie jedoch weiterhin besonders intensiv. Als die Black Jackets aus ihrer Machtbastion im Osten der Stadt immer weiter westlich ins Revier der Tribuns drängten, folgte die Reaktion umgehend und unmissverständlich. Nachts schleuderten unbekannte Täter einen Brandsatz in das Vereinslokal der Black Jackets.

Doch nicht nur für aktive Mitglieder war Pforzheim ein heißes Pflaster, auch ehemalige Gangster verfolgte ihre Gangvergangenheit hier auf Schritt und Tritt. In der Pforzheimer Innenstadt stellten am 28. Mai 2009 vier Mitglieder der United Tribuns Karlsruhe einen Exbruder zur Rede, er solle sofort seine Gangjacke rausrücken. Zur Unterstreichung ihrer Aufforderung zogen sie Schlagstöcke und ein Klappmesser. Der Angegangene erklärte wahrheitsgemäß, dass er seine Tribuns-Bomberjacke der Gang schon übergeben habe, doch diesem Einwand wurde kein Glaube geschenkt. Es setzte einen Schlag aufs Auge. Erst als der Exbruder einen Schraubenzieher aus der Jacke zog und in Angriffshaltung ging, ließen die Gangster von ihm ab.

Vor Gericht sahen sich die einstigen »Brüder für immer« dann wieder. Nach einer kurzen Zeugenvernehmung folgte wie üblich eine Verfahrensabsprache, zwei Tribuns bekannten sich der Beteiligung an einer geringfügigen Körperverletzung für schuldig und wurden dementsprechend nur unwesentlich bestraft. Einmal vier Monate auf Bewährung, der zweite Angeklagte erhielt eine Geldstrafe von 1500

Euro. Doch dies war nur ein Vorspiel. Pforzheim sollte seinen richtigen Gangkrieg bekommen.

Der ausschlaggebende Konflikt im Pforzheimer Gangkrieg war in der Szene ein offenes Geheimnis: Die Höllenengel griffen nach den Türen dreier Diskotheken der Stadt. Doch die United Tribuns hielten dagegen und verteidigten ihr Revier.

Das Gehalt der Türsteher spielt dabei eine untergeordnete Rolle und ist nicht die Hauptursache der blutigen Konflikte. Denn vielmehr als einen Hunderter pro Nacht dürfte bei dieser gefahrgeneigten Arbeit, so ein Begriff aus dem Arbeitsrecht, nicht herausspringen. Sollte noch eine ordnungsgemäß versteuernde Sicherheitsfirma dazwischengeschaltet sein, würde der Verdienst entsprechend weiter geschmälert. Ein eher karger Lohn für ein knallhartes Geschäft, dessen Arbeitsverlauf schon mal im Krankenhaus enden kann. So liegt der Reiz des Türstehergeschäfts zum einen in dem Umstand, dass sich besonders die »Türen« der Ausgeh- und Amüsierviertel vortrefflich als Revier- und Territorialmarkierung der Gangs eignen.

»Wer die Türen hat, hat die Macht«, diese Szeneweisheit deutet auf eine weitere Besonderheit des Türsteherjobs hin. Denn durch die Macht über die Amüsierbetriebe ergeben sich lukrative Zusatzverdienstmöglichkeiten im Bereich Drogen-, Waffen- und Anabolikahandel. Darüber hinaus ergibt sich der direkte Zugriff auf die niemals schwindende Ware »Frau«. Wie man in Villingen-Schwenningen gesehen hat, wurden viele Frauen gezielt in Diskotheken von Türstehern und Gangmitgliedern angesprochen. Dann dauerte es nicht mehr lange, bis sich die Spuren der oft jungen und naiven Mädchen nach einer kurzen Phase der vorgegaukelten Liebe und einkalkulierten Geschenke, der Drogen oder skrupellosen Gewalt in einem Bordell verloren. Die Kontrolle über die Türen der Stadt waren der Schlüssel zu Macht und Geld.

Wie die Hells Angels bezeichnen sich auch die Tribuns selbst als eine lebenslange Bruderschaft, doch dies muss bei dem 35-jährigen Danny K. am 27. November 2010 in Vergessenheit geraten sein. Ein Tribun machte später vor Polizei und Gericht eine Aussage, deswegen ließen sich die Geschehnisse der Nacht gut rekonstruieren. Es war der einzige aussagebereite Zeuge, und dies bei knapp 40 Beteiligten.

Die Tribuns und die Höllenengel gerieten in immer kürzeren Abständen aneinander. Maßgeblich daran beteiligt war der städtische Boss der Tribuns, Nurullah R., ein kurdischstämmiger Kampfsportler aus dem Osten Pforzheims. In dieser Nacht beleidigte der Tribun zwei Hells Angels am Handy aufs Übelste. Die Beleidigten und Herausgeforderten verließen daraufhin sofort eine größere Party in ihrem Vereinshaus, trotz oder gerade wegen des hochrangigen Besuches aus dem Hamburger Rotlichtmilieu. Und ihr Ziel war klar. Sie wollten endlich Rache an den United Tribuns nehmen, für die Beleidigungen, Demütigungen und Schläge. Die Hierarchie im Türsteher- und Rotlichtmilieu sollte wiederhergestellt werden.

Wer war die Nr. 1? Die Hells Angels oder die United Tribuns?

Die Türsteher der Tribuns ließen ihre Nachtschicht traditionell bei einem Plausch unter Kollegen ausklingen. Wie immer trafen sie sich in den frühen Morgenstunden auf dem Parkplatz des Supermarktdiscounters »Netto«. In dieser Nacht kamen sieben Gangmitglieder zusammen. Als die Tribuns gegen sechs Uhr eintrafen, gerieten sie in einen Hinterhalt der Angels. Zuerst zeigten sich nur drei Hells Angels offen. Der Rest des knapp 30-köpfigen Kommandos hielt sich versteckt, um die Falle besonders effektiv zuschnappen zu lassen. Erst als die verfeindeten Gangster ganz dicht heran waren, sprangen die Hells Angels aus der Deckung und gingen sofort zum Angriff über. Die überrumpelten Tribuns wichen zunächst zurück. Die Angels rückten nach und fingen an, mit ihren Baseballschlägern und Macheten die geparkten Autos der Tribuns zu demolieren. Daraufhin schlugen die Tribuns zurück, und es folgte eine erbitterte Schlacht.

An der Spitze der Angels agierte ihr Vizepräsident, Danny K., der eine scharfe Waffe, einen Revolver Kaliber 38 Special, in der Hand gehalten haben soll. Mit der besonders in amerikanischen Militär- und Polizeikreisen weitverbreiteten Smith & Wesson feuerte er gezielt auf seine ehemaligen Brüder der Tribuns, so die spätere Einschätzung der Polizei. Ein Einschussloch der großkalibrigen Smith & Wesson in einem abgestellten Lieferwagen ist stiller Zeuge dieser bewaffneten Auseinandersetzung.

Zur Unterstützung ballerte ein zweiter Hells Angels, Dannys leiblicher Bruder Marcus K., 25, mit einer Schreckschusswaffe rum.

In dem Kampf brachten die Beteiligten Schusswaffen, Macheten und Baseballschläger zum Einsatz. Drei Hells Angels wurden schwer verletzt, darunter ein 31-Jähriger durch einen Leberstich. Selbst nach der Notversorgung des Höllenengels auf der Intensivstation eines Krankenhauses schwebte er weiter in Lebensgefahr. In seinem Bauchraum hatten sich bereits zweieinhalb Liter Blut angesammelt. Es benötigte einige Zeit, bis sich sein Zustand stabilisierte.

Ein weiterer Rocker erlitt eine schwere Kopfverletzung, und ein 25-jähriger Höllenengel wurde durch eine Machete verletzt. Die Hells Angels ihrerseits fügten dem Tribun-Boss Nurullah R. mit Machetenhieben schwere Kopfverletzungen zu. Dieser wird beschuldigt, zuvor einem Hells Angels mit einer Schreckschusswaffe nur knapp unter das Auge geschossen zu haben.

Nach der Auseinandersetzung gelang es der Polizei, alle sieben an der Auseinandersetzung beteiligten Tribuns festzunehmen. Zusätzlich sicherten die Ermittler einen blutverschmierten Baseballschläger und eine Pfefferspraydose in XXL-Format. Auch den Einsatz von scharfen Schusswaffen konnten die Kriminaltechniker belegen.

Die Höllenengel flüchteten vom Kampfplatz direkt in ihr Clubhaus und begingen damit gleich zwei Fehler. Erstens ließ sich dieses Gelände von den sie verfolgenden Streifenwagenpolizisten relativ einfach abriegeln. Anschließend warteten die Beamten einfach auf das alarmierte Spezialeinsatzkommando (SEK), welches in das Gebäude eindrang und insgesamt 20 Rocker überwältigte und festnahm. Zweitens war das Innenministerium nun in der Lage, den Angriff der Hells Angels als Vereinshandlung zu belegen, mit dem die Führung der Höllenengel die Vormachtstellung der Tribuns in der Türsteherszene gewaltsam zu brechen beabsichtigte. Diese Argumentation sollte sich als wichtigster Baustein für das später verhängte Vereinsverbot erweisen.

Wie geschildert, machte nur ein Tribun eine Aussage vor der Polizei, alle anderen festgenommenen Gangmitglieder schwiegen.

Nur wenige Stunden nach der Schlacht folgte die erste Reaktion der Türstehergang auf den Überfall der Hells Angels. Vor einem FKK-Club im 40 Kilometer entfernten Bruchsal warfen unbekannte Täter einen Brandsatz unter einen Audi A8 mit Pforzheimer Kennzeichen, der mit einem Werbeaufkleber des Etablissements versehen war. Der Wagen ging in Flammen auf und brannte total aus. Während die Polizei den Audi-Besitzer den Hells Angels zurechnet, vermuten sie die bis heute unbekannten Täter in den Reihen der United Tribuns. Über einen Rechtsanwalt ließen die Höllenengel dementieren, dass sie das Bordell selbst betreiben.

Ein höllisches Mordkomplott

Zuerst traf die Höllenengel die Reaktion der geballten Staatsmacht: 900 Polizisten, darunter ein halbes Dutzend SEK-Kommandos inklusive der GSG 9, weitere Spezialkräfte und acht Staatsanwälte stürmten nur zwei Wochen später 28 Objekte der Hells Angels in drei Bundesländern. Es ging nicht nur um den Überfall auf die verfeindete Gang, sondern die Ermittler waren bei einer genehmigten Telefonüberwachung zudem auf ein Mordkomplott der Angels aufmerksam geworden. Auf der Todesliste standen die Gebrüder R., die kurdischen Bosse der Pforzheimer Tribuns. Bei der Razzia stießen Polizisten auf regelrechte »Steckbriefe« der beiden United Tribuns. Die Informationen beinhalteten die Anschrift, Mitbewohner, Arbeitgeber, Pkws inklusive der betreffenden Kennzeichen und einen Lageplan der Clubräume der Gangster. In der Privatwohnung eines Hells Angels stellten die Polizisten zudem die Kopie eines Lichtbildes sicher, das sieben Mitglieder der Gang zeigte. Alle abgebildeten Männer der Türstehervereinigung waren an der schweren Auseinandersetzung auf dem Parkplatz beteiligt gewesen.

Das Mordkomplott soll auf einer Clubsitzung der Pforzheimer Hells Angels nur zwei Tage nach dem Tribuns-Zwischenfall verabredet worden sein. Laut den Ermittlern beschlossen die Clubmitglieder per Abstimmung (»One man, one vote«), die beiden Anführer der United Tribuns zu töten.

Danny K., der Vizepräsident der Hells Angels, und sein Bruder wurden beschuldigt, die Schüsse beim Überfall auf die Tribuns abgefeuert zu haben, und wanderten wegen versuchten Mordes in Untersuchungshaft. An der Hand von Danny K. stellten Kriminaltechniker Schmauchspuren fest. Dazu gesellten sich die Anklagepunkte Verabredung zum Mord, schwerer Landfriedensbruch, gefährliche Körperverletzung sowie Verstöße gegen das Waffen- und Betäubungsmittelgesetz. Doch ob mit diesen Festnahmen auch das Mordkomplott der Hells Angels gegen die beiden Anführer der United Tribuns aus der Welt war, konnte niemand mit Bestimmtheit sagen. Die Gebrüder R. lehnten nach wie vor den angebotenen Polizeischutz ab. Als die Polizei sie über die Mordverschwörung informierte, war sie über die Reaktion der Brüder überrascht: Sie wussten bereits Bescheid und bestätigten der Polizei, »dass die Hells Angels uns töten wollen«.

Nurullah R. ging mit seinem Todesurteil überraschend offensiv um. Am 28. Dezember 2010, nur einen Monat nach dem Parkplatzkampf, soll er einem Supporter der Hells Angels vor einem Dönerladen mit dem Tode gedroht und ihm mehrere Faustschläge ins Gesicht verpasst haben. Die Auseinandersetzung landete Monate später vor Gericht, doch dort war R. nichts nachzuweisen, da sich unter den geladenen Zeugen auf einmal mehr Entlastungs- als Belastungszeugen befanden …

Für die Pforzheimer Höllenengel war es mit der Razzia noch lange nicht vorbei. Der entscheidende staatliche Gegenschlag folgte am 10. Juni 2011. Das Landesinnenministerium in Stuttgart verbot an diesem Tag das rund 15 Mann starke Charter Borderland und die Unterstützervereinigung Commando 81 Borderland. Als Begründung für die Verbotsverfügung, der monatelange Ermittlungen der Polizeidirektion Pforzheim vorausgegangen waren, wurde hauptsächlich der Konflikt mit den United Tribuns angeführt. Rund 400 Polizisten, darunter schwer bewaffnete Spezialeinheiten aus acht verschiedenen Bundesländern, setzten das Vereinsverbot am frühen Freitagmorgen in Form einer Großrazzia durch. Die Einheiten durchsuchten das Clubhaus, 20 Wohnungen von bekannten Hells Angels und sogar zwei Gefängniszellen der bereits inhaftierten Mitglieder. Dabei wurden neun scharfe Waffen konfisziert – darunter drei Schusswaffen, für die das betreffende Mitglied allerdings über die erforderliche Waffenbesitzkarte verfügte.

Weiterhin beschlagnahmten die Beamten eine abgesägte Schrotflinte, Drogen, Anabolika, drei Molotowcocktails, Computer, Vereinsunterlagen, Kutten sowie 18 000 Euro in bar. Außerdem sperrten sie bei sieben unterschiedlichen Banken 13 Konten und zogen das Vereinsvermögen ein.

Im späteren Ermittlungsverfahren ließ sich im Zusammenhang mit dem Mordkomplott zwar keine individuelle Schuld nachweisen, es wurde aber trotzdem gegen die Rockergang in dem Verbotsverfahren angeführt.

Im Juli 2011 begann der Prozess vor dem Landgericht Karlsruhe gegen den Hells Angel Danny K. Er bestritt alle Vorwürfe. Sechs der sieben Tribuns verweigerten vor Gericht die Aussage. Gegen sie alle wurde noch wegen versuchten Totschlags ermittelt, da irgendjemand den verfeindeten Hells Angel ja mit einem Messerstich in die Leber lebensgefährlich verletzt haben musste. Nur ein Gangster blieb bei seiner Aussage, dass er Danny K. trotz Maskierung erkannt und dieser gezielt geschossen habe.

Der Vizepräsident der Pforzheimer Hells Angels wurde trotz dieser belastenden Aussage nur wegen gefährlicher Körperverletzung und illegalen Waffenbesitzes zu drei Jahren und drei Monaten Haft verurteilt. Den Anklagepunkt des versuchten Mordes sahen Gericht und Staatsanwaltschaft nicht bewiesen. Es folgte im Januar 2013 ein weiteres Verfahren gegen zehn Hells Angels im Alter von 23 bis 47 Jahren, die sich wegen der Bildung bewaffneter Gruppen, Landfriedensbruch und gefährlicher Körperverletzung verantworten mussten. Ein

Großteil war bereits einschlägig vorbestraft oder befand sich nur mit Bewährungsauflagen auf freiem Fuß. Doch das Pforzheimer Landgericht war gnädig, es verhängte drei geringe Haftstrafen, die längste zwei Jahre vier Monate, dazu sieben Bewährungs- und Geldstrafen.

GSG 9 vs. Tribuns

Auch die United Tribuns gerieten nun wegen der brutalen Parkplatzschlägerei ins Visier der Polizei. Am 2. Februar 2011 setzte der Staat 500 Polizisten, davon allein 160 Angehörige von Spezialeinsatzkommandos und auch wieder die GSG 9, in Marsch, um das staatliche Gewaltmonopol wiederherzustellen. Sie drangen in 18 Wohnungen und Objekte ein, wo ihnen eine scharfe Maschinenpistole samt Munition und Schalldämpfer, dazu Hieb- und Stichwaffen, Betäubungsmittel, Anabolika, Elektroschocker, Handys, Computer und die Ausweispapiere junger Frauen in die Hände fielen. Sieben United Tribuns wurden vorläufig festgenommen, wovon drei in Untersuchungshaft wanderten. Anklagepunkt war zum einen die gefundene Maschinenpistole, die einen Verstoß gegen das Kriegswaffenkontrollgesetz darstellte und mit einer Gefängnisstrafe von mindestens einem Jahr sanktioniert werden musste. Einem 20-jährigen Gangmitglied wurde vorgeworfen, die Waffe im Auftrag eines 22-Jährigen besorgt zu haben. Ein 27-jähriger Tribun mit militärischer Ausbildung soll die Maschinenpistole sodann begutachtet und als akzeptabel bewertet haben. Auf die Spur der drei Waffenhändler ist die Polizei eher zufällig gestoßen, sie hörte die Telefone der drei Tribuns schon seit geraumer Zeit wegen des Verdachts auf Drogenhandel ab. Daraus resultierte der zweite Haftgrund: Die drei wurden auch des Handels mit insgesamt zehn Kilo Cannabis beschuldigt. Jeder Vorwurf an sich hätte für die Untersuchungshaft ausgereicht.

Ein halbes Jahr später sah es vor dem Jugendschöffengericht dann nicht mehr ganz so schlimm aus. Die Tribuns ließen über ihre Verteidiger bestätigen, dass sie die Waffe in Mannheim für 1100 Euro gekauft hatten. Es gebe aber keinen Zusammenhang zwischen den Auseinandersetzungen mit anderen Gangs und der erworbenen Maschinenpistole, die lediglich als Geschenk für einen befreundeten Waffennarr gedacht gewesen sei, so die Gangster. Dieser Sicht schloss sich überraschend auch das Gericht an, das mit seinem Urteil weit unter den von der Staatsanwaltschaft geforderten zweijährigen Haftstrafen blieb. Alle drei erhielten Bewährungsstrafen, zwei Tribuns eineinhalb Jahre, der dritte ein Jahr und zwei Monate.

Im Dezember 2011 mussten sich die nun 21- beziehungsweise 23-jährigen United Tribuns in einem zweiten Verfahren vor dem Pforzheimer Gericht verantworten. Den Gangmitgliedern wurde vorgeworfen, mit zehn Kilogramm Marihuana gehandelt zu haben. Doch auch dieser Prozess ging nicht über die volle Distanz. Schon kurz nach Verhandlungsbeginn kam es zu einem Rechtsgespräch zwischen den Beteiligten, und die beiden Tribuns räumten wortkarg fast alle Anklagepunkte ein. Lediglich den Umfang ihres schwunghaften Marihuanahandels wollten sie etwas abgemindert sehen, statt der zehn Kilo, die ihnen vorgeworfen wurden, sollen es ihrer Meinung nach nur sieben Kilogramm gewesen sein. Nach Jugendstrafrecht verurteilte das Gericht den 21-jährigen Gangster zu drei Jahren und drei Monaten Haft und den 24-jährigen zu dreieinhalb Jahren Gefängnis. In dieser Strafzumessung wurde noch das Verfahren vom Juni des gleichen Jahres berücksichtigt.

Um die verängstigte Bevölkerung in Sicherheit zu wiegen, wurde der Polizeichef an die Medienfront beordert, dort äußerte er sich gegenüber der *Pforzheimer Zeitung* dahingehend, dass er die Hells Angels wie die United Tribuns nach den Razzien als »entwaffnet« ansah. Aha! Dann war ja alles wieder in Ordnung.

Sieg für die Streetgang

Das Vereinsverbot des Hells-Angels-Charters Borderland in Pforzheim traf den gesamten Club in Deutschland hart. Die Rockergang hatte sich nach den bundesweiten Razzien, Waffenfunden und Territorialkämpfen in Berlin und im Ruhrgebiet bemüht, aus den Schlagzeilen zu kommen und den Befürwortern eines flächendeckenden oder gar bundesweiten Vereinsverbotes keine zusätzlichen Angriffsflächen zu bieten. Der überstürzte Angriff der Hells Angels auf die Türsteher der United Tribuns endete somit in einem Fiasko. Der Vizepräsident im Knast, das Charter verboten, die Strukturen zerfielen. Die Deutschlandführung des Clubs war schwer verärgert – wieder einmal hatte es bundesweit schlechte Presse für die Rockergang gegeben.

Mit derartigen Konsequenzen mussten sich die United Tribuns nicht rumärgern. Der bei Weitem größte Teil der polizeilichen und medialen Aufmerksamkeit galt ausschließlich den Höllenengeln. Über ein Vereinsverbot sprach bei den United Tribuns niemand. Die Innenminister waren ja nicht einmal in der Lage, die Strukturen und die personelle Zusammensetzung der Gang klar zu benennen, allein daran würde ein Vereinsverbot schon scheitern.

So verwundert es nicht, dass die Tribuns nach ihrem Sieg über die Hells Angels in Pforzheim aggressiv die neu gewonnene Macht nutzten, um weitere noch offene Rechnungen zu begleichen. Und wieder daran beteiligt waren die beiden kurdischen Brüder R., die Bosse der Tribuns in der Goldstadt. In der Nacht zum Heiligabend 2011 lockten sie und ein weiterer Tribun unter dem Vorwand einer »Aussprache« einen 24-Jährigen um ein Uhr nachts auf einen verlassenen Spielplatz. Bei dem 24-jährigen Landsmann der Brüder R. handelte es sich um ein ehemaliges Mitglied der Tribuns, das zu der den Hells Angels zugehörigen Streetgang gewechselt sein sollte, dem Commando 81 Borderland, welches zeitgleich mit dem Pforzheimer Charter verboten worden war. Auf dem abgelegenen Spielplatz schlugen die Tribuns ihren ehemaligen Bruder brutal zusammen.

Diese rücksichtslose Attacke hatte zur Folge, dass die Spezialeinsatzkommandos mal wieder einen Hausbesuch bei den Gebrüdern R. und einem weiteren Tribun durchführten. Die Staatsmacht hoffte, Blutspuren des Opfers auf der Kleidung der Täter und in dem von ihnen genutzten 5er-BMW zu finden. Bei der Durchsuchung stieß die Polizei auf Anabolika in nicht geringen Mengen. Zusätzlich erweiterte die Staatsanwaltschaft die Anklage um den Punkt der Zeugenbeeinflussung, da die Gangmitglieder beschuldigt wurden, einen Zeugen bedroht zu haben, um diesen von einer belastenden Aussage abzuhalten.

Der Vorfall belegt auch die nach wie vor intakten Strukturen der United Tribuns in Pforzheim, obwohl diese telefonisch zwischenzeitlich ihre Selbstauflösung verkündet hatten. Doch selbst die Vertreter der Staatsanwaltschaft werteten dies als rein taktische Maßnahme der Gang, um nicht auch Gegenstand einer Verbotsverfügung zu werden. Diese Sorge der Gangführung war allerdings unbegründet.

Schutzgelderpressung

Da sich die Tribuns im Pforzheimer Territorialkrieg der Gangs durchgesetzt hatten, beglichen sie nicht nur offene Rechnungen in der Szene, sondern gingen auch dazu über, die Pfründe ihrer gewalttätigen Macht einzutreiben. Die Betätigungsfelder ihres Handelns reichten von Schutzgelderpressung bis zum Drogenhandel.

An der Alfons-Kern-Schule geriet ein Berufsschüler ins Visier eines Mitglieds der United Tribuns. Da er der Zahlung des geforderten Schutzgeldes in Höhe von 7000 Euro nicht nachkam, schlug der Gangster den jungen Mann gemeinsam mit zwei weiteren Tätern zusammen. Für das junge Tribuns-Mitglied endete die versuchte Schutzgelderpressung in der Untersuchungshaft. Apropos Alfons-Kern-Schule: Die Berufsschule bietet ein breit gefächertes pädagogisches Angebot und legt gemäß ihrem Leitbild unter anderem Wert auf »gegenseitige Wertschätzung, Achtung und Toleranz«. Noch heute befinden sich auf der Homepage tagebuchartige Erzählungen von diversen Klassenfahrten. Darunter auch der folgende Bericht: »Am frühen Morgen gab es für 3 Hausbewohner eine *Strafarbeit* zu verrichten .... Als Aufgabe galt es, ein Intensivtraining im Thai-Boxen zu bewältigen. ... Durchgeführt wurde dies von keinem Geringeren als ›The Master of Thai‹ Nurullah R.«

Der spätere Tribuns-Boss muss wohl eine sehr eigene Vorstellung von pädagogisch wertvoller Arbeit gehabt haben …

Die Integrationsindustrie – Steuergelder zur Ganggründung, Rekrutierung und Ausbildung

Milliarden an Steuergeldern fließen jedes Jahr in die Integrationsprojekte von Bund, Ländern und Kommunen und schaffen so einen eigenständigen Wirtschaftszweig, in dem fest angestellte Sozialarbeiter, gut dotierte Projektmanager und Lobbyisten mithilfe von exquisiten Hochglanzprospekten und wortgewandten Strategiepapieren einer ihrer Hauptbeschäftigung nachgehen: der »Akquisition neuer Finanzmittel«.

Die genaue Höhe der Gelder ist schwerlich zu ermitteln. Allein die Folgen der Einwanderung bildungsferner Schichten schlagen gemäß einer Studie der Bertelsmann-Stiftung aus dem Jahr 2008 mit jährlich rund 16 Milliarden Euro zu Buche. Doch diese Zahlen sollen nicht das Thema unseres Buches sein, abgesehen von dem Bereich, in dem sie die Gangmitglieder betreffen.

Natürlich sind ein großer Teil der eingewanderten Menschen nicht kriminell, sie arbeiten, sind fleißig und wollen für ihre Familien bessere Lebensumstände erreichen. Diese positiven Migrationsgeschichten erhalten aber bereits viel Raum in Talkshows und Medien aller Art, weshalb in diesem Buch nun auf die Schattenseiten der Einwanderung und die ausufernde Integrationsindustrie eingegangen wird.

Zu erinnern sei in diesem Zusammenhang an die Geschichte der Black Jackets, die sich in einem städtischen Jugendhaus in Heidenheim gegründet hatten, unter den Augen der steuerbezahlten Sozialarbeiter und Pädagogen, die also direkt für die Entstehung einer der größten und brutalsten Streetgangs in Deutschland verantwortlich sind. Dieser Umstand lässt einen zuerst ratlos, resignierend und dann wütend zurück.

Und auch wenn man innerlich den Kopf schütteln mag, es wurden natürlich auch aktive schwerkriminelle Gangmitglieder weiterhin aus der Staatskasse bezahlt. In der Pforzheimer Oststadt wurde bei einer Großrazzia auch das Jugendzentrum »Eastend« durchsucht. Dort arbeiteten zwei führende Köpfe der United Tribuns bereits seit 2007 mit Jugendlichen. Man will es nicht glauben, aber es war ausgerechnet Nurullah R., der brutale kurdische Pforzheimer Tribuns-Boss. Ein aktives kriminelles Gangmitglied, das nebenher als Sozialarbeiter jobbte – das schreit ja geradezu nach dem Bambi-Integrationspreis!

Der erfahrene Kickboxer bildete in einem eigens eingerichteten Trainingsraum des Jugendzentrums Jugendliche insbesondere im Thai- und Kickboxen aus. Beim Thaiboxen sind zusätzliche Techniken erlaubt, wie der Ellenbogenschlag zum Kopf, ein Kniestoß zum Kopf und Körper oder schmerzhafte Lowkicks gegen die Beine. Wirklich pädagogisch sehr wertvoll. Fehlte eigentlich nur noch ein angeschlossener Schießstand für die überwiegend jungen Kurden aus der Oststadt.

Das Konzept mit dem schönen Namen »Kraftraum im Eastend« wurde mit Geldern der Kommunalen Kriminalprävention finanziert. Mit dem Kampfsporttraining sollte ein Abbau der Aggressionen und der wachsenden Gewalt auf den Straßen erreicht werden. Leider ging dieses Ganggym auf Staatskosten nach hinten los. Den beiden Führungsfiguren der Tribuns wird vorgeworfen, beim Training gezielt Jugendliche für ihre Gang rekrutiert zu haben.

Eine von Steuerzahlern finanzierte Ausbildung zum muskulösen Schläger, der anschließend sein Können in die Dienste einer kriminellen Gang stellt. So etwas gibt es auch nur in Deutschland.

Bei so viel behördlichem Unvermögen überrascht es dann nicht, dass Nurullah R. bald wieder von sich reden machte. Ob die Tribuns in Pforzheim sich nun aus taktischen Gründen aufgelöst hatten oder nicht, spielte nur eine untergeordnete Rolle. Fakt war, dass Nurullah weiterhin ein Dutzend Männer um sich geschart hatte, die er nun in martialischer Pose in einem YouTube-Video präsentierte. Im Text des Rapsongs wurde entführt, gefoltert, anderen Rappern die Zunge abgeschnitten, Blut floss. Besonders Sido wurde in dem Text extrem gedisst.

Die Männer in dem Video »Gorilla Legion« waren teilweise vermummt und trugen alle T-Shirts mit dem Aufdruck »Gorilla Legion Fightwear«. Ob es sich bei diesem Namen um eine Ausweichganggründung handelte oder nur eine Marketingaktion für die gleichnamige Klamottenmarke, ist zurzeit noch nicht geklärt. Nur eines steht fest, hinter der Marke steht Nurullah R., der im Impressum des dazugehörenden Onlineshops als Verantwortlicher eingetragen ist. Als Werbemaßnahme jedenfalls war der Hip-Hop-Track ein durchschlagender Erfolg, in nur wenigen Monaten kratzte der Clip die Millionenmarke und verzeichnete knapp 3000 Kommentare.

Das Gangmilieu war und ist attraktiv und strahlt eine große Anziehungskraft aus, gerade auf junge Männer mit Migrationshintergrund.

Drive-by-Shooting

Das Drive-by-Shooting, im Szenesprachgebrauch auch nur als »Driveby« bezeichnet, war ursprünglich ein Markenzeichen der italoamerikanischen Mafia. In den wilden 1920ern setzte diese Vorgehensweise zuerst das Chicagoer Outfit-Syndikat ein, danach wurde es von den New Yorker Mafiafamilien übernommen, bevor es weltweit von mafiösen Vereinigungen, Terrororganisationen und Gangs praktiziert wurde. Die aktuellsten prominenten Opfer dieser Anschlagsart waren die Rapper Tupac Shakur und The Notorious B.I.G.

In den Anfängen der deutschen Gangkriege erreichte der Drive-by nun auch zunehmend Deutschlands Straßen.

Trotz Razzien, Telefonüberwachungen, Verhaftungen und Verurteilungen kam das Pforzheimer Türstehermilieu nicht zur Ruhe. In der Nacht auf Sonntag, den 2. Januar 2011, kam es zu einer neuerlichen Schießerei im Türstehermilieu. Nur sechs Wochen nach der Parkplatzattacke fuhr um 4.18 Uhr ein dunkler Mercedes mit mindesten zwei Insassen durch die Pforzheimer Innenstadt. Vor der Diskothek

»Musikpark« schossen die unbekannten Täter mit einer Skorpion-Maschinenpistole aus dem fahrenden Auto in Richtung vierer Türsteher, die vor der Diskothek auf Posten standen.

Die Maschinenpistole mit dem Namen Skorpion wurde erstmals 1963 in der Tschechoslowakei gefertigt und später in Lizenz auch in Jugoslawien. Wegen ihres geringen Gewichts und der kompakten Bauweise ist sie im kriminellen Milieu äußerst beliebt und gilt dort als Statussymbol.

Die Geschosse vom Kaliber 7,65 Millimeter Browning trafen zwei Glasscheiben, eine Leuchtreklame und einen Lüftungsschacht. Wie durch ein Wunder wurde niemand verletzt, weder ein Türsteher noch ein Besucher der Disco. Denn eines muss jedem klar sein: Selbst ausgebildete Scharfschützen dürften Schwierigkeiten haben, aus einem fahrenden Auto gezielt mit einer Maschinenpistole zu schießen und jegliche Kollateralschäden auszuschließen. Der Kampf um die Türen der Stadt nahm immer kriegerische Züge an.

Die Polizei und die Staatsanwaltschaft tappten bei den Hintergründen der Tat völlig im Dunkeln, Hinweise zu den Tätern gab es erst recht nicht. Trotzdem bemühte sich der Oberstaatsanwalt in einem Beitrag des Lokalfernsehens, die verängstigte und zugleich wütende Bevölkerung zu besänftigen: »Ich sehe keinen Rockerkrieg … Ich glaube, Pforzheim ist immer noch eine der sichersten Großstädte Baden-Württembergs.« Das Interview endet mit der nicht gerade von Realitätssinn getragenen Äußerung: »Ich denke nicht, dass man Angst haben muss in Pforzheim.« Sicherlich nicht in den eher gut situierten Stadtteilen, wo Staatsanwälte, Richter und Politiker ihr Häuschen haben. Doch für einen großen Teil der Bevölkerung war der Krieg der Gangs auf den Straßen der Stadt längst zum Albtraum geworden.

Go West

Der umtriebige Boki empfing nicht nur seine Geldkuriere im heimatlichen Bosnien, sondern steuerte aus seiner Fluchtburg auch die

Ausbreitung der Gang. Nach neuen Zellen in Worms, Bremen, Bremerhaven, Cuxhaven, Heilbronn, Würzburg, Hanau, Berlin, Freiburg, Wiesbaden, Köln, Oberhausen und der Schweiz galt die nächste Expansionswelle dem Westen der Republik. Damit folgten die Tribuns ihren Rivalen der Black Jackets, die sich bereits deutlich früher dazu aufgemacht hatten, aus ihrer Machtbastion im Südwesten den Rest der Republik zu erobern. Ein Albtraumszenario für Öffentlichkeit und Polizei – eigentlich. Die selbst ernannte Speerspitze der deutschen Verbrechensbekämpfung, das Bundeskriminalamt, wurde in meiner Anfrage vom August 2013 allerdings auch zu den United Tribuns, ihrer Mitgliederstärke und den bestehenden Chaptern befragt. Die Antwort der Sprecherin lautet: »Angaben zu den United Tribuns kann ich nicht machen.«

Ausgerechnet Duisburg wählten die Tribuns für ihren ersten Brückenkopf im Westen aus, ausgerechnet die Stadt, deren Bevölkerung und Behörden durch den erbarmungslosen Krieg der Rockergangs, Hells Angels, Bandidos und Satudarah, schon mehr als gebeutelt und verängstigt waren. Zu allem Überfluss agierten in der Ruhrgebietsmetropole auch schon die verhassten Black Jackets.

Als Statthalter der Tribuns fungierte der bosnischstämmige Ermin K., 37, dessen Bruder Elvir von der Polizei den Hells Angels zugerechnet wird. Diese brisante Familienbande sollte noch für einigen Zündstoff sorgen. Des Weiteren schlossen sich Türken, Libanesen und Männer vom Balkan dieser Allianz an. Finanzielle Profite schienen hierbei eindeutig im Vordergrund zu stehen. Bruderschaft, Ehre, Respekt und all die nobel klingenden Substantive, welche die Gangs aufführen, um ihre Motivation für den Eintritt in die Bande zu begründen, sind schon lange reine Alibidichtungen, mit denen die Allgemeinheit hinters Licht geführt werden soll. Jedem, der jetzt zu den United Tribuns stieß, musste hinlänglich bekannt sein, dass die Gang von einem flüchtigen bosnischen Zuhälter gegründet und weiterhin befehligt wurde. Die kriminelle Aura der Bande hatte sich weiter verstärkt und zog nun genau die Art von Männern an, die ihren Lebensunterhalt mit Profiten aus der Unterwelt bestreiten wollten. Ein teuflischer Kreislauf ist entstanden, der inzwischen durch den

Staat und seine Organe offenbar nicht mehr durchbrochen werden kann und unumstößlich neue Gewalttaten und Gangkonflikte verursachen und weiter Opfer kosten wird.

Ihren ersten Vorstoß unternahmen die Tribuns in die Duisburger Türsteherszene. Diskothekenbetreiber und Partyveranstalter erhielten unerwünschte Besuche, in denen sie Adressat einer »Ansprache« wurden, die man in dieser Form lange Zeit nur aus dem Rotlichtmilieu kannte. Auch die Polizei erlangte Kenntnis über das Geschäftsgebaren der Gang. »Es wurde an Veranstalter und Vertreter von Sicherheitsunternehmen mit der Forderung herangetreten, den Security-Dienst zu wechseln bzw. der Gruppierung die Tür zu überlassen«, so ein hoher Polizeioffizier in einem vertraulichem Vermerk. Es folgten telefonische Einschüchterungen, in denen gefordert wurde, die Sicherheitsfirma der Tribuns zu beauftragen, schließlich konkrete Erpressungen gegen das jeweilige Türsteherpersonal, dem mit Angriffen gedroht wurde.

Die Polizei ist sich sicher, den Hintermann dieser gewalttätigen Expansion klar benennen zu können: Ermin K. und weitere Führungsmitglieder der Gang im Ruhrgebiet standen in engem telefonischen Kontakt mit Boki in seinem bosnischen Zufluchtsort.

Nicht zuletzt benutzten die Gangs zur schnelleren Mitgliedergewinnung und zur Claimabsteckung wieder einmal die neuen Medien. Natürlich verfügten die United Tribuns Duisburg-City auch über eine eigene Facebook-Seite, die am 24. Juli 2012 freigeschaltet wurde. Darauf wirbt deren bosnischer Boss Ermin mit seinem vollen Namen und ganz offen um neue Mitglieder, und ein mazedonischer Mitkämpfer, Memeti UTF Tribuns DU, bietet zur Kontaktaufnahme sogleich noch eine Handynummer an: »Jeder der Interesse hat unseren Club beizutreten, kann sich gerne bei Ermin K. UTF (United Tribuns Forever) melden.«

Doch nicht nur die Rekrutierung und die martialischen Fotos wurden und werden auf Facebook mit den üblichen Treueschwüren gepostet, auch Kriegserklärungen und Todesdrohungen gegen verfeindete Gangs kursieren in dem sozialen Netzwerk und fanden eine breite Öffentlichkeit, etwa dieser Post des Duisburger Gangbosses Elvir K.: »Ich ficke alle Black Jackets, ihr Huren Söhne Wart und werdet nie meinen Bruder sein sagt wo ich hin kommen soll ich kommen und Versteck euch nicht wie Raten in Löschern ok.«

Der Post erhielt 140 Gefällt-mir-Klicks, fast alle traten dabei offen mit ihren Namen und Porträtfotos auf. Offensichtlich verfügten die meisten Unterstützer der Kampfansage über einen Migrationshintergrund. Besonders fiel der zustimmende Post von »Bargeldfamilie Atasoyi E.«, auf, der zu der Nachwuchsbande Duisburg-City 300 Support zu gehören scheint: »ja wir töten die hurensöhne wenn wir die begegnen!!!!!!!!«

Nicht nur die Machtzentren der Gang und deren Stadtteile werden zu rechtsfreien Räumen verkommen, sondern auch die Facebook-Seiten der Gangmitglieder und der sie bewundernden und nacheifernden Nachwuchsgangster. Der Ruhrgebietsstadt scheint neben dem schwelenden Konflikt der Rockergangs nun auch noch eine blutige Auseinandersetzung zwischen den United Tribuns und den Black Jackets bevorzustehen.

Zuerst eskalierte jedoch die Lage zwischen den Satudarahs und den Tribuns. Neben Duisburg und Oberhausen expandierten die Tribuns auch nach Aachen. Als sich Ende November 2013 in der westlichsten deutschen Großstadt auch ein Satudarah-Ableger gründete, führte dies zu einem 40-köpfigen bedrohlichen Aufmarsch der Tribuns vor dem Duisburger Clubhaus der Hollandrocker. In den ersten Januartagen 2014 wurde die Auseinandersetzung dann handfest. Fünf Tribuns sollen zwei Satudarahs in Duisburg-Rheinhausen auf offener Straße angegriffen und verletzt haben, sodass diese ihre Kopfplatzwunden im Krankenhaus behandeln lassen mussten. Die Hintergründe zu dieser Eskalation sind in der schon erwähnten Familienbande K. zu suchen. Während Ermin K. der Duisburger Statthalter der Tribuns ist, bekleidet sein Bruder Elvir eine Führungsposition der Hells Angels im Ruhrgebiet, den Todfeinden der Satudarahs. Zudem sollen Höllenengel Elvir und Tribuns-Boss Boki Cousins sein.

So titelte am 6. Januar 2014 die *Bild*-Zeitung: »Verbrüderung von Hells Angels und United Tribuns – Deutschlands härteste Rockerbanden«. Auf einem Foto posieren Boki und Elvir K. in einer bosnischen Diskothek in Sanski Most vor zwei Hochzeitstorten, die mit dem jeweiligen Ganglogo versehen waren. Doch die herbeigeschriebene »Brutale Allianz« entpuppte sich nach ersten Recherchen als eine private Feier, und das publizierte Foto wurde nicht etwa offiziell veröffentlicht, sondern vom Facebook-Account von Nermin C., Bokis Bruder, entliehen. Zu mehr als zu einem Statement, dem zufolge man sich im heimischen Bosnien bei Konflikten nicht mehr gegenseitig die Arme und Beine würde brechen wollen, ist es dann auch nicht gekommen. Und dazu, dass aus dieser Feier gar eine bundesweite Allianz hätte entstehen können, fehlte Elvir K. sicherlich die entsprechende Prokura.

Die Duisburger Vorkommnisse belegen aber einmal mehr die These, dass es zu einer Häufung von Gangaktivitäten und -auseinandersetzungen gerade in sozialen Brennpunkten mit einem hohen Ausländeranteil kommt. Denn in Duisburg mit seinen knapp 490 000 Einwohnern, das damit an 15. Stelle der deutschen Großstädte liegt, verfügen knapp 150 000 Personen über einen Migrationshintergrund, was einem Prozentsatz von knapp über 30 Prozent entspricht, Tendenz steigend. Die größte Einwanderungsgruppe kommt mit über 38 000 aus der Türkei, wobei es sich hier vor allem um bildungsferne Schichten aus der Osttürkei handelt. Im Stadtteil Bruckhausen liegt der Migrationsanteil bei über 75 Prozent.

So bezeichneten Polizisten den besonders berüchtigten Stadtteil Marxloh als No-go-Area, in der kein normaler Polizeieinsatz mehr möglich sei. Beispielhaft dafür erzählt Rainer Wendt, Vorsitzender der Deutschen Polizeigewerkschaft, eine Geschichte aus dem polizeilichen Alltag in Duisburg-Marxloh. Ein Pkw mit türkischstämmigen Insassen rast mit 80 Stundenkilometer durch eine verkehrsberuhigte Tempo-30-Zone. Als ein Streifenwagen die Raser stoppt, rotten sich sofort 40 junge Männer zusammen, umringen die Beamten, rempeln, drohen. Das staatliche Gewaltmonopol kapituliert, und die beiden hoffnungslos unterlegenen Polizisten ziehen sich zurück.

Der Rückzug der Staatsgewalt hinterlässt ein Machtvakuum, das sich Straße um Straße und Stadtteil um Stadtteil ausbreitet. Und genau hier hinein stoßen die Gangs. Der Erfolg über die verhasste Staatsmacht ermuntert weitere Nachwuchsgangster, sich ebenfalls auf der Straße einen Respekt zu verschaffen, der ihnen in der Schule und im Berufsleben meist versagt bleibt. Eines ist sicher und macht leider wenig Hoffnung: Gangs wie United Tribuns, Black Jackets, Red Legion – und wie sie sich alle nennen – werden sich in solchen Stadtteilen epidemieartig ausbreiten. Und nicht zuletzt wegen der demografischen Entwicklung im Land und der stetigen Einwanderung aus jenen Ländern, aus denen die Gangs den Hauptteil ihrer Mitglieder rekrutieren, bleibt eine Sache sicher: Die Zukunft gehört den Migrantengangs.

Soziale Unruhen durch Gangs – die Rache der Drogenbanden

Als im Sommer 2013 im IKEA-Land die Barrikaden brannten und Hunderte Vermummte Polizisten und Feuerwehrleute angriffen, war die Verwunderung über die Zustände in der vermeintlichen Idylle Skandinaviens groß.

Der Funke entzündete sich in Husby, einer trostlosen Trabantenstadt, rund 14 Kilometer vor Stockholm gelegen. Die Migrantenquote in den Wohnsilos lag bei über 80 Prozent. Die Woge der Gewalt prallte zuerst gegen abgestellte Autos, die demoliert und abgefackelt wurden. Dann weitete sich die Zerstörungswut auf staatliche Einrichtungen aus, besonders auf Schulen und Polizeireviere. Polizeibeamte und Feuerwehrleute wurden mit Steinen beworfen und verletzt, Brandsätze wurden geschleudert, eine Polizeiwache brannte. Innerhalb weniger Stunden weiteten sich die Unruhen auf andere Städte aus. Besonders im angrenzenden Stockholm und Malmö, doch auch in kleineren Städten und Vororten tobte der Mob: Norsborg, Aelvsjoe, Uppsala, Örebro. Allein in Stockholm kam es in 15 verschiedenen Stadtteilen zu Ausschreitungen.

Die urbane Unterschicht entlud ihre Wut und Frustration. Die Sicherheitskräfte schienen hilflos gegen diese Unruhen, die sechs Nächte anhielten und erst dann von selbst wieder abebbten. Als Auslöser dieser Krawalle wurden Todesschüsse von Polizisten gegen einen 69-jährigen Einwanderer in Husby angeführt. Dieser soll die Beamten mit einer Machete bedroht haben – er verstarb unter nicht restlos geklärten Umständen, als die Polizisten ihn überwältigten.

Nachdem der Rauch der Krawalle sich verzogen hatte und die Ermittler anfingen, die Personalien der verhafteten Randalierer aufzunehmen, ergab sich noch ein ganz anderer Zusammenhang. Fast alle der Jugendlichen und jungen Männer verfügten schon über eine umfangreiche kriminelle Karriere. Sie waren vorbestraft. Es waren Gangmitglieder.

Die Polizei bestätigte, dass sie vor den Unruhen in Husby gezielt den Druck auf die Drogengangs erhöht hatte. Sie führte Razzien, Wohnungsdurchsuchungen, Observationen und Personenkontrollen durch. Der Chef der Polizei Stockholm-West bestätigt die Vorgänge in einem Zeitungsinterview: »Solch ein Einsatz kann natürlich als Schikane aufgefasst werden.«

Die Krawalle im Land wirken daher wie gezielte Racheaktionen der Drogengangs, deren Absicht in nichts Geringerem als in der Erpressung des gesamten Staates lag: »Lasst uns in Ruhe unseren Geschäften nachgehen – oder eure Städte brennen.«

Die Ereignisse in Schweden sind ein Spiegelbild der Krawalle in den Pariser Banlieues im Jahr 2007 sowie der Unruhen in London vom August 2011. Nachdem in der englischen Hauptstadt ein Polizeieinsatz tödlich verlaufen war, kam es zu bürgerkriegsähnlichen Szenarien. Der 29-jährige Farbige mit dem Szenenamen »Starrish Mark« wurde von der Polizei beschuldigt, eine wichtige Rolle in einem Drogenhändlerring zu spielen und zudem Mitglied der Star Gang zu sein. Die Festnahme ging schief, die Polizisten eröffneten das Feuer und töteten das Gangmitglied. Dies löste eine Gewaltexplosion der Gangs im Norden Londons aus. Ganze Straßenzüge brannten. Die Bilder gingen um die Welt.

Die Gewaltherrschaft der Banden hatte Nordlondon bereits zuvor in einen Kriegsschauplatz verwandelt. Bei territorialen Kämpfen um die Vorherrschaft im Drogenhandel wurden allein in den ersten Monaten 2013 15 Gangmitglieder ermordet. Sie nennen sich Ghetto Boys, Tottenham Mandem und Peckham Boys und werden mit 25 Prozent aller Morde in der Hauptstadt in Verbindung gebracht. In Städten und Regionen, die am schwersten von den Gangproblemen betroffen sind, identifizierten Ermittler im Königreich bei 65 Prozent aller Morde mit Schusswaffen einen Gangzusammenhang.

Die Krawalle vom 6. August 2011 weiteten sich in den nächsten Tagen auf ein halbes Dutzend englischer Großstädte aus. An vorderster Front an den Krawallen beteiligt waren die Einwanderergangs aus den Vorstadtgettos der Metropolen. Denen schlossen sich Hunderte frustrierte Jugendliche aus den Stadtteilen an und bildeten mit den Gangmitgliedern einen brandschatzenden Mob. Die Unruhen hielten mehrere Tage an und brachten die eingesetzten Polizeikräfte an ihre Belastungsgrenzen, sodass Fußballländerspiele und Premier-League-Spiele abgesagt werden mussten. Die bürgerkriegsähnlichen Ausschreitungen mit Hunderten geplünderten Läden und Tausenden Festnahmen verunsicherten das ganze Land, richteten 100 Millionen Pfund Schaden an und forderten fünf Todesopfer. Die Bürger waren nach dieser Gewaltexplosion extrem verängstigt. Selbstverteidigungskurse meldeten einen starken Zulauf, die Gräben zwischen den Bevölkerungsschichten vertieften sich weiter.

Man braucht sich keinerlei Illusionen hingeben, dass diese Zustände nicht auch in deutschen Großstädten möglich wären. Dafür ähneln die Entwicklungen in den betroffenen deutschen Städten zu stark den Zuständen in England, Frankreich oder Skandinavien. Eine verlorene Generation von Einwanderern wendet sich gegen den Staat und gegen die Bevölkerung, die sie verantwortlich macht für ihr Versagen im Schul- und Berufsleben.

In den betroffenen Vierteln ist die Migrantenquote ebenso hoch wie die Arbeitslosigkeit. Die jungen Männer organisieren sich in Gangs und bestreiten ihren Lebensunterhalt zunehmend durch Straftaten. Die Gewalt gerät außer Kontrolle und kann sich gegen jeden und alles richten.

Wenn Unruhen wie in Paris, London oder Stockholm demnächst in der Bundesrepublik ausbrechen, wäre es ein Wunder, wenn nicht auch hier die gewalterfahrenen Gangmitglieder den viel zitierten ersten Stein werfen.

FAZIT

Vermummte und bewaffnete Rollkommandos, die in Horden über verfeindete Gangs herfallen und erst von ihren Opfern ablassen, wenn deren Schädel infolge der Schläge aufgeplatzt sind und die Gehirnmasse austritt. Drive-by-Shootings mit Maschinenpistolen, Handfeuerwaffen, selbst mit Handgranaten. Messerangriffe auf konkurrierende Türsteher. Schutzgelderpressungen und Folterungen der ausstiegswilligen Gangmitglieder. Gewalt, die auch vor gezielten Attacken auf Staatsorgane und Polizisten nicht haltmacht. Drogendeals, die längst gewerbs- und bandenmäßige Ausmaße erreicht und eine wahre Gewaltwelle und Verbrechensflut gegen Unbeteiligte ausgelöst haben. Dazu Blutrache und Selbstjustiz, Brandanschläge, Machetenhiebe, Schießereien, Mord, Totschlag, ausbeuterische Zuhälterei, Zwangsprostitution, Vergewaltigungen und Menschenhandel. Die Gangs schrecken vor keiner Straftat mehr zurück.

Dies alles sind keine Vorkommnisse aus East L.A., sondern Dinge, die auf Deutschlands Straßen geschehen.

Eine Integrationsindustrie, die verharmlost und scheitert und scheinbar ihre eigenen finanziellen Vorteile über alles andere stellt. Hauptsache, die Steuermillionen fließen weiter und neue Budgets werden erschlossen. Der Staat versagt in seiner Schutzfunktion gegenüber der Bevölkerung. Dabei handelt es sich um ein systemisches Versagen, zu dem alle Organe ihren eigenen Anteil beitragen. Zu allem Überfluss alimentiert das Justizwesen das kriminelle Treiben der Gangs, bürdet dem Steuerzahler millionenschwere Gerichts- und

Anwaltskosten auf und belohnt Kriminelle in einem wahren Exzess von Urteilsabsprachen, die oft mit einer abermaligen Bewährungsstrafe für bereits mehrfach vorbestrafte Gangster ausgehen. Wenn überhaupt, so wird diese Nachsichtigkeit allgemein mit der erhofften Resozialisierung der Straftäter begründet. Die realen Zustände haben dieses utopische Wunschdenken jedoch längst Lügen gestraft.

Der kriminelle Erfolg der Rockergangs in Deutschlands Rotlichtmilieus und ihre stete Präsenz in den Medien beschleunigte auch das Wachstum der Black Jackets, United Tribuns, Red Legions und ähnlicher Gangs ungemein. Die Popularität der Gangs, gerade unter jungen Migranten mit einer Affinität zu der propagierten Macho- und Gewaltkultur, wurde immer weiter befeuert. Die Streetgangs zogen diese jungen, entwurzelten Männer an, gliederten sie in die Gangstruktur ein und spuckten sie nicht selten zurück auf die Straße, nicht ohne ihnen vorher eine Austrittsgebühr abgepresst zu haben.

Aus ihrem Stammland Baden-Württemberg expandierten sie exzessiv in alle Landesteile der Republik und in ein Dutzend anderer Staaten. Dabei überflügelten die Streetgangs die Rockergangs an Mitgliederstärke problemlos.

In der politischen und polizeilichen Wahrnehmung dieses Phänomens zeigt sich eine weitere Parallel zu den Rockerbanden. Vor zehn, 15 Jahren wurden die Rocker nicht ernst genommen, gar als kriminelles Proletariat verspottet. Die Banden wurden als vorübergehende Erscheinung betrachtet, die von allein wieder verschwinden würde und deren Taten und Opfer sich überwiegend in deren eigener Subkultur fänden. Wen kümmerte das schon?

Erst jetzt werden die katastrophalen Auswirkungen der Ignoranz deutlich. Es sind kriminelle Strukturen gewachsen, denen die Symbolpolitik der Vereinsverbote nichts mehr anhaben kann. Die Rockergangs haben Deutschland untereinander aufgeteilt und können ungestört ihren kriminellen Geschäften nachgehen. Ganze Wohnviertel müssen mittlerweile wie in Duisburg mit Panzerwagen und Spezialeinheiten abgesperrt und gesichert werden, nur weil eine Gang ihre allwöchentliche Party feiert. Die Polizisten ächzen unter der Einsatzbelastung und häufen Hunderte Überstunden an. Alltagskriminalität und weitere Kriminalitätsfelder werden sträflich vernachlässigt, um wenigstens den Versuch zu unternehmen, die Rockergangs halbwegs im Zaum zu halten.

Genau dieselben Versäumnisse wiederholen sich jetzt bei den Black Jackets und anderen Türsteher- und Migrantengangs. Sie werden unterschätzt, die bundesweiten Zusammenhänge werden nicht erkannt oder wissentlich verleugnet und verharmlost.

Der Polizei fehlen Experten und Budget, während die Gangs jeden Tag neue Mitglieder rekrutieren, neue Chapter und Strukturen bilden, die sich nachhaltig etablieren. Die gewaltsam eroberten Machtbastionen in der Türsteherszene und im Rotlichtmilieu werden gefestigt und ausgebaut. Die Funktionsträger der Gangs pflegen zunehmend gefährliche Kontakte zur organisierten Kriminalität oder sind längst in ihr aufgegangen.

Ein sinnvolles Vorgehen gegen die gewalttätigen Gangs wird erheblich durch politische Korrektheit, Gutmenschentum und Problemverleugnung erschwert, wenn nicht gänzlich verhindert. Während über die Rockergangs eine Schlagzeile nach der nächsten geschrieben wird und sie damit zwangsläufig ins Visier der Polizei, der Politik und der Öffentlichkeit rücken, findet eine objektive, fundierte Berichterstattung über die Streetgangs nicht statt. Weder werden die Taten der Gang direkt zugeordnet noch wird die ethnische Herkunft der Täter thematisiert. Die tatsächliche Brisanz der Lage wird verschwiegen, eine öffentliche Diskussion über diese neue Hydra der Kriminalität wird schlicht verweigert. Die Black Jackets werden problemlos das weiterführen können, was sie in den vergangenen Jahren so rasant begonnen haben: »Wir sind die schnellstwachsende Gang Deutschlands.«

Die dänischen Sicherheitsbehörden haben, genauso wie in Deutschland, die ersten zehn Jahre lang das Gangunwesen komplett verschlafen. Die Strukturen haben sich mittlerweile zementiert und die dänische Bevölkerung muss nun den Preis des Versagens der selbsternannten politischen Eliten ausbaden. Schießereien und Drogenhandel finden etwa in Kopenhagen auf offener Straße statt. Die Gewalt ist alltäglich geworden und verängstigt ganze Bevölkerungsschichten.

Unter erfahrenen Polizeiermittlern ist es ein offenes Geheimnis: Entsteht ein neues Kriminalitätsfeld, bilden sich neue Gruppen, so ist für das polizeiliche Arbeiten diese Anfangszeit entscheidend. Denn nur in dem Anfangsstadium dieser Gründungszeit besteht die Möglichkeit, ernstlich dagegen vorzugehen. Verpasst man diese ersten Monate, lässt man ein ganzes Jahr verstreichen, so ist der Zug abgefahren, die Strukturen sind dann zu gefestigt, um durch normale Polizeiarbeit noch aufgelöst zu werden.

In England und Skandinavien ist diese Entwicklung schon weiter fortgeschritten als in Deutschland, aber auch hierzulande haben die Innenminister knapp zehn Jahre der kriminellen Gangaktivitäten untätig vergehen lassen. Und auch jetzt, da sich die Toten häufen und schwerste Straftaten regelmäßig begangen werden, weigert sich die Politik, die unbequemen Wahrheiten auch nur zur Kenntnis zu nehmen oder gar klar zu benennen. Wie in Skandinavien wiederholen sich auch hier die Gründe für dieses politische Versagen. Man pflegt ein falsches Toleranzverständnis, das mit der Verleugnung der wahren Zustände in den Städten einhergeht. Trotz der Investition von Steuergeldern in Milliardenhöhe in zum Teil fragwürdige Integrationsprojekte werden die kriminellen Gangmitglieder nicht erreicht. Beispielhaft dafür stehen das Kampfsportzentrum der United Tribuns in Pforzheim und die steuersubventionierte Gründungsgeschichte der Black Jackets.

Bei allem, was den Hells Angels angelastet wird, etwa dass es sich um einen kriminellen Businessclub handele, dem es ausschließlich um Profit und eine monopolartige Machtausübung geht, bleibt eines unstrittig: Im Gegensatz zu den sich europaweit ausbreitenden Streetgangs sind die Rocker in keinem der über 50 Länder, in denen sie aktiv sind, für soziale Unruhen verantwortlich, die derart bürgerkriegsähnliche Ausmaße erreicht hätten.

Es wäre die Aufgabe des Justizwesens, die politische und polizeiliche Fehlentwicklung zu stoppen und die Bevölkerung mit konsequenten Urteilen vor weiteren Gefahren zu schützen. Doch das System versagt. Bei den wenigen Verfahren, die zustande kamen und bei denen die Belastungszeugen *nicht* unter Druck zu schweigen begannen, scheiterten die Gerichte und Staatsanwaltschaften kollektiv. Es gibt so gut wie kein komplexeres Verfahren gegen Gangmitglieder, das über die volle Distanz gegangen wäre und an dessen Ende ein abschreckendes Urteil gestanden hätte.

Der Deal, das Geschachere in den Hinterzimmern der Richter, das als Ausnahmelösung gedacht war, ist längst zur alltaglichen Routine verkommen. Obendrein sorgt ein vom Steuerzahler alimentiertes Heer von Pflichtverteidigern dafür, dass die Strafzumessungen unter einer Haftstrafe oder gar der abschiebungsrelevanten Höhe bleiben.

Den Preis für das kollektive Versagen zahlt die Allgemeinheit. Die Gewaltkriminalität nimmt zu, ganze Stadtteile verrohen und verwandeln sich in No-go-Areas. Die Kinder der Mittelschicht werden ausgeraubt und erpresst, Drogen sind zu einer stets verfügbaren Ware geworden, junge Töchter werden von skrupellosen Zuhältern in die Prostitution gestoßen. Andere Länder haben den Kampf gegen die Gangs schon lange verloren. Deutschland verliert ihn in ebendiesem Augenblick.